HUMANITIES AND SOCIETY

修辞术的诞生

高尔吉亚、柏拉图及其传人

Robert Wardy

[英国] 罗伯特·沃迪 著 何博超 译

译林出版社

图书在版编目（CIP）数据

修辞术的诞生：高尔吉亚、柏拉图及其传人／（英）罗伯特·沃迪（Robert Wardy）著；何博超译．—南京：译林出版社，2024.9
（人文与社会译丛／刘东主编）
书名原文：The Birth of Rhetoric: Gorgias, Plato and Their Successors
ISBN 978-7-5753-0164-0

Ⅰ.①修… Ⅱ.①罗… ②何… Ⅲ.①修辞学－研究 Ⅳ.①H05

中国国家版本馆 CIP 数据核字（2024）第 089964 号

本译著属于2015年国家社科基金青年项目“亚里士多德《修辞术》的哲学研究”（批准号：15CZX032）的阶段性成果之一。

著作权合同登记号　图字：10-2019-439 号

修辞术的诞生：高尔吉亚、柏拉图及其传人［英国］罗伯特·沃迪／著　何博超／译

责任编辑　陶泽慧
装帧设计　胡　苨
校　　对　张　露
责任印制　董　虎

原文出版　Routledge, 1996
出版发行　译林出版社
地　　址　南京市湖南路 1 号 A 楼
邮　　箱　yilin@yilin.com
网　　址　www.yilin.com
市场热线　025-86633278
排　　版　南京展望文化发展有限公司
印　　刷　江苏凤凰通达印刷有限公司
开　　本　880 毫米 × 1240 毫米　1/32
印　　张　8
版　　次　2024 年 9 月第 1 版
印　　次　2024 年 9 月第 1 次印刷
书　　号　ISBN 978-7-5753-0164-0
定　　价　59.00 元

主编的话

刘 东

总算不负几年来的苦心——该为这套书写篇短序了。

此项翻译工程的缘起，先要追溯到自己内心的某些变化。虽说越来越惯于乡间的生活，每天只打一两通电话，但这种离群索居并不意味着我已修炼到了出家遁世的地步。毋宁说，坚守沉默少语的状态，倒是为了咬定问题不放，而且在当下的世道中，若还有哪路学说能引我出神，就不能只是玄妙得叫人着魔，还要有助于思入所属的社群。如此嘈嘈切切鼓荡难平的心气，或不免受了世事的恶刺激，不过也恰是这道底线，帮我部分摆脱了中西"精神分裂症"——至少我可以倚仗着中国文化的本根，去参验外缘的社会学说了，既然儒学作为一种本真的心向，正是要从对现世生活的终极肯定出发，把人间问题当成全部灵感的源头。

不宁惟是，这种从人文思入社会的诉求，还同国际学界的发展不期相合。擅长把捉非确定性问题的哲学，看来有点走出自我囿闭的低潮，而这又跟它把焦点对准了社会不无关系。现行通则的加速崩解和相互证伪，使得就算今后仍有普适的基准可言，也要有待于更加透辟的思力，正是在文明的此一根基处，批判的事业又有了用武之地。由此就决定了，尽管同在关注世俗的事务与规则，但跟既定框架内的策论不同，真正体现出人文关怀的社会学说，决不会是医头医脚式的小修小补，而必须以激进亢奋的姿态，去怀疑、颠覆和重估全部的价值预设。有意思的是，也许再没有哪个时代，会有这么多书生想要焕发制度智慧，这既凸显了文明的深层危机，又表达了超越的不竭潜力。

于是自然就想到翻译——把这些制度智慧引进汉语世界来。需要说明的是，尽管此类翻译向称严肃的学业，无论编者、译者还是读者，都会因其理论色彩和语言风格而备尝艰涩，但该工程却绝非寻常意义上的“纯学术”。此中辩谈的话题和学理，将会贴近我们的伦常日用，渗入我们的表象世界，改铸我们的公民文化，根本不容任何学院人垄断。同样，尽管这些选题大多分量厚重，且多为国外学府指定的必读书，也不必将其标榜为“新经典”。此类方生方成的思想实验，仍要应付尖刻的批判围攻，保持着知识创化时的紧张度，尚没有资格被当成享受保护的“老残遗产”。所以说白了：除非来此对话者早已功力尽失，这里就只有激活思想的马刺。

主持此类工程之烦难，足以让任何聪明人望而却步，大约也惟有愚钝如我者，才会在十年苦熬之余再作冯妇。然则晨钟暮鼓黄卷青灯中，毕竟尚有历代的高僧暗中相伴，他们和我声应气求，不甘心被宿命贬低为人类的亚种，遂把移译工作当成了日常功课，要以艰难的咀嚼咬穿文化的篱笆。师法着这些先烈，当初酝酿这套丛书时，我曾在哈佛费正清中心放胆讲道：“在作者、编者和读者间初步形成的这种‘良性循环’景象，作为整个社会多元分化进程的缩影，偏巧正跟我们的国运连在一起，如果我们至少眼下尚无理由否认，今后中国历史的主要变因之一，仍然在于大陆知识阶层的一念之中，那么我们就总还有权想象，在孔老夫子的故乡，中华民族其实就靠这么写着读着，而默默修持着自己的心念，而默默挑战着自身的极限！”惟愿认同此道者日众，则华夏一族虽历经劫难，终不致因我辈而沦为文化小国。

一九九九年六月于京郊溪翁庄

Uxori carissimae eloquentissimaeque
maritus loquax uxoriusque

能说会道，钟情于妻的丈夫
献给至爱、最巧嘴的内子

目　录

导言

何为修辞术？答案纷纭，众说不一。我们可以说，修辞术是说服他人的能力；或是这种能力在实践中的实现；或者至少是为了说服而做出的尝试，无论成功与否。而且从不同程度上来看，这种能力也许要么天生，要么习得。此外，修辞术的运用也许仅限于或也许并不仅限于语言：如果视觉或建筑“修辞术”是“修辞术”的隐喻性外延，那么这个隐喻保留了“语言修辞术”这个核心意义的哪些成分，又舍弃了什么呢？但还可以说，修辞术“只不过”是一种这样的能力：拥有修辞术的人能让其他人按照他自己的想法行事，无论他们是怎么想的，除非他们的欲望限制住了修辞术会获得的结果：这当然就是意识形态操纵和政治诱导的修辞术。最后，在一些人看来，修辞术是独特的交流模式，不论修辞术本身是值得称赞还是应该谴责；在另一些人看来，一旦某人向他人表达，修辞术就存在了。

本书旨在帮助读者理解何为修辞术。它不会佯称只有一种修辞术概念是可能的，遑论只有一种修辞术值得追求了；本书也不会做出普全而有定论的解释。理所当然，任何自命普全和有定论的修辞术研究都必然表露出了独断倾向：它没有公平地处理修辞术那既令人眼花缭乱又令人心动的意蕴，而这正是修辞术拥有永久魅力的主要原因。本书通过向读者们展示：我们一开始提到的那个基本问题如何有可能答案纷纭，来试图间接地帮助他们。所有这样的方法都必定根植于古典世界。只有那些无视自己传统，所以也必然无视与之竞争的外来制度的
1 西方人，才会想象修辞术是一种文化普适概念。诚然，说没有任何社会，其成员不从事我们所谓的说服活动，这话不假，但并没有什么意义；的确，有人也许合情合理地争辩说：使个体汇聚为共同体的恰恰就是宽泛意义上的说服性协商活动。但是，这个难以否认的事实却并不能得出：我们所云的“说服”与另一个社会语言中我们设想的与说服近义的词汇之间就没有多重而又深刻的差异。所以，在极为苍白无力的意义上，说服有可能是人类的普遍现象；但是，我们在西方文化中所谓的“说服”不可能是人类的普遍现象，因为我们的概念是从古希腊修辞观开始的复杂的历史过程的产物。

在西方，对“说服”的理论和实践的自觉反思，是希腊人完成的，肇始于公元前 5 世纪，在公元前 4 世纪达到顶峰。但是，这种反思绝不是一种达成了主流共识的、安静的集体沉思——这就是为什么希腊修辞术一直以我们不能忽视的声音吸引着我们。希腊修辞术诞生于激烈的论战中；它留给我们的最重要的遗产就是势同水火的论辩，而不是铁板一块的学说。但是，本书不会着眼于对希腊修辞术的全面研究：例如，它不研究若干演说家，不分析论述详尽的技艺手册之传统，尽管这两方面就其自身而言非常吸引人。之所以如此，因为这样的研究很可能会太过和不及：所谓太过，显然是因为此领域太广；不及的原因则不太明显，就是，对修辞术的大范围考察很容易将之表现成这样一种历史：其中的本质性争论环节都很遗憾地被忽略掉了。

由此，本书关涉高尔吉亚。我们那个问题的第一个答案“修辞术是一种说服能力”（尽管有些老生常谈）来自柏拉图的对话《高尔吉亚篇》，这篇对话也提及了这种能力的来源。高尔吉亚《海伦颂辞》的主题既利用了语言的说服力，也利用了视觉的说服力。《海伦颂辞》胜过其他任何

文本之处在于：它让我们看到了说服有可能成为一种能力，人际交流之中难免会存在这种能力的操纵；这种可能性让人恐惧，又令人兴奋。这样，紧紧关注高尔吉亚，我们最终就能理解为什么我们的问题激起了一大堆彼此冲突的回答：所有的答案归根到底都围绕着修辞术的本性和价值，而希腊人对这个问题的争论则集中在高尔吉亚这个人物身上。这是 2
一个传统问题，但是，之所以关注高尔吉亚是正确的，其理由并不仅限于历史因素；我希望本书能使读者相信：高尔吉亚不仅开启了针对修辞术的大辩论，而且也无与伦比地描述了修辞术的一些最要紧的组成。了解高尔吉亚就能了解修辞术中始终关键的内容。

我还要再补充几点限定说明。高尔吉亚之所以重要，虽然也还有其他一些原因，但都跟我们的主题无关。本书不会深究那些与作为修辞家的高尔吉亚无关的研究方向，也不会深究在回应高氏的内容中对该研究毫无推动性的那些方面。甚至在这样的范围内，我也不会自诩，我穷尽了浩繁的研究成果。我的打算是：既然我为了热衷于修辞术这一主题的读者写作，而这些读者的背景又各异，那么他们不应该被令人生厌、隐藏了论证主线的学术注解所干扰。故而读者会发现，所引用的作品有助于他们追寻线索（无论参考的作品见解深刻，还是引人误解），而且，引用都以尾注而非脚注的形式标明，这意味着，对二手文献的阅读可供读者自行选择。同理，正文并不要求读者具备希腊文和拉丁文的知识；有少许注释，只有语文学专家会感兴趣；但尽管如此，既然所考察的文本在创作上往往极为精心微妙，所以，我偶尔还是会保留一些关键术语的原文转写，而不是采用译文。当然，重点就是提醒不通希腊文和拉丁文的读者注意那些有可能带有误导性的含义；所以，在转写之后总是附有对原词独特意义的解释。但是有一点，本书没有所谓“引导性”的“导言”，《修辞术的诞生》一书立志要让读者既容易读懂，又能得到智力上的挑战。

第一章要谈高尔吉亚的《论无》。对“何为修辞术？”这一问题的进一步回答就是“它不是哲学”。这未必是一句看起来很响亮的空话；事实上，《论无》对我们修辞术概念的影响正是源于高尔吉亚蓄意向希腊哲学事业挑衅的立场；我们后面可以看到，本书会用很多篇幅来谈这个问题。所以，我不得不先涉足希腊哲学。虽然这不要求人们之前对它有多熟悉，但对哲学的兴趣总还是得有；不过很遗憾，对修辞术而非
3 哲学感兴趣的人却会大失所望。同样，高尔吉亚也会教导我们，哲学家无视修辞术的挑战，这给他们自己招致了危险。第二章讨论高尔吉亚的《海伦颂辞》：它考察了高尔吉亚如何建构出一种心理学，用之补充了《论无》中那些值得关注的内涵，同时，对于哲学理解的语言的正用和误用，高尔吉亚的心理学也最终提供了一种与之截然不同的选择。

第三章转到了《高尔吉亚篇》——柏拉图代表哲学家展开了影响甚大的反扑。和之前一样，既然我们关注与高尔吉亚有关的主题，故而这一章只讨论这一篇对话，而不会处理柏拉图其他的争论修辞术的名篇，比如《斐德若篇》；我们对《高尔吉亚篇》的研究会集中于对话的第一部分，在这里，高尔吉亚被描绘为苏格拉底的对话者。这也就意味着，我略过了该篇对话中哲学家们特别关注的大部分内容。但是，既然我们会发现，人们对高尔吉亚的无视和曲解让第一部分特别受到轻视，因此，这一章的解读会补其所缺，揭示对话中那些被人们以其他方式忽略的特色。

第四章试图证实前三章的论点：与修辞术有关的争论主要是柏拉图和高尔吉亚合力展开的。理所当然，这样一个主题难以使用证明论证之类的方法。我们的计划就是，把修辞术历史中有关的片段串联起来（仍然不求全面彻底，而是选择特别重要的部分），从而证明，修辞术的历史结构在多大程度上立足于高尔吉亚奠定的基础；对高氏影响的认识如何能重塑我们对这些片段的阐释。这样，本章第二和第三部分既考察了伊索克拉底对高尔吉亚委婉的妥协，也探究了西塞罗有历史决定意义的、对伊索克拉底反哲学策略的支持。第四部分则分析艾利

尤斯·阿里斯提德的《致柏拉图:为修辞术一辩》,此篇较之其他任何古典著作,以更大的篇幅、更激烈的程度回应了《高尔吉亚篇》对修辞术的批评。第五章试图展现另一个重要的对柏拉图回应高尔吉亚的回应,即亚里士多德的回应,他竭尽全力想要达到一种更为困难,相应也更带挑衅味道的妥协。较之本书其他部分,尾声看起来有所深入,尽管更是姑妄言之。为了展示修辞术对被动、受骗的听众施加的势不可挡的控制力,高尔吉亚以屈服于最负盛名(也是名声最差)的希腊女人特洛伊 4
的海伦的引诱为例,这一做法并非随意而为,与之相对,既然柏拉图(吊诡的是,他成为了好战的一方)支持非个人的论辩术(辩证法),那么他坚决不承认:一般的个人特征——更不用说特殊的性别了——有能力或应该影响到哲学研究的进展。由此,性别问题就不可避免地与一开始提到的修辞术和哲学之争捆绑在一起;而既然在当今对这场争论最棘手部分的出色研究里,性别问题(正当地)成为了热点,所以我们最后要试图描述在高尔吉亚对“说服力”的展现与一些我们在性别问题上最深刻持久的忧虑之间存在的种种联系。

《修辞术的诞生》是我在剑桥和西蒙·戈德希尔所开跨学科修辞术课程的教学成果。我对于高尔吉亚的最初想法,从他尖锐的批评中受益良多,也得益于另一位教师约翰·亨德森在此课程中卓越的原创思想。不过学生们对我的帮助才是最大的,他们的勤问和异议每每戳穿我的(某些)自鸣得意,鼓励我再思再想,但具体是谁对我有所教诲,我已难记清。雅克·布伦施威奇让第一章得到了着实的改进,而全书则靠凯瑟琳·艾瑟顿和米尔斯·本耶特一如既往的相助有了坚实的提升。马尔康姆·肖菲尔德重新编排布局加强了全书整体性。沃迪所编的著作(1996a)包含了本书第一、二、三章中的某些材料,我感谢弗拉马里翁出版社允许重刊。第五章的一个版本曾见于沃迪编的另一本书(1996b),我感谢加利福尼亚大学出版社理事会准许重印。 5

第一章
无事空忙①:高尔吉亚的《论无》

我同哲学家坐在花园,他用手指着我们身边的一棵树,絮絮叨叨地说:"我知道,那是一棵树。"旁人来到,听闻此言,我对那人说:"这家伙没疯,我们只是在搞哲学。"

——维特根斯坦,《论确实性》,467

高尔吉亚何人?

高尔吉亚何人?古典时代后期的二流(或三流)作家斐洛斯特拉托斯这样描述高尔吉亚:"我们认为智者的技艺可以追溯到他身上,他可以说是这种技艺之父。"(布海姆,《文献证明》,1)[1] 斐洛斯特拉托斯的平庸恰恰衬托出了他的意见很有价值:它揭示了高尔吉亚在古典世界的最终形象究竟是什么样子。但是,以他为智术(诡辩术)之父这个

① 原文为"Much ado about nothing",即英谚:无事空忙,庸人自扰,直译就是"把太多的力气花在虚无的事情上",这联系了高尔吉亚的著作《论无》,在高尔吉亚看来,巴门尼德、柏拉图这样探寻"存在"的哲学家都是"无事空忙"。莎翁有同名戏剧,中译也常为《无事生非》。——译注(本书脚注均为译注)

说法如果看起来是正确的,那么理由何在呢?首先是因为,高尔吉亚被认为引领了修辞术在基本技艺水平上的创新,这体现在结构和藻饰方面(例如,模仿诗歌的措辞和回环句式);第二,更有趣的是,他引入了吊诡法(paradoxologia),这包含了悖论式的思想和悖论式的表达。众所周知,他曾出使雅典,为母邦西西里的莱昂蒂尼请求援兵,借这个机会他即席演说,其技巧据说让所有重要的政治家和知识阶层都深受影响(《文献证明》,1)。在高尔吉亚众多逸闻传记之中,有三个值得注意的说法:第一,他开创了现场演说,以至于“为了证明自己事事皆通……他一进雅典剧场就高叫‘给我个题目吧’”(《文献证明》,la;也出自斐洛斯特拉托斯;但先见于柏拉图,《美诺篇》,70B;《文献证明》,19);第二, 6
自诩为高尔吉亚弟子的伊索克拉底以明显中立的口吻宣称,高尔吉亚通过游历积累了相当多的财富,而且未婚无后,这样就避免了作为父亲和公民要承担的公共和教育开销(《论互换诉讼》,15.156,《文献证明》,18);第三,“在色萨利人中‘演说’一词被叫作‘gorgiasise’”(《文献证明》,35)。

尽管这些都是司空见惯的说法,但和高尔吉亚有关的所有重要问题都来自这些片段式的勾勒。为什么高尔吉亚不仅是“智者”,还是重要的原创家?而且,真有“智者技艺”一类的东西吗?无论“智术”是什么,它一定与“修辞术”同类吗?“吊诡”(paradox)从字面上说就是“相反于意见”:如果高尔吉亚以某种方式冒犯了人们的信念,他如何能成功说服他们?伊索克拉底否认了高尔吉亚的家庭和城邦身份,如果这跟高尔吉亚为同胞争取雅典援助时起到的作用格格不入,那么,修辞术如何与政治活动相联系呢?现场口若悬河的演说能力让这位高超的演说者具备了一个明显的优势,但是,一位智者/演说家真的需要对所有他轻易就能即兴发言的主题无所不知吗?修辞术的表演性方面(即高尔吉亚在剧场感染听众)体现出了修辞术的什么本性呢?

最终,为了解决这些困惑——这让人想起我们一开始的那个问题

“何为修辞术？”的答案也是如此纷纭——许多学者给高尔吉亚的成就又添上了一项“哲学家”的称号，尽管通常来说他只是在事业的早期才算如此。[2] 古代资料表明了他和恩培多克勒的关系：“恩培多克勒是一位医生和顶尖的演说家。而莱昂蒂尼的高尔吉亚精于修辞术，的的确确曾经是他的门生。”（第欧根尼·拉尔修，8.58—59，《文献证明》，3）既然古代哲学论述的编纂者偏爱师承关系，把它当作标准的编排原则，那么这就意味着在处理上述说法时必须格外谨慎。但是这个例子中，无论这件事的史实如何，在对恩培多克勒的描述里有一个特征起到了让“他教过高尔吉亚”这个说法跟另一个证据“高尔吉亚精于修辞术”相吻合的效果：我们也许可以恰如其分地认为恩培多克勒是哲学家，还通医术和巫术这两门多少受人尊重的副业，但第欧根尼又添上了修辞术。此外，塞克斯都·恩披里柯也说，亚里士多德在一部佚作中明确称恩培多克勒为修辞术奠基人：“亚里士多德在《智者篇》中说，恩培多克勒首先推动了修辞术。”［《驳数学家》，7.6，《文献证明》，3］。恰如诡辩
7 术追溯到高尔吉亚，所以修辞术要归到他的老师；恰如各种材料不愿意也不能让高尔吉亚仅限于一个领域，所以，恩培多克勒也被描绘为跨越了修辞术和哲学之间通常十分严格的界限。对《论无》和《海伦颂辞》的解读会揭示，高尔吉亚的难以归类（这可不仅仅是分类方面的次要问题）恰恰触及了他对修辞术历史的无与伦比的贡献的核心。

而其他资料表明了，高尔吉亚首先热衷于制造那种幼稚的夸张效果；这就让人有点为难，难以确定他怎么就能给世人留下非凡的印象。一个权威看法告诉我们：“他曾是第一个使用演说辞格的人，非比寻常，其才智引人瞩目……但是，靠谋篇新奇而博得嘉许之处，似乎有斧凿之痕，往往看来滑稽而过于矫揉。”（狄奥多罗斯，《史书》，12.53.2；《文献证明》，4）显然，根据归于高尔吉亚之手的著作，后来的作家们难以理解他有什么了不起的。至少在某种程度上，高尔吉亚名下存世的作品都证明了狄奥多罗斯的负面评价：高尔吉亚的文章的确精雕细琢，因为它

随心所欲地运用各种听觉效果、大胆的形象语言和形式花样，这些都远超出了后来的希腊人（相对）节制的风格品位。古代学者试图理解历史的方式之一就是按照“第一个发现者”这个范畴，企图给自己的过去（不论是现实还是想象）强加秩序，为每一个重要的文化领域安排谱系树，把权威的“第一个发现者”当作树根。显然，这种做法产生的部分作用有可能就是：它掩盖了人们在高尔吉亚的文风和低俗趣味中感觉到的拙劣——对于一个首创者来说，人们对他还会再有什么合理的期待吗？

我无意支持或反对这种对高尔吉亚风格的非难；众所周知，这样的评价是刻板印象，近乎偏见，古代和现代一样如此。我极力强调的是，当人们困惑于高尔吉亚有什么成就时，这也许就暴露了对其本来面目的更深的麻木。无论后来的思想家怎么回应高尔吉亚的著作，他们均理所当然地认为，评价这些著作的正确标准就出自“修辞术”审美的精妙规则——此处“修辞术”一词要按照技艺手册的传统来理解。难以否认的是，高尔吉亚看来在这方面并无突出的优势。在某种程度上，他 8
的“不得体”恰恰是他不遵守既定习惯的结果，没什么可吃惊的。这就好像有人非议蒙特威尔第的音乐资格，因为他的歌剧没遵守 18 世纪的标准。然而，更重要的是，高尔吉亚肯定会让人失望，因为他最伟大的原创性正是在于有意颠覆通常的期待：既混淆了不同种类的演说，还破坏了修辞术与哲学本身的差异。

也许有人立刻反驳说：这种看法完全不对，因为这样的期待，只能在希腊人自觉认识到不同的文学或演说种类并进行理论研究之后才会存在；（这种反驳会认为）事实恰恰相反，高尔吉亚的语境早于这种认识。相比后来的严格僵化，公元前 5 世纪的思想灵活多变。在这个时期，“智者”仅仅意味着“聪明人”，首先指诗人，截然不同于柏拉图称呼的那种哲学家，是一种次哲学的范畴；在这个时代，并不存在对立于“修辞术”的“哲学”，过了很久，才有一些人自诩为“聪明人”，与众不同，自成一类。但是,这个反驳说不通。的确,认为那些我们称之为“哲学家”的人也使用这个词去表明自己的特殊身份,这种看法是轻率的;[3] 但这不能得出,这些人就不会像公元前 4 世纪的叫法一样认为自己具有独特的“哲学性”。除此之外,还有个正面的理由更有说服力:高尔吉亚在明确无疑地向我们挑战,让我们回应《论无》,而这篇文章恰恰反驳了当时非常独特、带有革命性的哲学背景,而巴门尼德的重要主张构成了这个背景。因此,我们下一步必须从这位柏拉图在《巴门尼德》中描绘为哲学之父的人物身上选取一些重要的观点,用他来对照诡辩修辞术之父高尔吉亚。

对巴门尼德的挑战

巴门尼德的代言人正义女神,早在他的哲学诗中就向他宣告:“你万事都要听取,既要听有说服力的 alētheiē(真实或真理)的不动之心,也要听凡人的意见,后者中没有 alēthēs(真实的或真理的)确证。”(考克松,《残篇》, 1)[4] “Alētheiē” 习惯上要么指“真理”,要么指“真实”,语境往往明确偏向其中一个意思。此处的问题就是,巴门尼德似乎不仅
9 仅融合了真实和真理,还表明了真理 / 真实不同于纯粹的意见,它们具有客观的说服力。[5] 这个特定意义的“说服”非常重要,在整个论证中反复出现,如:“探询‘是或不能不是’这条路是一条说服之路,因为它遵循真理 / 真实。”(《残篇》, 3)

在另一个地方,女神提醒巴门尼德注意,既然我们所知觉的(也许还有所说的)总是基本上曲解了事物真实存在的方式,那么就不要依赖感官知觉(也许还有习惯的语言):“务必别让经验习惯强迫你走上这条路,不要使用没有目标的眼睛,嗡嗡作响的耳朵还有舌头。”(《残篇》, 7)在这一点上,“强迫”归咎于有害和习惯的错觉。长久以来,人们就认识到:希腊文化显著的典型特征之一就是“说服”概念。在第一个例

子中,它是一个极端概念:说服被认为完全与强迫或强制对立。(这个概念结构在埃斯库罗斯《欧墨尼德斯》结尾处刻画得尤为生动,在那里,雅典娜说服“愤怒”女神,为了打破可怕的、难以抗拒的暴力循环,这个循环推动了《俄瑞斯忒亚》的情节。)所以,既然我们已经知道“说服之路”“遵循真理 / 真实”,因此可以合理推出:巴门尼德想让我们将正面的说服联系“是什么”,这是探寻任何主题的唯一可能的途径;将负面的强制联系“不是什么”,这是连想也不能想、说也不能说的东西。[6]既然在说服 / 强迫的两极中,说服通常(不总是如此)都是正面的东西,那么这种看法没什么可奇怪的。

但是,在诗歌后面的部分里,这种联系明显变了:当女神讲到了“在者”时,她问道:

> 它从哪里,如何生出?我不许你断定和思考“它从无中来”……什么必然性会强迫它从更晚而非更早的无中生成呢?……确证的力量不允许还有其他事情从无中生成;这就是为什么正义不会松开锁链,不放开生成和毁灭,而是握得紧紧。
>
> (《残篇》,8)

这些后来的说法平添了吊诡的维度:尽管说服严格对立于强迫,但它事实上也具有“必然性”;同样,法律意象①又在下面这个著名的说法中再次出现:“有力的必然性,握紧了限制在锁链中的事物。”(《残篇》,8) 10
不仅如此,理性的确证也似乎在起作用,或者至少随着“是什么”——以至于,比如,“生成和毁灭飘得那么远,alēthēs(真实的或真理的)确证把它们弄了回来”(《残篇》,8)——正如女神更为紧密地将真实和理性联系在一起;也恰如女神不许巴门尼德有某些想法,所以思想唯一的对

---

① 指上文和下文说的锁链。

象“是什么”，其本身就被“必然是什么”所限制。

就理性确证的活动要与“是什么”，与从真实本身获得说服力的事物相配合而言，有权灌输它的哲学家看起来完全控制了我们的理智。但是，当女神从真理转到了人的错觉时，她含蓄地承认：很不幸，真实并不仅仅位于那些处于统治地位的心智中，[7] 尽管与此同时，她断然地把谬误从确证中分离出去：“现在，我的有说服力的逻各斯和关于真实 / 真理的思考结束了，从这一点出发，你要倾听我的言辞中欺骗性的 kosmos 来知晓可朽的意见。”（《残篇》，8）在这段合乎原计划的说法中，有两个词，我采取了转写的方式，因为它们都不能直译成英语。逻各斯[①] 甚至比 alētheiē 还难翻译。首先，它通常的意思是“言词解释”；但这里，它近似于“论证”或“推理”，这样，它极端相反于（纯粹的）“言辞”，它专门突出了真理的逻辑性和理性。其次，关键在于，我们会看到哲学和修辞术之争事实上能被概括为：针对“逻各斯”这个词词义的争执；故而我们必须切记，对这个词的意思可不要想当然了。什么是 kosmos？有秩序的事物，和谐的事物，推而广之，明显也指通过布置——比如通过我们英语说的“化妆品”（cosmetics）——被装饰的事物。恰如画过的脸能欺骗旁观者，所以女神的话指出了一种有可能产生干扰作用的情况：言辞（逻各斯，即使不是女神的逻各斯）的 kosmos 也许会有误导作用，之所以如此，恰恰因为这些言辞披上了表面有序、吸引人的外衣，从而掩盖了本质的混乱。[8] 确实，女神下面描述（或建构）的 kosmos，类似于巴门尼德更传统的同代人［或先辈——“宇宙论者”（cosmologists）——建构的 kosmos，女神的 kosmos 会是一件令人叹为观止的复

① 希腊文中最难翻译的一个词。作者通常没有翻译，用拉丁字母转写，单数 logos，译者音译为“逻各斯”，复数 logoi，音译为“诸逻各斯或各种逻各斯”。本章，作者把握了一个重要的区分，即逻各斯的“言辞 / 论证”。言辞等同于通常的说话、演说或“说服”，语言的日常使用，直接使用；论证则是一元论的理性推导，语言的反思性使用。后者试图纯化前者以达到非个人或无人称的语言境界。但实际情况是，后者根本无法摆脱前者，这也是高尔吉亚消解后者的出发点。

杂完整的作品,它仅仅是言辞的 kosmos——除了女神自己的一元论的逻各斯之外,任何对世界的解释都必定是这样的 kosmos。

那么,为什么女神要讲出这样欺骗人的错误呢?“为了让任何可朽的东西在判断上都不会超过你。”(《残篇》,8)这样,从我们的角度来看,说服大师巴门尼德既可以被视作哲学家,也可以被视作修辞家:既然逻 11
各斯具有的让人难以逃脱的逻辑说服了所有聪明得足以遵循巴门尼德论证的人,而且巴门尼德通达了这种逻各斯,那么他就是哲学家;既然他的欺骗(巴门尼德设想的)会说服所有蠢得不足以控制逻各斯影响的人(事实上,他的欺骗会比任何“宇宙论”起到更有效的作用),[9] 那么他就是修辞家。但是,按照上一节结尾所说的限定条件,我们断不能认为这种对巴门尼德(自己宣称的)的立场的可能设想就是他对自己立场的设想。哲学与修辞术截然相反的定义,首次被巴门尼德醒悟到了——另外,仅仅在这样一部杰作中,巴门尼德将“什么是(被构想为)哲学”与“什么是(被构想为)修辞术”联系在了一起,这就为后人确立了哲学与修辞术的紧张关系,而事实上,正是对这种关系的各种尝试和解决方法使得哲学与修辞术的定义浮出水面。

巴门尼德论述中的这些特征为评价高尔吉亚提供了必要的语境;它们构成了“论证”意义上的逻各斯所需要的种种条件,但是极有问题——而巴门尼德会巧妙地利用这些条件。首先,即使女神坚持她的听者巴门尼德必须服从的正是逻各斯的强迫,但事实是:巴门尼德以早期希腊诗人的方式,借神之口完成了论证,因为神是极富权威性的形象。而高尔吉亚和柏拉图显然都对下面这个问题很敏感:真正的权威是属于逻各斯本身的非个人①呢,还是个人?这个问题既取决于说的是什么,也取决于谁在说,说给谁。另外,尽管在希腊传统中,我刚才提到的强迫和说服是对立的,但巴门尼德靠理性的强制把真实和有说服力

① 在语义学上,即无人称的,因为哲学家追求排除个人的普遍原理和逻各斯。

的真理融合在一起——这使得“必然性”和“确证”着实成为了一对奇特的伴侣。也许没有人愿意简单地(理性地)相信:理想地通过有效论证,就一定能使一个人信服:如笛卡尔所说:“我自由地偏向一个对象移动,这和推动我的那些理由相对应。”(《致莫尔塞纳的信》)[10] 当然,理性的限制未必等同于强制,但是高尔吉亚和柏拉图都会回到两者之间模糊的关系上。说白了,为什么我们应该接受巴门尼德担保的那个看法:真理/真实自在自发地具有说服力呢?毕竟,女神本人警告我们,小心“欺骗性的 kosmos”正在临近;而“欺骗性的”意思就是“有可能去欺骗”。这些纯粹的“言辞”也许会欺骗愚人,他们并不能领会女神的正确推理的含义。但是,承认这一点没什么用,因为巴门尼德式的说服其
12 最明显的特征就是:它在表面上与一种客观因素即 alētheiē 相联系,而不是相对于主观、可变的因素:它不是那种“对彼得有说服力”(但对保罗没有说服力)、“今天有说服力”(但明天就没有)之类的情况。其次,当巴门尼德把逻各斯和(纯粹的)言辞相对,他必定是要传达这样的看法:只有真实确证的工具才是理性的论证:而高尔吉亚会系统地削弱哲学逻各斯主张的这种垄断。在《海伦颂辞》中,我们也能感觉到 kosmos 含混的吸引力。

最后,女神鼓励他“凭借我已经说过的逻各斯在有争议的驳诘(希腊文为 elenchos,这个词之后用来描述苏格拉底的辩证法)中做出判断吧”(《残篇》, 7),这就要求逻各斯进行审判。而她对“真正之所是”的“检验”本身也必须被判断,而在这个审判中,只有一位审判官,就是理性或逻各斯。判断之所以必需,因为检验有争议性;它本身就是争执和争论的对象。但是在这种相关“什么会是”或“什么会被信”(这个区分恰恰就是后世思想家必须尽力解决的问题之一)的争论中,只要听者听从了所说的话,那这就是成功的标准——如果巴门尼德在真理和说服力之间建立的联系正如他设想的一样可靠,那这也许就是一种成功的标准。在这个意义上的胜利也许可以算作胜利,但并没有战胜对手,

而是战胜了听众，听众被解释或被运用这种解释的人战胜、克服、拿下。那么，成功的说服者必定就得让听众受骗吗？我们后面会看到，“说服力”等同于被说服者的受骗，这种做法不仅赫然出现在高尔吉亚自己的作品里，也出现在柏拉图描写高尔吉亚的对话中。

此外，女神的鼓励有助于证明我坚持的一个主张是正确的：如果高尔吉亚确实回应了巴门尼德，那么他也确实回应了在当时被认为具有独特“哲学性”的对象，即使巴门尼德从未明确定义自己是“哲学家”。其中的理由很简单，就算巴门尼德没有说过“我是哲学家，不是诗人，不是修辞家……”之类的话，但他也的确坚持说，他在诗歌第一部分例示的逻各斯不仅仅是言辞。无可否认，他没有进一步解释他理解的逻各斯是什么；他肯定期待我们通过他的论证中的例子来推出逻各斯必定是什么（或像是什么）。因此，我们有权利得出一个结论：巴门尼德的读者会推断出，他正在为他们展示一种全新的说服模式，可信的确证只能通过恰当的推理（无论所设想的是什么样的推理）根据这种模式做出。 13

我不想主观地声称，在我们所谓的希腊哲学中，其他学说就不可能促使高尔吉亚做出这种回应。赫拉克利特就宣称：“不要倾听我，要倾听逻各斯，同意（原文为 homologein，意思即分享同一个逻各斯）‘万事皆一’才是聪明的做法。”（《残篇》，50）赫拉克利特绝对是逻各斯的哲学家，他有一句话再清楚不过了：权威要以非个人的方式取决于逻各斯，而不是取决于赫拉克利特自己［比较这一句：“虽然逻各斯是普遍的，但许多人生存着就好像他们有个人的智慧。”（《残篇》，2）］但是，赫拉克利特隐晦的说法因为含含糊糊而像哑谜一般；甚至他选择普遍的逻各斯而不是个人悟性的做法也与他的另一个断言“我寻找我自己”（《残篇》，101）相抵触。不过这未必能说明赫拉克利特就与巴门尼德不同，也不能说明他没有主张一种超越人类喜好、无需个人合法性的独特的哲学式逻各斯学说。相反，它表明了，巴门尼德和赫拉克利特如出一辙，按照他们的想法来看，逻各斯需要的独立性是有严重问题的（他们可能还是明知故犯）。但如果认为赫拉克利特也有可能为高尔吉亚的哲学目标提供了一些材料，那么这个观点面临了一个更为棘手的（也许还是难以克服的）困难：虽然巴门尼德提供了演绎性逻各斯的范式，这显然影响了高尔吉亚，但与之相反，赫拉克利特的逻各斯的自然——宇宙原则、（隐藏的）论证、数学比例，或所有这些[11]——却是出了名的含混不清。因此，我们并不能像确定巴门尼德一样也确定赫拉克利特在高尔吉亚反驳哲学的过程中有可能起到了一定的作用。

交流的不可能性

高尔吉亚的《论无》传到我们这里，有两个版本。一个是怀疑派哲学家塞克斯都·恩披里柯保存的《驳数学家》（以下简称 *M*，7.65 以下），另外一个是逍遥学派的《合论麦里梭、色诺芬尼和高尔吉亚》（以下简称 *MXG*）。长久以来，学者们在甄别两版本的优劣上煞费苦心，因为它们在论证和措辞上相当有别。学者们的指导原则（此处不再考察了）就是一个为真，一个为假，其目的就是通过版本的比较和评价把一个**真实的**高尔吉亚展现给我们。[12] 的确，人们不满意恩披里柯记录的版本，
14 这有很多确凿的理由。我们通过一些独立的证据就可以知道：怀疑派对所谓的“智术”的作品很感兴趣（例如，收在塞克斯都的抄本中、题名为《双重论证》[①] 的匿名著作），还有，在 *M*（7）论高尔吉亚的部分中，有很多迹象表明了存在大量的编者插入的内容，例如，捏造的高尔吉亚和普罗泰戈拉的联系（65）。尤为重要的是，因为这个版本充分整合了希腊化时期认识论的技术词汇，故而他的作者必然系统地重构和评论了他的材料。[13] 因此，我会使用 *MXG* 版（引文引自布海姆版），但这个本子也具有古代学案死板的陈述模式，它并没能保存下高尔吉亚的原话，

① 论证即 logoi 一词，希腊文逻各斯的复数主格形式。

甚至也未必原封不动地保留了他的论证次序。[14] 虽然我们会觉得，我们没法读到高尔吉亚的原始内容，但我们仍然能小心翼翼地认为：我们读到的东西就是从《论无》中合理推测出来的——但比 *M* 版的推测要更少一些。[15] 我们的目的并不是考查整部《论无》，而是认准吊诡法的例子，认准其中对交流的讨论及其与哲学思想之间尚存疑问的联系。

正是在这篇作品的题目中，我们遇到了第一个悖论：这个题目实际上还有一个选言标题，《论无，或论自然》[*M*, 7.65；奥林匹奥多罗斯给出的题目恰恰是《论自然》（布海姆，《残篇》, 2）]。很不幸，这两个选言标题也许都是后人加上的，但是它们也许保留了一个非常重要的、带有高尔吉亚风格的玩笑。对于一个古代哲学家或科学家，“自然”就是真实存在的东西，以至于《论自然》就是前苏格拉底时期作品的标准篇名。而据记录，麦里梭（曾是巴门尼德的信徒）有部论著的标题也是一个选言句：《论自然，或论存在》（基尔克、拉文和肖菲尔德, 521 和 522）；这样，人们就很容易会把高尔吉亚解读为：他打算颠覆麦里梭，惊扰哲学的期望。[16] 如果《论无，或论自然》这个选言标题是高尔吉亚原创的，那么，他就轻轻松松地把自然（真实存在）等同于无；两者放到一起，这个题目就包含了自我否定的意思，它自己收回了自己的话。这种受到抑制或者自我拆解的“交流”现象就是整篇作品的显著特色，它只能招致语言习惯的不屑。反过来，即使这个双重题目不是高尔吉亚原创，但它仍然很有意思，因为它非常明显地体现出了之后的读者在把高尔吉亚的文本与正统的前苏格拉底哲学著作归到一类时所感觉到的那份困难。 15

这部作品开篇就令人茫然：“他说：存在着无；即使有某物，也不可知；即使它既存在，也可知，但仍然不可能向他人表明。”（*MXG*, 979a12—13）我们不会停留在高尔吉亚虚无主义的“论证”和不可知论的细节上，相反，我们要说的是：这部作品颠覆了巴门尼德否定“无”可说或可思这个看法：“另一条（即探询的道路）就是不存在和必然不存在,我告诉你,这是一条完全不可理喻的道路,因为你没法知道无,这是不可能的,也不能指明 / 说出它。”(考克松,《残篇》, 3)柏拉图时代以来的哲学家一直在试图解决这个问题,即:当我们说“不能说出或不能思考不存在”时,既然其中包含了“不存在”这样的词(或类似的词),那么这种否定看法是不是自相矛盾呢?人们很难看出,之所以一说出或思考这样的词就会陷入矛盾的境地,恰恰是因为思想和语言概念的不充分;至少像“无(不存在)”这样的表达,仅当它们不**指称**任何东西时,才有**意义**,尽管人们很难说明:它们如何在指称不存在的情况下还获得了意义。甚至更难的就是开发出一套理论来进一步解释当我们的思想包含了这些没有指称的成分时,会出现什么样的情况。[17] 但是,无论一个人对这个问题持什么立场,无论他自己如何理解巴门尼德的禁令,毫无疑问,高尔吉亚都是在肆无忌惮地冒犯哲学家,他想让我们意识到他的存在。

这里的重点会是什么呢?在这个时期,巴门尼德的演绎几乎成为了独一无二的逻辑推演和逻辑排除的范例,上面引的高尔吉亚的条件句就体现了这一点(尽管这个让步从句的结构是高尔吉亚自己的)。在前一节里,我们看到了,当女神强调要靠逻各斯来判断她所说的话时,她至少暗中提出了一种按照逻辑要求判断说服力充分不充分的新型标准。但这并不意味着,在巴门尼德之前,希腊人就从不运用理性来论证。就算阐释者们对其他所有方面都不认同,他们也得承认:巴门尼德之所以在哲学史上具有至高无上的重要性,是因为他从事了第二级层面的研究:也就是说,之所以他处于历史中心地位,不仅是因为他的论证,还因为他的论证关乎了“什么东西能够成为思想的对象”,最终也就关乎了“人们能够对什么东西做出论证”。女神教导他,我们探询的任何事情都必须满足某些条件;到此为止,这个论述一直都是形式性的,可以
16 无限制地应用于任何可能的探询对象。但是任何一个人,当他遵循《残篇》(8)当中的那个宏大演绎时,他都会相当吃惊地认识到:这种第二

级研究具有爆炸性的影响。首先,女神主张这个结论(仍然特别极端):所有思考的对象都是简单和绝对不变的;这是真实本身的特点,不受我们如何构想真实的局限。这样就可以得出,既然我们对世界的最基本的理解表明了(或暗示了)世界以各种各样的方式在变化,所以我们基本上全都错了;此外,也许更糟的是,真实存在的完美统一使得"我们"毫无差别、全都不会搞错"它"(即真实存在)。人们怎么能相信它呢?所以,当高尔吉亚宣称"真实是无"时,他是不是也有一点可信呢?如果这两位思想家同时做出演绎,得出了彼此矛盾但是同样不可信的结论,那么巴门尼德的观点"确证永远随着真理"又会是怎样的结果呢?

"即使事物是可知的,"第三节开头这样说,

> 高尔吉亚说,一个人如何能向旁人揭示出这些事物呢?因为他如何能在逻各斯中谈论他看到的东西呢?或者,听者如何能明白他没有看到的东西呢?因为,恰如视觉不能识别声音,所以,听觉不能听出颜色,只能听声音;说者说话,但没有说出颜色或事物。
>
> (980^{a}20—^{b}3)

假定当说者说话时,通过定义,他们说出了诸逻各斯(logoi,动词"说","legein",和逻各斯同源),所以我们能理解下面这个结论:诸逻各斯不同于颜色等事物。高尔吉亚在假设,感官形式只能把握它们相应的对象:被听到的逻各斯不可能传达与听觉无关的东西。既然这一节(以假设的方式)承认了事物是可知的,那么我们不妨假设:已被看到的事物被某个观看者知晓,尽管他不能通过逻各斯来传达这种视觉知识(译为"被看到"的那个词,是动词的完成时形式,也表示"知道",希腊人注意到了视觉和认知的关系)。但是同理,高尔吉亚在此处也应该承认了:听到的事情可以被听者知晓;那么,既然听者听到了诸逻各斯,为什么他们不能像他们知道其他听到的声音一样知道逻各斯呢?

在这一段里，我用“声音”来译“phthongoi”一词，它也可以专门表
17 示“言语”；我更喜欢“声音”这个译法，因为“听”的专有对象无疑就是一般的声音，并不限于言语。所以我们面对了一个两难：假定“声音”是一个正确的翻译，那么，一方面，听众**应该**知道逻各斯，就像他们知道感觉到的任何声音一样，在这个情况下，交流就会发生；但另一方面，高尔吉亚也许会试图这样回答上面的不同意见，如下：

> 逻各斯不仅仅是熟悉的声音：比如，认出一声鸟鸣，这并不像把握和理解“那是一只林鸽”这句话一样。一条狗和人一样也能听到“那是一只林鸽”（很有可能比人听得还清楚），但只有人能把握所说。因此，我（暂且）承认，声音并不需要逻各斯的存在也能被知晓。

但这只是两难的另一端，并不是高尔吉亚的出路，因为任何这样的回答都完全取决于下面这个前提：理解逻各斯比仅仅听逻各斯要更丰富——逻各斯必须被解释。这个前提暗示了逻各斯需要解释，因为与纯粹的声音不同，它还有语义内容，它意味着某事。最起码来讲，当把语义内容归于逻各斯时，这就承认了这样一个命题：逻各斯陈述了它所相关的事情：大致来讲，它说出了与它的话题有关的事情。即使无法避免逻各斯有可能错误地陈述了它的话题，甚至大错特错，但是有些陈述仍然有可能是精确的——在这种情况中，比如，我期待我可以成功地告诉你我已经看到（也就是知道），但你没有看到的东西，高尔吉亚没法说出这种期待有什么错，错在哪里。所以看起来，逻各斯偶然间传递了知识，交流也的确发生了。（我们不应该担心，高尔吉亚会不公平地否认：逻各斯传达的内容有可能比知道的内容要少，既然高尔吉亚都愿意把感觉到的内容描述为“知道”的内容，这就说明，这里所谓的“知道”，它的意义并不严格，而且单凭它本身，是不可能排除其他看起来可信，也能起交流作用的因素。）

高尔吉亚现在把逻各斯等同为这样一种工具:我们靠它没法把自己的思想传达给他人:

> 当某人在思想中并没有想到某件事时,他如何会通过逻各斯或某种不同于事物的符号从他人那里领会到这件事呢?相反,当它是某种颜色,就通过看,当它是某种声响,就通过听。因为首先,说者既不说声响,也不说颜色,只说逻各斯;所以,不可能在思想中 18
> 拥有颜色和声响,只能看前者和听后者。
>
> (980^{b}3—8)

(要注意,我们现在就是在或听或读,并且理解高尔吉亚所说的话,仅仅凭这一点就足以证明,高尔吉亚说的不可能是真的。)这个反驳成功交流的论证,有两个特征尤为值得注意。

第一,符号必然不同于对象(用前一段引文的结论来说,就是逻各斯不同于颜色等)。由于经验必然(假定如此)是直接的,所以一切按照定义不同于其表象对象的符号必定没有意指功能。在此,高尔吉亚并未否认逻各斯的存在,他只是否认:逻各斯能传达所知。而且,封锁在我们思想中不可交流的逻各斯,既然它们不能成为任何与自己有别的事物的符号,故而它们也都不能表象对象。我既不能把逻各斯告诉你,也不能保留私人的、在记忆中表象出我曾见过但不会再看到的内容的逻各斯。因为失去了表象性内容的逻各斯是没有意义的,所以很自然,传达逻各斯也就没有意义了。[18] 这种论证的核心就是,它假设了经验一定不靠任何表象为中介,但是,高尔吉亚甚至并没有明确提出这个假设,他也没有看似可信地证明它。无论我们想要得到真实、合理、成功、可信或者在这一点上有说服力的逻各斯是一件多么困难的事情,无论这种困难多么难以克服,它都不能归因于语词与对象之间的差别。如果语词与它们的对象并无不同,那么它们就不会成为表象了:也就是说,它们不会是语词了。

第二,在这一段中,我曾译为“声音”的那个词不再是“phthongos”,而是“psophos”。不像“phthongos”,“psophos”既不能指纯粹的“声音”,也不能指“(清晰表达出的)言语”;“psophos”的最贴切的翻译是纯粹简单的声响。所以我们能得出一个有趣的结论:在这一点上,高尔吉亚选择了前面描述的两难的第一端,由此,逻各斯像各种“声音”一样被感觉到;无论在其他代之以“phthongos”的段落里,他想保留多少不确定性,这一点都是成立的。[19]

高尔吉亚的交流模式假定了:倘若一个人会把所知传给另一人,那么前者就以某种方式把一个想法给了后者;如果这不会出现误解,那么
19 恰恰是同一个思想被对方理解了:“但是,听者的心中怎会有相同的思想呢?因为同一件事不可能同时存在于若干彼此分离的东西中,毕竟一个东西变成了两个。”(980b9—11)人们也许会推测,在这里,高尔吉亚偷偷地超出了第三个否定命题的范围,即,如果事情是可知的,它也是不可交流的。因为他现在打算(也许是假装?)断定:无论说的是什么,无论可知与否,言语都不可能传达同一个思想(对象)。我们已经看到了,高尔吉亚从来没有否认过逻各斯的存在。所以也许,他的意思是:一个人在跟另一人说话时,他(神秘地)在听者的内心中唤起了逻各斯,但是这个被唤起的逻各斯并不等同于说者的逻各斯;之所以不可能如此,因为逻各斯是或像是一种独一无二、不可能同时处于两地或不可能克隆的物理对象。

虽然唯物主义哲学家一直遭到坚决的抵制,但他们说的“思想要么存在,要么必然在物理对象中被例示”这个命题,其本身并无可以反驳的地方。而唯物主义哲学家也能始终如一地采取高尔吉亚对交流的假设,但他们会设想:当一个人通过言语在他人心中唤起了逻各斯,虽然说者的逻各斯和听者内心中的逻各斯确实是截然不同的两个物理对象,但这两个截然不同的对象仍然是同一个类型的两个记号,此处的类

型是语义学层面上的——这样，作为思想—传达的交流模式就满足了。（我所谓的“唯物主义者”，从心灵哲学的角度来说，都不是完全不许谈论“类型”的极端主义者。）所以，高尔吉亚肯定不能认为：思想无论是不是物理上的，都是同一个类型的若干记号——也就是同一个类型的例示。

这种唯物主义的论证有点顾左右而言他。因为，这些记号的特点恰恰在于，它们也是符号或表象；由此可以推出，这种物理对象没有表象功能，所以它们必定是没有意义的，所以它们不可能产生交流效果。正因为任何有意义的东西由此可以表象，故而任何有意义的东西必定是语义类型的记号；但是，记号（例示）必定是可以复制的（原则上如此，甚至实际上就是这样）。这个论证很容易引起误解。按照我对这个论证的重新组织（另外还有重要的补充），它的深层结构并不是：如果我们通过逻各斯交流，逻各斯就必定能从一个心灵传达给另一个心灵，而 20
是：同一个逻各斯既然是物理性的，它就不可传达，所以我们并没有通过逻各斯进行交流，相反，逻各斯不是任何事情的标记或符号，它们是独一无二的物理对象；而独一无二的物理对象只能在同一时间出现在同一地点上；所以，按照高尔吉亚对交流的假设，交流是不可能的。

随后，高尔吉亚出于论证的目的，愿意承认“同一个思想对象也许可以交流”这种可能性（980^{b}14—15）。但是初看起来，这不算什么特别大的让步，因为他马上就坚持说：在（假定的）交流双方之间存在的差异总是阻碍交流**呈现为**同一个交流，即使（但实际上不可能）它是同一个交流（这样，这个策略重复了《论无》中普遍的让步结构，是它的一个缩影）。交流是不可能的（1）因为事物不是逻各斯，而且（2）因为这两个人思考的不是同一个事物（980^{b}18—19）。我刚才强调的那一点：逻各斯不可能是这些逻各斯对应的事物，否则它们就不是逻各斯了，这可以回答（1）。另外，对这个错得如此离谱的看法，还有另一种可能的分析思路。人们可以粗略地设想：语词代表它们的对象；而且，既然没有任何替代物可以匹配原本，那我们就不应该满足于苍白地模仿最佳逻各斯能够达到的真实，相反，我们应该守住真实的事物：如果复本越精确，就越好，那么按照最严格的标准，事物就必须自己“表象”自己。当然，这是不可能的。[20] 对于（2），如果想让它说得通，那么只有满足两个条件：一是表象的存在不可被压制，二是必须评估表象在思想中被区分的方式。

这能成为哲学吗？

我们要如何理解这些惊人的命题呢？巴门尼德的哲学得出了这样一个“理性”的结论：所有存在都是独一、不变、同质、永恒的存在，但是他没有解释，他如何能让我们进行对话交流。与之相应，高尔吉亚用论证回应了巴门尼德，他表明，如果交流不可能存在这个**说法**成立，那么这必然导致了自相矛盾和悖论。[21] 如果《论无》是完全可以接受的哲学，
21 如果这就是它的主旨，那么哲学逻各斯单凭自己是没有太多确证性的，尽管巴门尼德试图垄断说服。

但，它**是**哲学吗？还是说，它只是个智力玩笑？[22] 我就是这个笑话的“笑柄”，因为我刚刚扮演了一个沉闷无趣的哲学家在小题大做地收拾“智术”。有人也许认为，没什么比把真实的（也就是严肃的）哲学同任何玩笑区分开更容易了。但是，这一章引自维特根斯坦的那段题词，却有助于我们明白，认出哲学这种东西有可能并非易事。维特根斯坦关注的是这样一个现代认识论问题：如果有人宣称自己相信某些特别基本的命题是真的，那么这种说法比起它有意反对的激进的怀疑论主张来说，是不是在根本上就更合理呢？引文的意思很含糊：维特根斯坦要么是在说，哲学语境让一句从其他角度来看算得上疯疯癫癫的话具有了（可接受的）意义，要么他就是反过来暗示，哲学的伪装欺骗了我们，让我们错误地认为无意义是有意义的。从我们的目的来说，这种含

糊可以接受:我们应该从维特根斯坦那里学到这一点:在标准的哲学语境中,《论无》也许是严肃的——或者还是理智的而不亚于某些哲学的理智(谁还能比巴门尼德更疯狂,暗示他自己并没有“真实地”存在呢)。

有哪些解读方式可以选择呢?有人偏爱“直截了当的”解读,据此,高尔吉亚打算把与交流本性有关的真理传达给我们。他断定了,我们最应该通过实物教学得到知识,但是,其中包含了一个有意自我反驳的思想,它的意思(如果是暗含的)实际上就是:既否认思想和交流的可能性,甚至同时又试图思考或交流,这是徒劳无功的。他的这种绕弯子并没有什么不妥,因为他的意图就是督促我们去彻底解决并正确理解我们自己的悖论。交流是不可能的,这个说法不可能成立,《论无》只是假装这样说,因为这个说法的成立必定会以吊诡的方式不成立。他的做法可以解释成是对巴门尼德哲学的委婉的批评。巴门尼德断定:“是什么”是不变、唯一的存在,但是(正如我们所见)很明显,他没法解释他怎样让我们进行对话交流。高尔吉亚则指出了哲学家的形而上学原则与他的实践之间的矛盾,他的方法就是明确揭示或是展现出:只有立足 22
于被歪曲的伪巴门尼德式的前提,交流才是(不)可能的。这就是“直截了当的”解读,它表明了高尔吉亚在哲学传统中有所批判,尽管方式并不直接。

虽然我只是部分罗列了《论无》中严重的逻辑缺陷,但我们不能以此为理由贬低这部作品是游戏之作,因为按照这个标准,早期希腊哲学的大部分内容恐怕都要从经典中淘汰出去了。无论如何,支持“直截了当的解读”也许会推测出:这些缺陷(尤其是那些更堂而皇之的缺陷)都是有意而为。在我的分析过程中(特别是揭示高尔吉亚认为逻各斯没有表象能力时)有好几次,对于“这些‘发育不全’但又很关键的假设有没有可能不是高尔吉亚有意为之”这个问题,我采取了“两头下注”的法子;“直截了当的”解读者虽然很明智地不会增加其他内容,但他们兴许会热烈接受“并非高氏有意而为”这种可能性。[23]

从另一方面，有人也许会被“戏仿式的”解读所吸引。当高尔吉亚反驳巴门尼德时，他得出了一个结论（我们也都得这么做）：从推理严密这个角度来讲，我们没有理由责怪巴门尼德。但是，如果巴门尼德的逻辑完美无瑕，那么根据哲学制定的规则进行抽象的逻辑活动，就会产生和我们**知道**的真实毫无关系的结果（他在挑衅的反哲学意义上使用“知道”和“真实”这两个词）。这种解读主张：高尔吉亚的推理至少能禁得起初步的检验（当然是在高尔吉亚自己看来），因为否则的话，我们只能把《论无》中粗暴的结论归因于谬误推理，而不是归因于哲学思辨自身的本性。既然这些特殊的逻各斯之所以是有缺陷的，原因在于哲学逻各斯必定像自己的本性一样内容空洞、形式呆板，故而初步来看，高尔吉亚认为事情本不应该这样古里古怪还算是可信的。这种解读并不允许对“《论无》是不是‘哲学’”这个问题做出无条件的回答。

最后，我们也许要考虑一个“玩笑式的”解读：《论无》是一个笑话。它在搞笑，假模假样地进行逻辑推导，但对于哲学研究的最终有效性、巴门尼德的形而上学、纯粹理性能力等等并没有说出什么深远的看法。这并不意味着，这篇论著就乏善可陈，因为并不是所有笑话都可以（或**能**）不用脑子就能欣赏。

如何在这些解读高尔吉亚的策略中做出选择呢？如果想考察它是
23 否“真的”是哲学，这就需要分析它的论证（或伪论证）。但是也许，这种分析式的回应已经预设了我们想要发现的内容。许多学者都宣称，《论无》构建了一种逻各斯理论，它把修辞术与文学从他们认为的表象性话语的束缚中解放了出来：如果语言并不关涉世界，那么诗人和演说家也都会自由地影响我们而不用考虑难以接近的事实。[24] 这种让人遗憾的错误解读忽视了高尔吉亚“吊诡法”最明显的结果：他的主旨在“自我反驳”，因此，它并不是要建构一种逻各斯的理论，而是既要给我们描绘出“语言不可能是什么”，还要给我们描绘出，“语言不可能按照人们的想法立志成为什么”。

与上述解读不同,我认为,《论无》的永久意义恰恰在于:我们无法确定高尔吉亚是不是认认真真的(无论在这个语境中,这意味着什么),以及我们难以在上述几种对他的解读策略中有所定论。正如在解读巴门尼德中明显能看出的情况一样,哲学自诩为一种源自逻各斯的非个人权威。但是,无论怎么试图回答"高尔吉亚的文本究竟有没有'真正的'哲学立场",似乎所有答案都对这个问题预设了肯定的解答,这个事实意味着只能通过作者的意图和声明,而不是靠逻各斯本身来确定作品的真正类别。这肯定让人们的选择成为了一件与个人有关的偶然之事,由此也瓦解了哲学想要发现超越个人的权威的动力。之所以《论无》严重威胁到了哲学,是因为如果哲学对于某种无法一视同仁的理性没有做出危险的妥协,那么哲学没法决定要不要认真对待《论无》。高尔吉亚会不会是一个业余哲学家,或是一位老实而且老老实实受到欺骗的巴门尼德式哲学家呢?还是说,他是一位搭起智力陷阱的蒙人的"智者"呢?如果是这样,他的动机何在呢?没有答案。郑重其事地说,我们不知道《论无》想说什么。我的意思是:这种令人迷惑的不确定性,其本身才是文本的主旨(或者不如说,**没有**主旨?)。如果忍不住想打个比方的话,可以说:高尔吉亚给我们的并不是一架我们爬上去之后就必须设法扔掉的梯子[①],那么我们是不是不仅仅要一直向高空爬呢?这一点甚至并不清楚。或者反过来说,高尔吉亚在有意传达一种包含许多杂音的主旨;他这样做就是在促使我们思考各种交流行为必定是什么样的,以及哲学家宣称的主张是什么样的。 24

① 指《逻辑哲学论》(6.54)中著名的"维特根斯坦的梯子"。

第二章
赞扬堕落的女人：高尔吉亚的《海伦颂辞》

海伦：可以用逻各斯来回答吗：如果我会死，那就是不公正的？
墨涅拉奥斯：我来不是为了逻各斯，而是杀你。

（欧里庇得斯，《特洛伊妇女》，903—905）

海伦何人？

海伦何人？在希腊世界（包括后来），她成了性爱之情的化身，一个其文化意义无以复加的典型。她是墨涅拉奥斯的妻子，帕里斯的情人，她是难以抗拒的坏女人，私通不洁，魅力无穷，与永恒忠贞的奥德修斯之妻佩涅罗普形成了对比。甚至当她的形象首次出现在荷马那里时，她就给人们带来了特别含混的感觉。虽然在《奥德赛》第四卷，她一上来就作为重返家乡的妻子登场，给奥德修斯之子特勒马科斯讲故事玩，但是，墨涅拉奥斯描述了一个令其不安的轶事，却给她的口才蒙上了一层阴影：当阿开亚武士躲在木马之中，此时是最危险的关头，她顽皮地模仿起了武士们妻子的嗓音引诱他们（《奥德赛》，IV.274—289）。[1] 但其实早在一开始，她和逻各斯的联系就暗示了出来：她曾屈从于帕里斯的言语的强求；而她自己也拥有令人销魂、骗人的舌头，她明摆着装糊涂、模仿不在场的妻子们诱人的声音，利用了夫妻的两地分隔，但在此时，她自己显然也是一个不在场的妻子，而且她理应为此受罚；希腊人正是为了夺回她才来到特洛伊。

她是这样吗？我们后面会发现，甚至在荷马那里，就有一些至少不太成熟的意见表明：她的罪行还是情有可原的。此外，在很早的时期， 25
还有一种与荷马一脉并列的文学传统。公元前6世纪初的抒情诗人斯忒西克罗斯据说就是中伤海伦而眼盲，在写了他著名的悔过诗洗清海伦的罪过之后，又重见光明。这个不同的传统，其顶峰就是欧里庇得斯的《海伦》。这部戏剧完全削弱了荷马的叙事，它断定，只是魂灵，而非海伦本人私奔去了特洛伊。一直以来，在开脱和赞扬之间存在着相当大的隔阂。如果这个如伯里克利所言（修昔底德借他之口），“男人们很少谈论其好坏”（II, 11.2）、鼎鼎大名（或者声名狼藉）的女性形象受到重视，那么海伦的闻名遐迩反而足以使她极为不幸，不论她是不是应该受到谴责。按照社会舆论，雅典的良家妇女都不想追求抛头露面，但这种准则不可能自然而然地适用于这个半人半神的传奇女子；这样，人们对海伦的反应，无论是正面还是负面，都不是没有问题的。

所以，《海伦颂辞》想要说什么话来赞扬海伦呢？我们能非常确定，“赞扬海伦”就是高尔吉亚的意图：虽然这部著作的标题《海伦颂辞》[①]当然有可能不是他本人所起，但这篇文章之中就有充分的证据证明：他的（一部分）目的就是赞颂她的各种德性。在技艺手册中，修辞术主要被分为三种：诉讼（庭前的申辩和控告），议政（向司法和行政机构提出政治动议）和展现式（赞扬或责备某个人或习俗）。《海伦颂辞》表面上属于最后一种。尽管有很多说法认为高尔吉亚本人以及其他修辞术开

① 颂辞是演说的一种，属于展现式演说（除亚氏之外，其他人大都理解为“炫示性”演说）。这种演说按亚里士多德的定义，包括赞扬和责备两种功能。但在亚氏《修辞术》I.9.33和《尼各马可伦理学》I.12中又区分了颂辞和赞扬（赞辞），前者是对成就的赞颂，后者是对德性。高尔吉亚用颂辞来赞颂海伦，是相当夸张的。

创者都创作了这样的手册（如布海姆,《文献证明》, 2）,但是仍然有充分的理由怀疑这些手册的性质和范围,甚至还可以怀疑所谓的“手册”是不是存在。尤其是,我们缺少确凿的证据来推测高尔吉亚或他的同时代人熟悉这种分成三类的做法。它的通行和最终的经典地位,都是由亚里士多德在《修辞术》（I, 3）中认可并确立的,但是,没有理由认为,这种划分在亚里士多德之前就正式存在了,即使它不是亚氏发明的。人们或许也可以使用后来的文本进一步论证这种怀疑看法。比如伊索克拉底,他在自己的《海伦》中就责备了高尔吉亚对演说类别的使用不得体,他声称,尽管高尔吉亚有明确的目的,但他实际上为海伦写的不
26 是颂辞,而是辩辞（《海伦》, 14）,而辩辞和颂辞的场合与话题实际上都不相符（15）。怀疑者就可以推断出,伊索克拉底（与亚里士多德同时代）为了抬高自己的作品,颠倒年代,利用了在之前一个世纪里尚未成形的“文类得体”这种看法。

但是,我们不应该受制于这种历史层面的顾虑,而不去探寻《颂辞》究竟是什么类型的演说。如果有充分的理由可以怀疑:亚里士多德之前的手册传统并没有提出演说分为三类这种说法,那么同理,我们也就没有理由怀疑:公元前 5 世纪的思想家会认为这种三分做法完全是难以理解或难以察觉的。这种分类之所以成为主流,并不仅仅因为亚里士多德的权威地位,还因为它非常说得通,这是一个特别合理的理由:如亚里士多德所言,演说实际上按照演说者、听者和主题来划分,而针对古希腊制度来说,这些标准又恰恰产生了诉讼、议政和展现式这几种演说。因此,人们可以推测,即使在高尔吉亚的活动时期,理论家们没有明确提出过修辞术的分类,但是他仍然可以有意地嘲弄人们对文类的期待（但当时的文类相对来说并不正式）。这种推测包含了两个部分:第一,鉴于人们对颂辞主题的期待,赞扬海伦这个做法至少已经走向了“吊诡法”。但是第二,也许高尔吉亚有意跨越了划定（初期的）文类的界限,这样就以一种更为复杂的方式混淆了通常的期待。为了支

持自己的指责,伊索克拉底有可能会用高尔吉亚文本里的话来证明《颂辞》更应该描述为辩辞:我们读到,高尔吉亚计划要“让这个受诽谤女人不再遭到谴责,展现那些谴责她的人都在撒谎”(§2)。但这句话表明了高尔吉亚的目的不仅有辩护,而且还有赞扬:他甚至使用了与“赞扬”语境有关的相当重要的术语,动词“展现”(show)就译自希腊文“epideixai”,而“展现式”(epideictic)这个修辞术的通用标签就出自这个词。高尔吉亚在措辞上的选择也许已经暗示了:在《颂辞》中,赞扬和辩护令人惊奇地结合在了一起。

人们也许会抱怨说:这种假设猜测的味道太浓了,不仅如此,看起来还不得要领:为什么高尔吉亚非得对打乱演说类别这种做法感兴趣呢?这不恰恰暴露了他的愚笨无能吗?——而伊索克拉底显然希望读者们用这种缺点来对比自己技艺高妙的《海伦》。然而,学者们也许仅仅根据表面就欣然同意了伊索克拉底的批评。[2] 显然,伊索克拉底应该 27
言行一致地写一篇颂辞,而颂辞当然与海伦有关。但是,伊索克拉底的《海伦》事实上并不合乎这种说法。的的确确,这是一篇赞扬演说,但海伦仅仅是表面上的话题。赞扬的真正对象是忒修斯这个人物,以及雅典城,因为在神话中,忒修斯就是雅典城的著名代表:

> 如果做了这些行径的人是一个小人物,而不是出类拔萃的人,那么就不会清楚这篇文辞(逻各斯)是对海伦的颂辞,还是对忒修斯的控诉了(因为他掳走过海伦);事实上,虽然我们会发现其他名声不错的人在勇气、智慧或其他德性方面有缺陷,但只有忒修斯一样不少,还拥有完美的德性。我认为,用如此之长的篇幅谈论他才最适合;因为我相信,如果我能“展现”(epideixai)那些爱慕和赞美海伦的人其自身也尤其值得赞美,那么,这就最能让那些想要赞美海伦的人信服。
>
> (《海伦》,21—22)

伊索克拉底间接告诉我们:《海伦》的核心,既不是对海伦的颂辞,也不是针对忒修斯的控诉,而是与忒修斯的城邦有关的颂辞。如果是这样,那么伊索克拉底对高尔吉亚的直白批评就隐藏了对他老师的致敬,尽管只有眼力出色的读者才能看出来。一方面,他认为高尔吉亚没有履行承诺而出言不满,但另一方面,伊索克拉底实际上在效法他。但是,目的何在呢?我想指出:就海伦而言,高尔吉亚的文本的确是诉讼性的(为了辩护的演说),但尽管如此,他把这个辩护放在了以展现式的目的——这个目的就是赞颂逻各斯(不是赞颂海伦)——为中心的框架内,这就跨越了演说的类别。不过,如果是这样,人们可能还会抱怨说:为什么不能既赞扬逻各斯,同时又不用这种方式搅乱话题呢?答案在《颂辞》里就能找到。它宣称,为了让一篇文辞(逻各斯)给人们带来快乐,文辞断不能单调直白,这样从一开始,一种“婉曲”的方法就毛遂自荐了。再有,《颂辞》中还会出现的一个主题就是欺骗的强迫和吸引力:为了传达这一主题,文本在局部中断它的核心问题和真正的类别,还有什么比这种方法更好呢?通过在《海伦》中模仿这种“不直接”,伊索克拉底(对那些有教养、有知识的读者)宣称:他也能通过一种看似的“欺骗”让读者快乐:他佯称自己批评高尔吉亚,却是为了(不用直白的语
28 言)表明自己要拥护高尔吉亚打乱文类取悦读者的计划。

虽然今日的学者更充分地理解了展现式演说在希腊城邦的内部认同的构建和维护上起到了显著的作用,[3] 但对于《海伦》的随意态度仍然占据主流:海伦本人只是神话中的人物,所以关于她的作品也仅仅是想宣传高尔吉亚才华的展示品而已,也许还是为学生们准备的范本。[4] 这种不赞成的态度的背后暗含了这样一种想法:展现式演说不可能是重要的,因为它不严肃。希腊名词“epideixis”表明了这一点,如同其同源的动词“epideixai”① 一样,它们都指“展现”和展示行为。但是,所有

① 动词词干为“deik-”,即展示、表明,但配合不同前缀,还可以表示证明或论证,如“apodeixai”。在亚里士多德的《修辞术》中,他明确主张,展现式演说的“展现”指表现德

诚实正直的公民都知道，如果说有什么事情是重要的，那也就是在法庭和政治舞台上进行的事情，与之相反，展示（尤其是炫示）暴露出了轻浮而不是郑重。

无论这种想法在今天有什么价值，它都显然不符合古希腊世界的情况。毕竟，以悲剧为例，尽管它们被用作审美愉悦的工具，但它们所**展示**的场合却是能最深刻观察和讨论雅典政治价值和政策的城邦节庆。[5]而也有一种独特的理由可以质疑人们对高尔吉亚的这种忽视。我们已经知道：《论无》有可能最为严肃、有效地戳穿了哲学的自命不凡，因为它看起来已经降格成了一场哲学笑话；与之相应，如果推断说《颂辞》是不严肃的，所以就不是重要的文本，那也同样是不明智的。事实上，《颂辞》巧妙地补充了高尔吉亚在《论无》中力求让逻各斯摆脱哲学控制的策略，而且它毫不妥协地打开了修辞术的政治维度，这又进一步发展了高尔吉亚的挑战。只有一步步详细分析《颂辞》，我们才能理解高尔吉亚做法的微妙之处。

装饰过的真理

《颂辞》开篇，高尔吉亚就声称："城邦的 kosmos 在于民众的优质，身体的 kosmos 在于美，灵魂的 kosmos 在于智慧，事物[6]的 kosmos 在于卓越①，逻各斯的 kosmos 在于真（alētheia）"（§1）。既然他立刻向我们保证："应该用赞扬推崇值得赞扬的事情，而把责备留给不值得的事情"，因此，这句开场白的目的显然是要罗列一大堆有可能适合作为颂 29

性或劣性，以便赞扬或责备。而其他修辞家都把这个展现理解为展示或炫示个人才华，类似作秀，比如伊索克拉底以及后来的昆体良，拉丁语为 demonstrare 和 demonstratio。作者的看法比亚里士多德的理解要更宽泛。也见亚氏《修辞术》（I.3）。

① 即 aretē，希腊文指人的品质时，表示品德和德性，英译多为 virtue，但指物为卓越，优质，比如一把刀的 aretē 就是锋利。

辞主题的事情。如果是这样,高尔吉亚就把应该受到赞扬的东西抽象地指称为"kosmos"。但是我们会想起来,"kosmos"正是巴门尼德的关键词:虽然这个词的核心意义是"秩序"或"和谐",[7]但它可以扩展到包括那种外观上有吸引力、硬加进去的布置,比如花里胡哨的打扮,或者包括后来修辞术的术语所说的、演说的"藻饰"。巴门尼德汲汲于让欺骗性的kosmos相反于"作为论证的逻各斯"。而高尔吉亚是不是也试图要借助逻辑推理,甚至单凭逻辑来说服我们呢?如果这里暗示了:只要高尔吉亚的《颂辞》给我们讲述了真实的故事,那它就尤其能实现这种逻各斯的卓越性,那么这里的alētheia(逻各斯的kosmos)是不是就指"毫无装饰"的真理呢?如果kosmos通常的含义是"装饰"和"人工",那么危险就在于,装饰过的逻各斯也许是假的,而不能表象真实。不论如何,演说家能绝对地发现世界上的客观价值并且如实地让他的逻各斯符合这些价值吗?这层意思似乎就暗含在高尔吉亚下面这个说法中:"责备应该赞扬的和赞扬应该责备的这两种做法,都同样有缺陷,都是无知之举。"如果想排除这种可能性,即:一件事情之所以能够用作赞扬或谴责的论题,也许是演说家基于异想天开和个人兴趣所致,那么就要再次保证:赞扬和责备一定能安排给应该得到赞扬和责备的主题,尽管这种说法空洞乏味。这样,起码在一开始,高尔吉亚冷静地肯定了:kosmos的功能并不是相反于真实存在的、纯粹的装饰手法:他的愿望就是"展现真理"(§2)。[8]

高尔吉亚指责人们听了诗人的话(他没有提斯忒西克罗斯)对海伦产生了误解;他所陈述的目标就是要提供一个"驳诘"("elenchos",巴门尼德的女神在《残篇》中也用过这个词),反对那些中伤海伦的人,其方式就是"在我的文辞(逻各斯)中添加了一个logismos"(§2)。Logismos指推理,所以,这个主张就是:"驳诘"要采取推理或论证的形式。我们知道,高尔吉亚设想的目的就是真,而且,诗人们说了假话;但是在这里,是不是还进一步表明了:诗中确信的内容(诗人们共享或告诉人们的信念)不仅是错误的,而且还是无理性的呢?或者意思再温和一点:传统的对海伦的错误判定(至少一部分)是不是立足于有缺陷的推理,但并不是一点推理也没有呢?这些问题也可以换个说法来讲,如果高尔吉亚谴责这条诗歌传统大错特错,他主张了一种这个传统难以掌握的方法或技术,以此来提出强大的挑战,那么问题在于:高尔吉亚面对的是不是一个整齐划一的诗歌传统呢?也就是说,通过赋予 logis- 30
mos(一种在诗人那里不存在的独特意义),他是不是想要用比逻各斯表面的真假更实质的理由来划分各种逻各斯呢?只要人们不再简简单单地无视高尔吉亚,哲学史家就会专注《论无》;但这些问题又表明了,《颂辞》也应该得到同等的研究。

赞扬海伦

按照习惯的称赞方式,高尔吉亚接着让我们确信:海伦杰出的家世“只有少数人清楚”(§3)。为何如此?她的家谱来自神话和诗歌传统,而这个传统的确切性恰是高尔吉亚要指摘的。根据这个传统,“很清楚其母为勒达”,但她的父系至少一开始并不是很“清楚”:“其父是一位神,但据说也是一位凡人,一位是廷达罗斯,一位是宙斯,两者中,一位似乎是其父,因为他就是;而另外一位,因为他说他是,他就被拆穿了(和‘elenchos’同源的一个动词)。”如果“据说是”相反于“是”、等同于“仅仅被认为是”,那么,凡人和神这两种关于父系的说法就构成了高尔吉亚的逻各斯所引用的那个传统神话的一部分。针对父系这个争议,如何能从这些人云亦云中突围出去、直达确凿的真相呢?她是个聪明的孩子,所以知道她的父亲,但是到此为止,我们却没有从这个语词的圈子里绕出来。而要注意的是,在这个特殊的例子中,既然宙斯是(被认为是)真正的父亲,那么这个先前也许被认为不太可信的说法反倒成真了。但是,如果神性父系相对来说并不可信,那么宙斯如何又“似乎是其父，因为他就是”呢？在另一个地方（布海姆，《残篇》，26），高尔吉亚提醒道：真实并非自动地表露自己：“他说存在但看不出来，就是不明显的，看得出来却不存在，就是虚的。”所以答案就在“另外一位，因为他说他是，他就被拆穿了”这句话里。这是奇妙的一笔。人们期待的是类似“神看起来是她的父亲，因为真实如此，但人看起来是她的父亲，因为风评如此”这样的话。然而相反，高尔吉亚大胆地颠覆了对廷达罗斯的描述：他看起来并不是她的父亲，因为他说是，因为他这样说，所以他就被揭露出来不是她的父亲。之所以这样想，也许是因为海伦“神性
31 之美”的形象太美妙了，以至于这立刻就能证明凡人的自诩是谎言：我们能清楚地看到，她的美具有严格意义上的“神性”。真相如此鲜活，使得我们无须害怕受骗或被迷惑；假话只能像他说的那样“被拆穿”、被驳斥。[9] 当然，我们都看不到海伦；只能相信高尔吉亚的文辞（逻各斯），它说神性之美的形象影响了海伦同时代人的视觉——正如（我们必须提一下）荷马的普里阿摩斯和他的年长伙伴说的一样：海伦“非凡得像不朽的女神”（《伊利亚特》，III，158）。

“海伦一人之身，可使众多男儿的身躯群集。”（§4）希腊语“使群集”有特定的敌对含义，就是“加入争斗”，追求者们争着要和她牵手，恰如福斯托斯说的，单单她这一个被带到特洛伊的身体就“引动了数千舰艇”。海伦神性的美当受赞誉，因为凭着美，她聚拢了（在爱欲上征服了）那些因各种天赋和成就（包括“获得智慧的能力”）而声名显赫的男人们。能力或才能（dynamis）实际上体现在哪里，又如何产生作用，这都会成为《颂辞》的主题。

快　乐

高尔吉亚首先为自己忽视了几个让海伦去特洛伊的著名事件寻找理由，他说：“对于心知肚明的人，告诉他们这些内容，虽然会让他们确

信,但带不来快乐。”(§5)“确信”这个词也出现在§2,用来指人们受到误导而对诗人中伤海伦确信不疑。所以“信服”就完全自在地表示相信或信服,但是对或是错都不是必然的;它取决于确信的来源。高尔吉亚的理由也是对听众的实实在在的恭维;虽然诗人的听众是容易上当受骗的,但也必须要让那些读或听[10]他的人不至于厌烦,因为他们都是知情者。既然,这是让人受用的奉承话,那么这个理由就不仅仅因为承诺了会带来愉悦而避免了单调,同时还暗中传递了快乐。不过,有没有理由认为这种奉承式的说服证据充分呢?高尔吉亚对我们的智慧如此想当然,但他这么做兴许就上当了——或者,他有意在让我们上当。

柏拉图的高尔吉亚会承认,演说者不能传达知识,而且演说者的话不能让知情者确信。而在这里,恰恰相反,现实中的高尔吉亚之所以没有转述普通的知识,因为它带不来快乐:如果他的文辞令人快乐,那么 32
至少它应该是新奇的。的确,新奇跟真理并不矛盾(否则的话,就不可能发现任何事情了),但是,一方面高尔吉亚坚持这个原则:“选择那些(至少是一部分)能给人带来快乐的内容”;另一方面他又有其他的追求,比如追求真理(只有某些哲学家才会极为让人难以置信地认为快乐只在真理中),这样,前者就肯定会让后者变得有问题了。为了避免让听众厌烦,高尔吉亚忽视了我们都知道的情节;他的说法(“用我的文辞跳过之前的内容”)表明了逻各斯的力量中断或截断了叙述内容在时间上的连贯。这样的连贯也许令人厌倦,但是它也有可能避免那种为了愉悦和装饰的效果而歪曲明显的真理的修辞术手法。在高尔吉亚的影响被人们感受到之后很久,亚里士多德在《形而上学》中响亮地宣告:“所有人本性上是求知的。”(989A21)如果这是对的,且一个人不能知道虚假,那么人们就对真理有天生的欲求;而且像下面这样认为是有道理的:如果天生欲求的满足是内在快乐的事情,故而能得出,真理中有一种普遍的愉悦。但是,假使有人会接受亚里士多德式的人性概念,那也不会得出:任何人——理论上要排除(但又不太可能排除)有理想抱负的哲学家——在真理中能享受到比在其他任何东西中更多的快乐。我们天生就具有了这么多互相竞争、几乎不可避免会产生冲突的欲求；所以我们事先没有理由相信：这两种追求——追求逻各斯中的真理和追求逻各斯中的快乐——（通常）都能实现。

原因与理由

高尔吉亚下面又给我们提供了一些让海伦的举动成为可能（eikos）的原因。也许在希腊修辞术中，只有这个词最为重要；[1]eikos 也能译作“可能的”“似真的”和“很有可能的”，它通常都像这里一样，意思是“正确的”和“正常的”，即“合理的”。后来的修辞术理论，有一个常识：演说者的任务就是让他的议题的可能性、合理性或似真性具有可信性，这取决于获得一种也许有但无需一定有的与事实相一致的逼真性。正是因为演说家处于可能性和真理之间不可弭除的隔阂上，所以他才能灵活地让人赞成或反对。这样，既然高尔吉亚的意图是要演说一篇“有可能性的”文辞（逻各斯），同时又承诺让人快乐，所以这都使他远离了巴
33 门尼德的真 / 真实意义上的 alētheia。

高尔吉亚会用尽每种可能的理由为海伦和帕里斯的淫奔开脱，在每种理由中，他都表明：不能认为海伦要负责任；这样，如果各种理由都列举完了，那么为她的辩护也就成功了［也许，这就是他所谓的、补充进他的文辞（逻各斯）之中的 logismos 的方法程序］。“海伦之所以有如此的行动，要么是因为命运的要求，神的用意和必然性的律令，要么就是因为她被强迫所逼，或被言辞（诸逻各斯）说服，或被爱俘获。”（§6）在这里，高尔吉亚表明了强迫和说服是两种不同的东西，但是在后面，他的修辞术会抹去这个之前很重视的分别。

[1] 见亚里士多德，《修辞术》，I.2.14—16。

我们首先看看他列举的第一个原因：神的干预。高尔吉亚宣称，在这种情况中，既然凡人不可能违逆神明，而且强者制服弱者是“自然而然的”，那么海伦的天真是显而易见的。但是，也许这个例子并不是像他说的那样毫无问题，因为有充分的证据（至少在他之前）可以证明：在解释行为时，希腊人会认可多重因素决定的模式；同一个行为也许既归因于人类行动者，也归因于超自然的存在者，神的影响未必能让人类行动者与他或她的行动后果脱离干系。[11] 当高尔吉亚转到了第二个可能理由（被野蛮的强迫所掳）时，他的策略更有意思了。

> 这样一个被强迫所逼，背井离乡，抛家在外的女人，如何会不能合情合理地（eikos）受到怜悯，反要在文辞中大加申斥呢？他行动可怖，而她是受害者；那么，为她感到惋惜，对他憎恶，才是正当。（§7）

在这里，eikos 必定具有“正常的”这个含义，它在请求听者或读者为受害人的困境给予**合理和正当**的回应。但是，这个**合理的**回应是**情感上的**：这种混合了同情和愤慨的情感使我们获得了高尔吉亚承诺给我们的快乐，如果是这样，我们的判断还是清晰无误吗？与“如何会不能”这句译文对应的希腊文用了祈愿语气（用来表示情况也许或可能是什么样），它表明对所说的内容持某种保留的态度，而之所以如此，理由很多。这里对动词祈愿语气的用法完全正确，因为我们所想的“帕里斯掳走海伦”是一个假设，所以我们的反应本身就是假设性的。但是接下来的这句话“那么，为她感到惋惜，对他憎恶，才是正当”却又模棱两可： 34
我们并不清楚，这个结论是不是仍然受之前的祈愿语气的限定，所以应该是假设性的，还是说，它已经转到了直陈语气，用来表明情况实际上就是如此（被认为如此）。众所周知，想象当然很容易被操纵（注意这个比喻），结果就是，它所经验到的感觉就好像是相应的真实情况唤起的一样，毫无分别：人们在考虑的是自己不太相信的假设，但可以说，人们并没有假设性的“近似感觉”。所以，如果高尔吉亚在这句话里利用了模棱两可，那么他就是故意在引诱我们，让我们沉浸于那种超出了理性意义上的逻各斯的允许范围的感觉。高尔吉亚把海伦描绘成典型的受害者，是一个在帕里斯的攻势之下毫无防范的美艳绝伦的身体。“他行动，她受害”，这个对比使用了第二个基本的两极对立：主动（行动）与被动（承受），而且将之与“强迫 / 说服”这个对立并列在一起。当受害者随后处于压力之下时，她的角色也会进一步让我们感到恐惧。

赞扬逻各斯

高尔吉亚文本的核心就在 §8 之中：“但是，如果言辞（逻各斯）说服和欺骗了她的灵魂，那么为她的罪过进行辩护并不困难。”海伦去了特洛伊：如果这次行动本就不算有多恶劣，那么她的结果毫无疑问也并不恶劣。按照传统的诉讼修辞术的做法，高尔吉亚也用“受到强迫”来为海伦开脱；如果她被迫随帕里斯而去，她就应该无罪，甚至也许还很可怜。由此，人们事先预想的是这样的观点：她并未屈从于说服。既然强迫和说服之间存在着正常的极端对立，所以，她如果仅仅被言辞所引诱，那就完全要受到谴责。然而恰恰相反，我们在这里看到了一个例子，它最明显地体现出了斐洛斯特拉托斯归于高尔吉亚的那种吊诡法——他瓦解了两者的对立，这足以让人灰心丧气。

这段论证一上来就把“说服”和“欺骗”连接到一起，好像说服也在本性上“欺瞒”了它的受害者，[12] 而且还把灵魂概念引入了论证中，这个策略的影响最为深远。但是，即使每个被说服的人都“受了欺瞒”，我们也还是会反驳说：这难道就意味着说服必然而且单凭自己就能让服从
35 它的人受害吗？高尔吉亚有一个最能说明问题的残篇以另一种方式体现了这一点。在论及雅典悲剧的主题时，普鲁塔克把下面这个了不起

的发现归于高尔吉亚：

> 悲剧通过它的神话和情感完成了欺骗，正如高尔吉亚所言，就悲剧而言，一个骗人的人比不骗人的人更正当，被骗的人比没有受骗的人更聪明。骗人的人之所以更正当，因为他完成了他承诺的事情，而受骗者更聪明，是因为他并不麻木，很容易就被逻各斯的快乐俘获了。
>
> （布海姆，《残篇》，23）

按照这个看法，高尔吉亚并没有主张下面这个审美方面的假设：悲剧追求的目标就是纯粹地展现现实；甚至对雅典戏剧传统的粗浅认识也肯定会阻止任何致力于这种理论的做法。所以与之相反，高尔吉亚说的意思就是：悲剧凭借自己独特的效果，为了在思想和情感上迷住观众，它必定要制造一种剧场幻觉：如果观众想要享受悲剧的体验，那么他们的反应必然就像是舞台上发生的事情的的确确正在发生。为了成功实现这一点，剧作家必须创造一个想象的世界，但是观众也必须要"心甘情愿地悬置自己的怀疑"，从而让这个世界具有真实性。这样，悲剧表演需要一种同时"作假"的共谋关系，这提供了高尔吉亚更多的机会可以肆无忌惮地使用吊诡法：我们应该认为戏剧体验就是某种"协议式"的欺骗，它依靠骗人的悲剧家和欣然受骗的听众建立合作关系。[13]

这种洞见有可能产生的种种影响非常迷人，但我们在追踪的时候必须倍加小心。例如，我们不应该一下子就得出这个结论：这种特殊的自欺欺人的默许现象也可以恰如其分地用到戏剧之外的情况里，比如在这个跟我们有直接关系的例子中，如果这样做，就会得出一个很离奇的结论：帕里斯**正当地**引诱了海伦，而海伦**聪明地**接受了引诱。高尔吉亚的分析取决于这个事实：戏剧是文化习惯规定的习俗，后者确定并引导戏剧的虚构功能；他之所以提到了欺骗者的"承诺"，仅仅是因为存在着一种文化习惯，它的事业就是以戏剧家的方式创造一种我们为了接受教育、获得快乐而默许的幻觉。显然，这样的习惯并不存在于审美空
36 间之外；事实上，“虚构”正是这种“作假”的规则产生的作用。

尽管如此，但这又不能得出：悲剧的欺骗理论对普遍的说服效果就一点影响也没有。第一个理由就是，《残篇》(23)把受骗观众的过人智慧归于他们对“逻各斯的快乐”的敏感。我们已经知道，高尔吉亚本人赞同这个原则：成功的逻各斯令人享受，而且很清楚，各种逻各斯都存在于戏剧之外。此外，对“逻各斯的快乐”的敏感不可能仅当我们看戏时才出现在我们身上；如果我们难以摆脱虚构作品中骗人的逻各斯的魅力，那么这种情况为什么不能推而广之，适用于所有逻各斯呢？有人会争辩说，这样的敏感性是有条件的，条件正是：我们**心甘情愿地**默许了这种欺骗——这就是说，我们并没有“真正地”受骗。但是，这种反驳恰恰忽略了一种真的有可能存在的情况：“我们确实全都轻易地‘上当了’”；也许通常来说，欺骗都是难以察觉的，而在事先声明自己是虚构的情况中，我们也很少能意识到(不论在什么情况下，也都是下意识)这种欺骗。这就意味着，海伦很可能享受着帕里斯言辞的引诱；事实上，正是这种她从逻各斯中得到的快乐让她俯首就擒。也许还有人会这样争辩说，既然海伦不仅仅屈服于引诱，而且事实上还享受自己的沦陷，那么她必定成了所有妻子中最恶劣的一个，这跟高尔吉亚试图证明的内容恰恰相反，所以高尔吉亚如果这样说，岂不是岌岌可危了？

《残篇》(23)的第二个重要思想为这个问题提供了回答。它并没有轻易地假设：虚构无处不在而且总是很容易又毫不含糊地与现实区分开；就看戏来说，我们进入剧场，又离开剧场，虚构和现实的确就分开了，但是其他逻各斯的情形并不是那么明显。尤其是《颂辞》，它本身的情况又当如何呢？它不也有可能是虚构的作品吗？如果是这样，那么高尔吉亚在 §2 中承诺的“说真话”就会让我们认识不到《颂辞》的虚构性，毕竟只有老谋深算的读者或听众才能反应过来，认出高尔吉亚拒绝

"作假"其实是"假上加假"。所以,倘若《颂辞》是虚构作品,那么我们(这些事先假定的"知情者")最终就被这种令人快乐又让人受骗的方式说服,从而相信海伦的无辜;但是,既然我们自己就已经被高尔吉亚引诱了,那么我们就不可能否认海伦是帕里斯言辞的牺牲品。说到底,既然我们被说服了,那么我们或多或少也许全都乐意成为说服的"受害者";至少有一点永远搞不清楚:我们是在什么程度上共同参与到欺骗之中。 37

"逻各斯是一个强大的主宰(dynastēs,有能力者),它用最小和最不明显的身体完成了神性的事业;因为它能够(dynasthai)[14]遏制恐惧,消除痛苦,带来快乐,增强怜悯。"(§8)"言辞"和"事业"这两者在希腊是历史更为悠久的对立,但是逻各斯超人的表现抹去了这个对立。我们已经知道,海伦"一人之身,可使众多男儿的身躯群集"(§4)。但是,尽管她具有"神性之美",然而逻各斯能完成"神性的事业",由此轻而易举就盖过了海伦的"成就",它用不可见的身体征服了海伦可见而迷人的身体。[15]

在§8中,有句响亮的主张揭示了高尔吉亚修辞术的政治含义。Dynastēs,与tyrannos(僭主)[①](在§3中指宙斯)[16]一样,虽不一定具有,但又当然能具有阴险的、"暴君式"的含义。雅典民主制意识形态的宣传口号就是isēgoria,即"言论自由":一个公民之所以被认为是自由的,正是因为他具有政治权力的资格标准仅仅取决于他说服大会同胞的能力,而不取决于粗暴的强迫,也不取决于出身寒微或一贫如洗。[17]当然,在"私人个体"与行政官或政治领袖之间存在着根深蒂固的雅典式的对立,但是,后两者不一定就等同于现代意义上的职业"政治家"。我们的"政治家"是靠党派背景、是否作为选举代表等等因素来识别的,而

① 希腊文,即僭主和暴君,是僭主制的政治主体。Dynastēs也是希腊文,即有权力的主宰。

雅典"政治家"最起码来说总是被称作"演说家①或演讲者"。事实上,"演说得好"就等于是掌握了政治权力;在公民大会上产生说服力就是政治成功的全部[以至于,常用的针对对手的诋毁就是称他为 deinos legein,意思即在演说方面"聪明 / 危险"(deinos 兼有两义)]。[18] 我们从泡撒尼阿斯(I, 22.3)那里知道,神化的"裴妬(说服女神)"②,在雅典甚至受到顶礼膜拜,她的雕像就立在雅典卫城。

但是,如果逻各斯提供了"君主制"中才有的力量,那么这个维系民主城邦的首要机制兴许实际上会反过来颠覆了民主城邦。《颂辞》明确表达了这种悖论以及它给古代民主制造成的危险,而在雅典也有大量的证据表明:这种威胁实实在在地被感受到了。[19] 在德谟斯蒂尼那里就有这么一段文字,特别明显地证明了这一点:"曾几何时,公民大会是政治家的主人……现在翻了个个……你啊,公民大会,已经成为了他们的仆从和附庸。"(III, 30 以下)而阿里斯托芬(如《马蜂》, 654—724)
38 和柏拉图(如《理想国》, VI, 488D 以下)也经常提到表面上带有主人派头的民众实际上却被那些似乎在奉承他们的"演说家"蒙骗和控制。[20]

高尔吉亚罗列的所有逻各斯的神性成就(也许都是说服 / 欺骗的例子)都与情感的变化而非理智的变化有关,但对于灌输理性信念的能力,却是只字不提。在希腊思想中,一个几乎普遍的倾向就是认为情感是"pathē",是一种发生在我们身上的状态,但我们在它面前完全被动(passive 对应了希腊语动词"paschein",即"承受")。稍稍回顾一下,我们就会认识到,高尔吉亚自己的这篇文辞(逻各斯)也许已经对我们的灵魂施加了影响,在 §7 的末尾,它就(至少是有条件地)要求我们怜悯海伦,而逻各斯恰恰能"增强怜悯"。如果帕里斯引诱了倒霉的海伦,那

① 希腊文 rhētores(演说家)联系了 rhētorikē(修辞术),联系了动词 erō(说); hoi 是阳性复数冠词, legontes 即这些说话的人,来自 legō(说)的现在分词,阳性复数主格,联系逻各斯。

② 希腊文"说服"的意思,大写后表示说服女神。

么同理,我们也在情感上听从了高尔吉亚修辞术的引诱:我们一样是被动的,在高尔吉亚主动、神性的力量面前,我们也同样是无能为力的。

诗的效果

在高尔吉亚全能的逻各斯中,第一种就是诗,他有个著名的定义,诗就是“有格律的逻各斯”(§9):当诗性逻各斯促使听众的灵魂“被动承受”时,它的听众体验到的感受就与文学人物的感受完全相同,也就是“同感”。[21] 接受力强的个体体验到的情感就等同于舞台或诗句中描绘的感受,或者至少与描述的事件呼应。这样,诗歌本质上就是有意地用言辞唤起并培养情感;这话用在修辞术身上也非常妥帖,《颂辞》的感觉灵敏的读者会慢慢认识到这一点。后来的文学批评传统倾向于区分各种诗学手法(尤其是戏剧手法),但都不会把这种首要的(甚至专门)带动情感的因素算作逻各斯的性质。与之相反,高尔吉亚一元论的逻各斯概念,却会提醒我们:他的定义并不想要表明,诗的动情力与格律毫不相干;巴门尼德费尽心力要把高高在上的逻各斯和欺骗性的“言辞”分离,而高尔吉亚则试图把各种逻各斯(有逻辑的也好,无理性的也罢)都融合为唯一一个压倒一切的强迫。

在前一章,我们回顾了高尔吉亚风格的坏名声,之所以遭人诟病,既归因于超出常规的措辞,也是因为演说辞格用得太过。尤其是,高尔吉亚用了很多后来被仅仅认为专属于诗歌而非散文的手法来违反最基 39
本的文类的得体。有些批评家把这些所谓的风格缺陷都归到了早期高尔吉亚的身上:在那时,他是散文的先锋之一,他写作时能使用到的大部分手法都来自于诗歌。但是在《颂辞》(§9)中的定义进一步肯定地评价了他自己的技法。我们理解的“散文”,它的最早的说法就是“logos psilos”(也许首先出现于柏拉图的《墨纳克西诺斯》, 239C),意思就是“裸文”——裸,就是没有格律。这种说法很说得通:如果所有逻各斯原本就是格律文，那么人们很自然地就会认为散文缺少一种出乎我们期待的特征。但是高尔吉亚的定义典型地翻转了这种期待：在他看来，格律是随意添加进去的。高尔吉亚也许并不是没有意识到这种已经存在的文类界限，相反，他选择无视它，因为他相信：如果说服力就是全部，那么说服者就是在自由地利用任何可以促进自己成功的资源。[22]

"可怕的 phrikē、令人含泪的怜悯、哀伤的欲望出现在那些听诗的人当中"（§9）。"Phrikē" 的意思主要是 "战栗"，它和 "令人含泪" 一样，也许都传达了这样一个意思：在诗性逻各斯的刺激下，出现了情感的物理表现。我们已经看到了，在 §8 中，高尔吉亚淡化了言辞和事业（ergon）的差别，而这个手法对于他的目的来说非常重要。之所以这样做，并不是因为希腊文化看低了语言的价值；荷马的最一流的英雄奥德修斯就在军事和口才方面展现了才能，他算是其中翘楚；有一种魅力，如果没有它，事业（erga 即 deeds，也就是 "英雄的伟业"）就会失去大部分吸引力，这种魅力只能来自在诗歌方面确立的荣耀和名声。尽管如此，情况仍然是，在古代文化中，逻各斯的价值就体现在它能促进、阻碍、纪念事业的功绩。这样，在 §9 中提到的物理特征，其首要的意义也许就是加深了人们的这个印象：**逻各斯让事情发生**；通过考察诗歌作用给我们自己和他人的、看得见摸得着的效果，我们就可以直接证实这个印象。[23]

魔 法

第二种逻各斯就是魔法，它也有能力改变感受：

> 通过逻各斯起作用、有灵性的咒语，可以吸引快乐，驱散痛苦；
> 40 因为当与灵魂的意见汇合时，咒语之力就能靠法术迷惑、说服和触动灵魂。[24] 法术和魔法这两门技艺已经被发明出来，它们让灵魂犯错、欺骗意见。

（§10）[25]

魔咒促成的快乐和痛苦包含了身体的感觉，但是不能由此得出：诗歌产生的情感性效果就不同于物理性效果：高尔吉亚的描述并没有这种二元论的意思。“汇合”和“触动”这两个词加强了把灵魂描绘成（并没有夸大成一种理论）易于操纵的、近似具体事物的说法。因为咒语“通过逻各斯”起作用，所以逻各斯就成为了独一无二的有效工具，但是，“迷惑、说服和触动”并列在一起则混合了语义性／说服性与工具性／强制性这两种逻各斯概念，从而淡化了有意义的逻各斯与工具性逻各斯的差别，前者靠有意义的内容说服，后者凭借自身的“影响”来塑造。

这一点的原因很清楚：如果咒语包含了语言信息，那么这信息就是传达给人们寻求帮助的神或精灵，而不是给咒语打算施加影响的受益人或受害者。毕竟，这就是魔法之所以是魔法的理由。而用来当作迷惑工具的逻各斯是不是正好类似于我们在非魔法情况下使用的逻各斯呢？高尔吉亚并没有忽视这种可能情况：所有言辞似乎都能引导行动。他巧妙地把物理特征和语义特征交织在一起，由此就否认了逻各斯种类上的差异。只要是言辞，就能促使我们行动，甚至工具逻各斯产生的影响与论证逻各斯的力量之间的差别也变得毫无意义。

的确，演说本身并没有在高尔吉亚罗列的逻各斯中。他要做的就是完全抹平各种均能操纵情感，但在活动模式（也许还有有效性）上又有所不同的逻各斯之间的差异；整个逻各斯家族全是修辞术，高尔吉亚就是修辞术的大师。之前为了由§8过渡到§9，他声称，“我会证明情况就是如此；必须要通过意见为听众证明这一点”。既然我们读过了（或听过了）§10，那么“与灵魂的意见汇合”这半句话就能促使我们认识到：高尔吉亚本人正在给我们施加影响，也许正如魔咒给那些巫师想要施法术的对象施加影响一样。 41

靠不住的意见

“如此多的人针对如此多的论题,用虚假的逻各斯说服了或说服着如此多的人!”(§11)这跟之前的内容完全无关,是不是太突然了?很难看清,在诗歌或魔法用的逻各斯中,如果出现了问题,那么什么样的问题才算是“虚假”——它相对于这两种逻各斯的“无效”情况。什么因素让逻各斯能够产生欺骗性的说服呢?高尔吉亚解释说,如果所有人都一点不漏地记住过去、洞察现在、预知未来,那么逻各斯就不会是它实际中的那个样子了。事实上,回忆、调查和预测都具有不太容易克服的难度,这样,在大多数情况中,大多数人都“把意见当作灵魂的建议者,即使意见‘靠不住和不稳定’”。

如果说这一节给人的第一印象是,它相对来说比较好懂,散布了一种认识论上的适度理论,但是再往后,这种印象很快就消失了。因为就连“回忆、调查和预测”打算传达的内容,我们都还不清楚。把“回忆”的范围限于“仅仅追忆事实”上也许并不明智,因为它还可以包括文学性的追忆(海伦的名字在诗学传统中已经成为了“灾难的记忆”,§2)。“调查”有可能涉及的事情从最随意的亲眼检验到秘传的理论探究,方方面面。“预测”所指的技艺领域是神青睐的特权者(或神诅咒的人,想想卡珊德拉)专有的范围,它如此之难,以至于把预测和其他两种活动放在一起究竟有多大意义,还很不容易评价:高尔吉亚设想的是不是,预言才不可思议地非常容易呢,还是说,对现在的认识(也许还有过去)反而不可思议地特别困难呢?

高尔吉亚将意见描绘为“权宜之计”;因为我们具有一般的局限性(高尔吉亚没有说是普遍的局限性),所以不得不使用意见。“意见是不可靠的建议者”这个观点看上去仿佛至少是主张了一种还在酝酿中的认识论理论。但是,关键在于,逻各斯并没有像哲学思想家会预料的那样,为了巩固虚弱的意见而向回忆、洞察和预知提供帮助。相反,逻各斯用意见来攻击受骗的灵魂。这样的立场之所以站得住脚，正是因为高尔吉亚如此巧妙地凸显了逻各斯工具性的方面。

强迫与说服

§12 是文本的要紧之处，在这里，高尔吉亚明确否认了强迫和说服之间的差异，而且的确将两者等同起来，他的目的就是为海伦辩护，赞扬逻各斯。尽管殊为遗憾，文本的第一部分有所缺漏，难以弥补，但是 42
基本的思想仍然明确无误地体现了出来：

> ……有相同的能力。因为逻各斯在说服它所说服的灵魂时，强迫了（anankazein，联系“anankē”，即巴门尼德的“必然性”一词）灵魂服从所言，迫使其认同所作所为。因此一方在说服，这就是强迫，他犯下了罪行，而另一方被说服，她被逻各斯所强迫，于是不公平地有了坏名声。

在希腊文原文中，因为“逻各斯”在语法上是阳性，“灵魂”在语法上是阴性，所以很顺利地就能把“逻各斯和灵魂”的不对等关系转到“帕里斯和海伦”身上：最后一句的“他”和“她”既分别指逻各斯和灵魂，也指帕里斯和海伦。[26] 这样运用语法，不仅可以说服我们把这个模式放到“海伦受到强迫”这个具体例子中，还可以举一反三，将单单一个神话故事的特征与一般的说服 / 强迫的情况联系起来。

所有用“逻各斯 / 帕里斯”作为主语的动词形式全为主动态，与之相对，所有用“灵魂 / 海伦”作为主语的动词形式都是被动态，这正如我们所料。但是还有一点，灵魂一词之所以有意用阴性，是因为希腊文化认为：阴性本身是一个被动的对象，由主导性的阳性力量随意塑造。[27] 这样，也许每个屈从于修辞术逻各斯的男性公民都可以比作承受他人身体暴力的人，前者的阳性由此受到了羞辱[28]：成功的演说者展现了对灵魂的强掳。

在高尔吉亚的谋划下，这个在大量核心文本中都能发现的、古希腊文化中的基本的结构性对立被拆解了，这种做法带来的影响，怎么夸大都不过分。当安德罗斯人拒绝在波斯战争中为希腊一方提供资金，特米斯托克勒斯就“用这句话（逻各斯）”对他们呼吁：“雅典人来了，随身还跟着两位伟大的神，裴妒（Peithō，说服）和阿难卡伊娥（Anagkaiē，必然性）”（希罗多德，VIII，111.2）：这就是在试图用强迫性的威胁作为政治说服的后盾。在《伊利亚特》著名的一段中，阿佛洛狄忒在战场上挟去帕里斯使之免受报仇心切的墨涅拉奥斯的攻击，之后又把海伦引到他身边。首先，为了说服海伦和帕里斯一条心，女神伪装成了一位老妇人，她描述了帕里斯迷人的情欲（III，390—394），成功地撩动了她（395）；但尽管如此，海伦立刻认出这位诱惑者的真实身份，责备女神
43 企图诱骗自己堕入可耻行径（396—412）。愤怒的阿佛洛狄忒当然容忍不了悖逆之举，而海伦最后在恐惧中俯首听命（413—418）。就在这一段中，高尔吉亚似乎找到了所有可能的理由来解释海伦为什么会受到谴责。她被迫去做了神让她做的事情，没有凡人可以抗拒神明（§6），而且这还是一位爱神（§19）。海伦几乎甘心被骗（§8），她面对神明愤怒的威逼，又料到了势不可挡的强迫，于是（在情感上）俯首帖耳。但是，关键之处在于，阿佛洛狄忒之所以使用了愤怒的威胁，仅仅是因为她一开始试图引诱和说服的努力没有成功；强迫 / 说服这组对立此时仍然存在。赫西俄德也提供了一个有关说服女神（裴妒）的例子，意思更深。他描述了“潘多拉”一词的形成：“优雅女神[①]和颇具女王威严的说服女神[29]把金项链戴到了她的肌肤上……而帕拉斯・雅典娜把所有的饰物

① 原文用复数，指光女神、欧佛洛绪涅和塔莉亚，三位都是代表迷人优雅的女神，即Charites（希腊语 charis 的复数）。Pandora，希腊文即所有惠赐，pan 即所有，dōra 即礼物（中性复数），因此三位女神的馈赠就是“所有礼物”，也就是潘多拉名字的意思。

(kosmos)都为她佩戴。”(《劳作与时日》,73—76)

在希腊,人们划分了各种促使人们做出行动的方式,但当高尔吉亚消除了强迫和说服的差别时,他也就削弱了这种划分的基础。为什么这一点至关重要?看起来,并不是说,文化没有权利求助于暴力;相反,从希罗多德举的例子中可以看出,文明的希腊人肯定(或不如说是应当)会把暴力作为万不得已的最后手段,而且仅仅是在形势证明了使用强迫具有合法性的关头。希腊人连同民主的雅典人首先都是文明人,而不是像一部分蛮族那样,因为他们会把暴力倾向转变为逻各斯允许的说服性的(也许还是竞争性的)商议活动;由此就驱散了个体之间、群体之间的冲突形成的社会混乱所造成的危险。如果帕里斯掳走海伦,那么他就是“一个干了野蛮勾当的蛮夷”(§7);但是,如果我们也不可避免地采取“说服,这就是强迫,犯下了罪行”,那么,我们利用对灵魂的强迫就并不如公然施加身体暴力的蛮族那样野蛮粗暴。

逻各斯是逻各斯是逻各斯……

高尔吉亚下面又举出了一个逻各斯随心所欲“塑造”灵魂的例子:“人们应该首先注意到那些研究天象的人[30],他们通过去除一个意见,建立另一个意见,使不可信和不明晰的事情显现于意见之眼。”(§13)“塑造”既提出了一种有机械色彩而非理性的说服模式[31],同时又把灵 44
魂描绘为某种全然被动的东西,因为这个词表明了灵魂像蜡或陶土一样被加工,毫无抵抗地被逻各斯留下印记。科学的争议或辩论似乎是纯粹的灌输(“去除”,“建立”)。在这之前,高尔吉亚曾把意见拟人化为灵魂的不可靠的“建议者”(§11);现在,他似乎又将意见设定为一个说什么就信什么的侏儒,而且跟灵魂本身几乎是一个东西,它被引导从而看清了(也就相信了)“不可信和不明晰的事情”。这句话太模棱两可了。按照主题的本性,这些科学家必须要让含混的东西呈现在心灵的眼睛之前——这甚至也许就是他们顺利完成解释的条件。[32] 但是这个说法可以原原本本地解释为:科学想象的作品在欺骗我们,当逻各斯让我们“看到”“不明晰的东西”时,它仿佛很明晰,但是仍然在本质上“不可信”——虽然我们已经受到愚弄、相信了不可信的事情。

他说的第二点是,我们应该注意“那些通过逻各斯展开的必然争执,在其中,单单一篇有技巧地写就、不按真理说出[33]的文辞(逻各斯)就可以取悦并说服俗众[34]”(§13)。这些“必然”的争执都是法律争辩,而“必然”既有被动亦有主动含义:这样的演说是被告被迫做出的,但他们又强迫审判员做出让步。[35] 单单一篇文辞(逻各斯)和俗众的对立关系,在柏拉图的《高尔吉亚篇》中被用来反对修辞术;而之前,高尔吉亚曾说过要传达快乐而不是(熟知的)真理,现在他又说:对真理有害的修辞技巧产生了让人误入歧途的快乐,它才是产生说服力的根源,那么,之前的承诺似乎在后一个说法中产生了令人不安的结果。的确,这里专指审判员,因此我们可以自由自在、沾沾自喜地认为自己并不像审判员那样“无知”,因为我们是“知情者”,不会上诗人的当(§2)。[36] 但是从这里开始,如果我们留心文本渐渐透露的信息,那么我们就不会这样信心满满,还相信“俗众”和我们之间存在着根本上的不同;《颂辞》给我们的快乐也许掺杂了这种不安全感带来的痛苦。

再下面,他列举说:“第三是哲学逻各斯的争执,在其中,判断的迅速性就体现在,使人们对意见的确信很容易发生改变。”(§13)通过使哲学论证仅仅成为另一种逻各斯,高尔吉亚有意忽视了巴门尼德坚持的主张“演绎性逻各斯自成一类”;各种各样的逻各斯都同样成了说服
45 性争论的展示;哲学不会建立稳固、理由充分的判断,尽管它自己这样声称,相反,它只能证明被动的信念是容易变动的,对于哲学争论的参与者来说,这会儿是东风压倒西风,那会儿就成了西风压倒东风。希腊哲学当然使用了一种好斗的论辩形式[37],但是“争执”[38]一词又心照不宣地表明了一种肆无忌惮、罔顾事实的竞争性。科学家,法庭上的演说

者和哲学家都同样提供了“说服”;修辞术成为了普遍现象。高尔吉亚在这里选择的例子显然有挑衅的味道,也许还有点冷嘲热讽;这里列举的几个(非常宽泛的)群体都不会欣然接受高尔吉亚对他们做法的描述,有些群体恐怕还会义愤填膺地大加驳斥。但是,既然如前所述,他们全都体现出了对灵魂的“塑造”,而高尔吉亚介绍这些例子就是按照这个标准来的,所以正是这一点,才不会让这三类中有任何人能声称:按照自己使用的说服模式,他属于例外情况。强迫性的说服,只有一种模式。

精神药物

> 逻各斯的能力和灵魂秩序的关系与药物的秩序和身体本性的关系必定是相同的。因为,恰如不同药物让体内排出不同体液,有些会遏止疾病,有些则结束生命,所以,有些逻各斯会引发痛苦,有些会产生快乐,有些会制造恐惧,有些则在听众中促成信心,有些会用坏的说服来给灵魂下药,施加法术。
>
> (§14)

这一段既把逻各斯等同于难以抗拒的药物,它按照医生的念头,要么用来让人恢复健康,要么用来害人;又将之等同于施了法术的人。同样的逻各斯,“白魔法”使用了,就能给人快乐,而一旦披上了“坏的”说服/强迫的外衣,就会制造痛苦,但无论是在哪种情况,没法保护自己的灵魂都被下了药,它不需要做出理性的反应;[39] 按照高尔吉亚无理性的计划,灵魂药物会让它们的用药对象感觉到某些事情,或者不相信某些事情。高尔吉亚把修辞家与医生类比,把使用逻各斯的人和使用化学—魔法的人类比,[40] 与之相对,柏拉图则一方面坚持截然区分治病救人的医生和没有道德的法师,另一方面否认修辞家能和标准意义上的医生

等量齐观。几百年后，骨子里反对这些希腊修辞术诡计的老加图也坚
46 称，希腊人“相互密谋要用药物杀尽蛮人，他们之所以这样做，就是图财，要使人们信任他们，同时还能轻易除之”（普林尼，《自然史》，XXIX 14）——这种既仇外，又对这门技艺极端不信任的妄想，都赶上《冲锋报》①了。

爱欲之相

高尔吉亚解释完了逻各斯是海伦私奔的可能理由，他下面转到了第四个和最后一个可能性：帕里斯的爱把她带到了特洛伊。事实上，爱本身一下子就占据了帕里斯：如果是神性因素使然，那么在§6已经举过了，它们都可以为海伦的行为开脱；如果仅仅因为“人之灵魂的疾病和无知（§19）”，那么她同样可以免于谴责。[41] 但是相反，如果认为帕里斯俊朗的外表有可能激发了海伦势不可遏的爱情，那么这个看法就促使高尔吉亚在一般意义上讨论“视见（视像）”如何影响了我们：“因为我们所见的事物并没有我们所欲望的本性，而是具有每个事物实际具有的本性；而灵魂甚至通过视见被塑造出它的特征。”（§15）“塑造”一词重新出现在这个新的语境中，它加深了人们“灵魂纯粹是被动的”这个印象；此处提出了这样一种感知模式：视觉器官通过它成为了纯粹的渠道，它们可以让激动灵魂（但灵魂并无理性或自觉的反应）的形象进入其中。如果认为这些形象也可以算作“信息”，那么这种说法是可疑的，因为我们面对这些形象时的被动性使得我们无力处理或评估它们。

① 1923年4月20日在纽伦堡创刊的反犹主义周报，创始人是尤利乌斯·施特莱歇（纽伦堡审判中列第九位处以死刑）。Stürmer德语中意为体育运动（比如足球）中的前锋和进攻队员，纳粹党就有御用的“冲锋队”。这份报纸的主要任务就是夸大犹太人的威胁号召除尽他们，每一期头版最下端总标有“Die Juden sind unser Unglück（犹太人是我们的不幸）”。作者显然以此来比喻老加图对希腊人的恶意揣测。

既然视见的这种“专横”在通常的情况中看起来有点难以置信，所以高尔吉亚就将我们的注意力转移到了让我们难以自控、令我们惊惶的视像上。恐怖的敌军景象扰乱了被动的视觉，而视觉反过来又主动地扰乱了灵魂（§16）。虽然没有什么比丢掉盾牌、仓皇逃窜更可耻了，但是“由于视觉上的恐惧已经植入内心[42]，所以对纪律的无视[43]就变得强烈”。正如逻各斯的“事业”全都是情感上的，而非理性的，所以与之相同，视像也攻击了情感，而且显然，情感（至少是猛烈的情感）也损害了思想：“恐惧根除和驱逐了思想。”（§17）在希腊的军事社会中，逃离战场是男性主要的违法行为，这正好对应了海伦这个不忠的妻子。高尔吉亚在这里论述四散逃兵的话，跟他之前为那个受逻各斯引诱的女 47
人的辩护一样，都无疑具有颠覆性。他的例子也许表明了，这些类似海伦的、最恶劣的公民，以及军队中的懦夫恰恰**无助地**被他们看到的恐怖景象征服。高尔吉亚让他的听众相信，这些通常认为是十恶不赦的犯罪者，其行动是情有可原的，由此，他让听众产生了动摇。他之所以让听众相信，是因为他表明了这些人什么控制的法子也没有；但是，既然让他们无助的就是频繁威胁他们的处境，那么高尔吉亚的修辞术也难以撼动地否定了我们的自律性。

“这样，视见把所见的事物形象刻于心灵之上。”（§17）心灵，被比作了图画刻画于其上的图板，[44]就这一点而言，心灵如同像蜡一样被逻各斯塑造的灵魂，它也是被动的。这是从人工的角度对一个自然过程做的比喻，但是高尔吉亚也明确将图画和雕刻制品也包含在了那些产生让人震惊或诱惑性视像的事物里：“当画师们完美地展现了一个形体，用许多颜色和材料塑造它时，他们愉悦了视觉，雕像的制作和肖像的创造都给眼睛带来了甜蜜之疾。”（§18）眼睛之所以罹患“疾病”，因为它们被欺骗了，它们“看见了”并不真实的东西，也就是一切艺术作品**表象**的东西；疾病之所以是“甜蜜的”，因为我们在视觉的欺骗中肯定享受到了快乐。

“还有许多可怕的事物都略过了，但是，它们跟上面讨论过的情况相似。”（§17）这是一句废话吗？仅仅为了让这一节圆满一些？不是。言辞表象的形象如何能“像”这个形象一样呢？言辞不是图像；但是，通过在逻各斯中刻画可怕的情节，高尔吉亚刺激了听众或读者的视觉想象，而且接下来又设法把形象印在他们的心灵上，我们对这些图像产生了不由自主的反应。我们不得不接受高尔吉亚对海伦的“神性之美”的描述（§3），但是，任何有关她销魂之美的断定，无论多么绝对，无论多么坚决，都不可能比得过她实际的容貌。高尔吉亚展现了一种被动的心理学机制，它既是逻各斯，也是视觉产生功能的基础；而这一点能够证明下面这个假设吗：存在或有可能存在一种图画媒介或可塑媒介的“修辞术”或者建筑“修辞术”？这样的想法当然在历史上是有证据的：在古代，西塞罗和昆体良就在修辞术的风格和绘画的风格之间建立了颇有影响的联系（《论演说家》，III，25 以下；《演说家教育》，XII，10.1 以下），而维特威也以相似的方式将修辞术用于建筑学［见《论建筑学》，1.2，他告诉我们，建筑学包括“布局”，“架构”和章法[①]——这些术语直
48 接来自希腊修辞术理论（比如《论崇高》，I，4）］。但令人失望的是，原本为了评价言辞修辞术而确立的评价标准，当用到视觉艺术和建筑学中时，这种做法的结果往往都充其量是陈词滥调。往最坏了说，那些用“修辞术的”术语表达出的、看起来挺有权威、挺有内容的描述都变得空洞无物。[45] 在历史上，从事绘画、雕塑和建筑的人也都想要利用“合乎技艺的”修辞术已经获得的声望。通过将这些艺术尽可能紧密地结合这门技艺之中

① 这三个词中 taxis（布局）是希腊文，即次序、谋篇布局，指文章结构各部分的安排，亚里士多德《修辞术》III 讨论了这个概念。Diathesis（架构）为希腊文（拉丁文转写相同），意为放置，安排。Oeconomia（章法）为拉丁文，来自希腊文 oikonomia（oikos，即，家），即家庭管理，家政的精简节约，泛指一般的管理和控制，扩展到城邦，表示对城邦的治理和掌控，相联系还有形容词 oikonomikos（与家务有关，公共财政的，经济节俭的），oikonomikē（理财术、治家术），英语 economic（本此）；在修辞术中表示安排，划分，组织，篇章布局等。

建构最完美的技艺,这些人希望让自己的事业也可以奠定它们拥有的并不牢固的、符合技艺的地位。

在不考虑历史的条件下,对于“我们应该把‘修辞术’概念扩展到言辞的逻各斯之外”这种建议,我们应该如何评价其中独具的优点呢?这种“扩展”做法的一个例子也许就是主张,有些公共建筑“告诉了我们”政府既有权力,而且又有威严。建筑物通过壮观的规模表达了制度的权力,通过融合了古典风格表达了庄严。这个例子是老生常谈,但是比起那些标准的用于建筑学的“修辞术”方法,这种对细节的简化却并没有让细节变得更简单。如果这个微不足道的“主旨”是建筑物能够做到的最佳情况,那么建筑“修辞术”完全比不上言辞的修辞术。当然,正确得出的结论是:建筑物和非言辞的艺术品都不能与作为说服工具的逻各斯相竞争。理由不难找到:只有逻各斯能传达那些使听者或读者受骗或理性地吸引他们的命题。这不是说绘画肖像和建筑(例如古典的“柱式”)就没有高度精细的符号学系统;相反,重点在于:它们都没有对象征符号、指号或语言形式的象征关系之类的东西进行编码。如果不是这样想,那么就会彻底误解它们的操作,从而深深地低估视觉艺术打动我们的能力。

视觉艺术品的“修辞术”观有很多不充分性,这里就不一一论证了。无论它的优点是什么,高尔吉亚为什么要竭力为逻各斯和视像提供唯一一种机制呢,至少这种机制表明了存在一种非言辞“修辞术”的可能?有人会斗胆猜测,高尔吉亚在试着排除这样一种可能:逻各斯拥有的说服力也许令人敬畏,但它低于形象的直接力量。如果是这样,作为逻各斯大师的高尔吉亚就会不如天才的画家、雕刻家或建筑师有力量。 49

在这个应该承认的猜测性的阐释思路和欧里庇得斯的高尔吉亚式的戏剧《特洛伊妇女》之间也存在着相当有趣的联系。[46] 赫库芭赞同墨涅拉奥斯要处决海伦的打算,但是警告他,别看她的脸,“因为她会俘获男人的眼睛,倾国倾城,焚平家园;这就是她拥有的妖术”(《特洛伊妇女》, 892—893)。在本章题词所引的诗行中,海伦乞求墨涅拉奥斯、寻机用言语(逻各斯)自辩,但直到赫库芭说反话为之求情才算起到了作用。她不是海伦的支持者:相反,她想要和海伦争论,想要证明海伦毫无疑问是有罪的,她还保证“充分构建的逻各斯会诛杀她”(910)。到头来,海伦巧妙地为自己辩护,这让合唱队感到懊悔和不安(966—968),但为她开脱的并不是她的机敏口才;因为墨涅拉奥斯声称,赫库芭已经说服他,使其相信海伦完全有罪(1036—1041)。如果我们熟悉剧情,就会知道:在故事的时间中,戏剧结尾,海伦幸存下来,重返斯巴达,过上了《奥德赛》(IV)中描述的婚姻生活。赫库芭轻率地信任逻各斯的说服力;正如她一开始就担心的(而且一直担心,“别让她和你登上一条船”, 1049),她的全部逻各斯之力在海伦“神性之美”投射的光辉中烟消云散。反讽的是,在这出从《颂辞》里得到颇多灵感的戏剧中,欧里庇得斯如此精妙地(含蓄地)暗示了:归根到底,逻各斯不是全能的。[47]

我们尚未从这个令人烦心、充满魅力的《颂辞》文本中探究出什么丰富的内容,但是,当与我们对《论无》的考察结果相结合时,我们就收集了充分的材料可以与柏拉图的《高尔吉亚篇》进行有意义的比较,能够重建古希腊修辞术和哲学之间的相互挑战。《颂辞》表明了自身是一个完美的不太光彩的说服范本。我们不假思索就能确信:传达给我们主动的、有辨别力的心灵的好的逻各斯,它完全不同于塑造我们被动情感的、坏的或至少很危险的逻各斯;我们也确信,修辞术语言能被隔离、被分析、被理解为这样,而且由此,修辞术中大部分有危险的吸引力都可以除去。假设高尔吉亚以某种方式主张或仅仅宣称:逻各斯中的这种差别并不存在,那么这个想法失之草率、难以接受;相反,像任何能力超群的修辞家一样,高尔吉亚把处理这个难题的责任转给了听众。文本结尾这样说:“我愿意把这篇文辞(逻各斯)写成对海伦的颂辞,但是
50 对于我自己,这只是篇戏作。”(§21)太多平庸呆板的批评家会认为这

个蛇尾只是简单的“免责声明”：《颂辞》完全是一个没有恶意的笑话；他们以此来回避高尔吉亚。[48]但是，只要我们回想一下《论无》是如何不懈地摇摆于“严肃”的意图和“游戏的”的意图之间，以此扰乱哲学的，我们就能认识到：《颂辞》的玩笑对我们产生了作用。当我们自己被促使怜悯海伦并憎恶帕里斯时，当我们被说服（也许）从而相信：说服是操纵时，我们就享受着高尔吉亚用以娱乐我们的欺骗，甚至正如我们所察觉的，在我们自己的灵魂中，我们就感受到了修辞术的引诱。 51

第三章

为理性辩护:柏拉图的《高尔吉亚篇》

所有哲学家,借助冷漠、纯粹、神一般泰然的辩证法的自行发挥,都把自己弄得好像已然发现和达到了他们的真实意见……但归根到底,对于预见到的论点、观念、"灵感",主要还有抽象策划过的和筛选过的最美好的愿望,他们只是用事后寻求来的理由为之辩护。

(尼采,《超越善与恶·论哲学家之偏见》,5)

修辞术的盛宴,哲学的家常饭?

柏拉图在他的对话《高尔吉亚篇》中回应高尔吉亚,我们能看到,他要旗帜鲜明地重新肯定巴门尼德的理想,这种理想就是哲学辩证法的规划,它迥然不同于而且难以估量地优于修辞术;后者因为赤裸裸地利用对情感的操纵,受到了严厉的抨击。到目前为止,关于哲学与修辞术两者对立的说法,我们再熟悉不过了;柏拉图做的就是全方面地重启高尔吉亚一心(非常模棱两可地)要弥合的所有重要对立。我们之前考察的一个主题就是高尔吉亚用了什么技巧,以吊诡的方式诱导我们把他本人的文辞当作是"关于修辞术的修辞术"。一如既往,我们现在必须询问:《高尔吉亚篇》这篇对话的发展如何遵循了柏拉图对语言正用和滥用的苛责。高尔吉亚坚持,他的逻各斯正是一切言辞活动的方式,因为它们的活动全都是为了相同的目的;但是柏拉图的作品却充满了更高程度的紧张气氛,因为他笔下的苏格拉底主张,哲学家和修辞家截然有别。为了避免留下自相矛盾的证据,这个主张可不要也沾上一股 52
修辞术的味道。①

尽管如此,在评价柏拉图对话的诚实性上还是要多加谨慎,之所以如此,恰恰因为它是一篇对话。毫无疑问,假使柏拉图当初选择用一系列的论著表达了丰富的思想学说,那么他仍然会跻身于曾经存在过的最伟大的哲学家之列,这样的学说就体现了他的思想的深邃和原创性。但是,让他独一无二的却是他创造的对话形式,他把对话用到了极致,而且全都产生了效果。当人们试图解读柏拉图的这些无与伦比的哲学作品时,往往会错误百出。自然地,所有这些错误中最要命的就是完全不下任何功夫,也就是直截了当地把“合理的”论证(当然通常都是苏格拉底的论证)归于柏拉图本人,把任何看起来还算合适的阐释和批评方针都用到了这些论证上。基于这样的路数,情况必然是:柏拉图采用对话模式的做法,往最好了说也不过是令人分心的装饰,往坏了说,则往往使人困惑,这就造成了让人怀疑柏拉图思想是否诚实的危险。但是,用这些“还原式”的态度处理对话,那就是差不多暗暗相信了柏拉图的作品都包含了(通常是隐含了)柏拉图的哲学,如果这样做,那么就会失之公平。要是真的如此,柏拉图就成了有意而且反常地为难他的读者。如果柏拉图要传达哲学思想,那么“直接的信息交流远远优于间

① 巴门尼德想要建构统一的理性语言,但这必须要排斥修辞术话语,因此这个区别和差异就成为了理想语言统一性中的矛盾。相反,高尔吉亚却发现了其逻各斯的统一和大全性,而将哲学语言纳入其中,这个统一恰恰可以容纳各种差异。因此当苏格拉底再次试图区分两种语言而形成差异的时候,仍然重复了巴门尼德的工作,这种对差异的关注背离了寻找理性语言统一性的初衷,哲学反而堕入了修辞术的迷阵。

接方式”这个普遍原则就立刻决定了:对话并不是柏拉图实现写作意图的理想工具。

显然,能得出的结论就是,柏拉图没有思想要传达,毫无“哲学”要传授。但是这怎么可能呢,毕竟自古以来那么多杰出的思想家都自认是柏拉图主义的信徒?对这个问题的回答,首先可以考虑一个明显与之类似的例子。任何有经验的文学批评家都不会妄想把一个悲剧人物的言辞或感受归到悲剧剧作家本人身上。的确,古代以及后来的一些人都很容易相信欧里庇得斯支持“无信义”,因为他的希波吕托斯一看到承诺会得出有害的结果,就反对必须恪守这样的承诺;但是他们这样做只能对戏剧做出根本性的误解。与之类似,没有任何哲学批评家会把包括苏格拉底在内的对话人说的话归到柏拉图本人身上。立志要以
53 对话应得的严肃态度去接受它们的读者,其唯一的途径就是将之视作虚构作品;而且无论指责一部虚构作品的人会有什么样的怀疑,对它的创作都不仅仅是为了走私编码好的信息。

除此之外,还需要一些直接的限定条件。如果柏拉图的对话是虚构作品,它也会是一种与众不同而且的确独一无二的虚构类型:哲学式的。这意味着,对话描述的、有代表性的对话者所说的话就是哲学意义上的逻各斯,即论证;我们会看到,这些话中最重要的一些内容与自我反思和讨论方法有关。所以,我们在柏拉图那里读到的、对这些论证的恰当回应也必定是论证性的:论证如何成了一个整体?它们合理不合理呢?但是(下面这个限定条件是尤为重要的),这些论证不是**柏拉图**的论证,正如希波吕托斯的话不是欧里庇得斯的。哲学虚构之所以是哲学的,是就它的主要逻各斯具有明显的论证性而言;但是同理,它之所以是虚构的,则是就逻各斯并非由柏拉图本人断言,而由对话人物之外的人断言来讲的。

如果这些推断至少大体正确,为何柏拉图选择回避断言呢?这个问题的本性决定了,他不会告诉我们答案;但是专注地阅读对话,就能

看到特别有意义的线索。苏格拉底一再被描绘成这个样子:他猛烈地攻击那些自诩为教育家的人的自吹自擂,这些人教授一整套的信息或传授一门技艺,由此就宣称自己教的课程价值千金;苏格拉底一贯的反应就是让这样的教师接受辩证法检验,后者也一贯地被描绘为经不起检验,有点焦头烂额(见《普罗泰戈拉篇》《大希庇阿斯篇》《欧绪德谟篇》以及《高尔吉亚篇》)。似乎能推出的就是:只有像苏格拉底自己的活动那样的事业,才值得追求,但是,苏格拉底是出了名地拒绝传授答案,坚持处于发问者的位置。这样,如果柏拉图将苏格拉底表现为教导者,那么他所教的就不是学说,而是一种技巧,一种问询的方式;这个技巧是哲学式的,靠的就是论证性的逻各斯。

我们不能得出这个结论:采用论著的形式写作必定就会徒劳无功;有一种情况是没法排除的:论著的读者完全可以像他们应该做的那样、立足于符合哲学的论证标准、以批判的方式评估在论著中被断言的论证,由此来回应它们。但是,一个实际而重大的风险仍然存在:即使最警觉的读者也会不小心走神、疏忽了他们读到的内容;这就让哲学的中 54
心目的落空。而哲学虚构作品的作者则有效地抵御了这个风险,只要它的那些读者能一直记住一个关键事实:他们面对的逻各斯属于对话中的对话者,而不是对话的作者。

从这种对柏拉图的理解中能得出一个最有趣的意义,它紧密地联系了对这部著作核心思想的考察。在阐释《海伦颂辞》中赞颂逻各斯的那部分时,我们曾强调了它的情感心理学:灵魂在逻各斯无所不能的攻势下承受了情感。如果柏拉图有意不去断言以至于不再“引诱”人们被动地接受所说的话,那么有人兴许就会主张,柏拉图这篇对话的目的就是专门为了挫败《颂辞》宣称的那些妄自尊大的说法。柏拉图能做到的就是确保读者在关注哲学逻各斯的同时,不会受到逻各斯的引诱。

在柏拉图对话中不断出现的论证不能只看其表面,原因就是,它们是虚构角色而不是真实人物断言的。[1]如果当我们遇到了这样一个论证,而我们知道我们正在处理什么,我们就不会有不由自主地接受论证结论的冲动;相反,我们应该批判地评估所提出的论证,而且只要它达到了我们的逻辑标准,我们就认同,这就是我们的回应。由此,当对话不做断言的时候,它仍然在促使我们去这样处理。当我们在批判地重建一个柏拉图式的逻各斯,我们就是在**自己**承担这项任务,我们被促使去完成这项哲学工作,主动地为它负责。也就是说,柏拉图要求一种特殊的“主动式”阅读,它必须以某种方式向柏拉图的写作活动靠近。

柏拉图的理想读者应该持续发问,而到一定限度时,这个发问就会促成一种自己和自己的精神对话,现实中的对话作品只是这个对话的“模板”。那么显然,根据这一切,我们可以合理地相信:某些问题吸引了柏拉图的注意;甚至当某些论证形式反复出现时(尤其当它们被归于大部分对话的主角苏格拉底时),这就明显意味着,柏拉图本人在这些论证中看到了太多可取之处。所以,如果“柏拉图主义”意味着这样的传统,即所有信徒都按照柏拉图的想法思考重要问题的所在,思考它们会如何有可能受到攻击,那么当否认柏拉图做出了哲学断言时,这恰
55 恰就很容易地承认了“柏拉图主义”的存在,又可以让柏拉图的论证具有活力。支持以这里提出的思路来解释柏拉图的人必定会直截了当地反对:仅仅赞同所谓的“柏拉图式”学说就足以让一个人成为**真正的**柏拉图主义者;同样,他也会反对把苏格拉底这个人物还原为柏拉图的传声筒。

这些方法论方面的讨论都跟我们评价《高尔吉亚篇》有关,这一点应该很清楚了。对于苏格拉底攻击修辞术的做法,如果我们与他的分歧很深,也许反应还很强烈,那么这不应该理解为对柏拉图攻击修辞术的不满;理由就是,既然柏拉图不做断言,那么更可以得出:他对修辞术并没有做出批评的断言。我们没有理由,至少目前为止没有理由去认定:对苏格拉底(有充分理由的)不满,也就应该对其创作者不满。这

个意思不是说，柏拉图式的对话就可以不受批评。如果在我们主动地阅读之时，我们的精神对话始终而且根本上偏离了柏拉图的“模板”提出的与辩证法有关的建议，那么我们必须要认为这篇对话是失败之作。与之相反，我们绝不能忘记，通过放弃和读者的“直接”交流，柏拉图由此就带来了从哲学的角度要求读者“间接”交流的机会。在对话的场景中，虚构的对话者之间的“直接”交流次于现实中柏拉图和我们的“间接”交流。在这个过程中，交流不是要把学说教理传达给我们，相反，它在有力地鼓励我们克服自己因为哲学虚构作品中出现的事情超出了我们的能力、无法解决而感到的沮丧。[2]

《高尔吉亚篇》在对西方思想史和政治史的持续影响方面，绝不落于《理想国》[3]之下，同时，它还催生了汗牛充栋的研究文献。在对话中，苏格拉底提出了他自己的一个经典悖论：“没有人自愿去作恶”，而且他还开始处理了在《斐多篇》中详尽表述的灵魂理论，主要是因为这两点，所以众多研究者集中于对话的第二部分，占三分之二的篇幅，在那里，高尔吉亚不再是苏格拉底的主要对话人，代之以波路斯，然后是卡里克勒斯。但我们主要关注的是第一部分：在这里，苏格拉底让高尔吉亚教给自己后者所教授的技艺，柏拉图很明显地用修辞术自己的语言来表达修辞术；[4]即使如此，我们的分析也是非常有选择性的，我们的问题在于，为什么高尔吉亚以及柏拉图对他的回应在修辞术历史上如此重要，与这一点没有直接关系的内容，我们一概忽略。在这部分，柏拉图的高 56
尔吉亚不得不很没面子地承认，演说教师使用演说只是为了凌驾于那些不懂演说的人：自此以后，哲学家开始审慎地逼近修辞术的诡计，而自命为修辞术拥护者的人也开始义愤填膺地斥责柏拉图的诽谤只不过是一种假冒的修辞术而已。

一开篇，苏格拉底姗姗来迟：来得太晚了，他没有听到高尔吉亚的演讲。对话的第一句话就是卡里克勒斯的嘲笑：“这就是人们说的，一个人应该以这种方式参战和交锋吧。”[1]（447A1）但是在柏拉图那里经常能看到（这是他和高尔吉亚的共同特征）一个玩笑能产生重要的含义。这段开场白引发了激烈的冲突；如果苏格拉底太迟了没赶上演讲，他恰恰就及时地赶上了（哲学的）“战争和交锋”，因为他的出现引起了一场激烈而持久的口角。苏格拉底用了一个意思很明显的隐喻回应卡里克勒斯，他问：他和他的同伴凯瑞丰是不是错过了一场修辞术“盛宴”（447A3）。这场想象中的“盛宴”发生在《高尔吉亚篇》之外，尽管就在《高尔吉亚篇》虚构的开场之前一小会儿（447A6）：苏格拉底的这段话是不是表明了修辞术被驱逐了呢？他解释道，是凯瑞丰的责任，因为他“强迫”众人把时间都花在了集市上（447A8）：这样，高尔吉亚式的“说服 / 强迫”主题在对话的一开始就展现了出来。苏格拉底自信高尔吉亚会很高兴地再为自己“展示”一次；“展示”的古希腊文为 epedeixato[2]，见 447A6；其后还有 epideixetai，见 447B2，epideixetai，见 447B8，epideixin，见 447C3 和 epideixeos，见 447C6[3]。“展示”一词的集中使用创造出了一种节奏，但是仅仅一个 dialechthenai（447C1）——即“从事论辩术[4]”——就很干脆地打断了这种节奏。苏格拉底要求用论辩术替代修辞术的表演。

《高尔吉亚篇》的开场恰恰也是“修辞术式的”，因为它同样“创作

① 卡里克勒斯这句玩笑话暗讽苏格拉底来晚了：参战和争斗都是急迫之事，人们只会更早不会更迟，因此既然要和高尔吉亚争辩，为何会迟到呢，或许这就是你争斗的方式吧。这也呼应了苏格拉底一贯的行事反常。“以这种方式”一词，希腊文为“houtō”，是这句玩笑的关键。

② 动词 epideiknynai（展示）的中动态，陈述式，不定过去时，第三人称单数。

③ epideixetai 为动词 epideiknynai 的中动态，陈述式，现在时，第三人称单数；epideixin，为名词 epideixis（动词 epideiknynai 对应的名词）的单数宾格；epideixeos 为名词 epideixis 的单数属格。这几个词都联系了“展现式演说”。

④ 在和修辞术对比的时候，希腊文“dialektikē”一词译为“论辩术”要比“辩证法”更好，尤其是当苏格拉底要求使用论辩的方法去谈，而不用修辞术的华丽辞藻。另外在亚里士多德的语境中也适合这样翻译。

巧妙、精工细制”,同样也堕落和空洞。既然这部对话是直接的叙述,它没有那种柏拉图用来制造鲜明效果的、复杂多样的构思手法(比如《会饮篇》之类的作品),因此,《高尔吉亚篇》既表现了一幕原封不动的直观的日常对话,同时还通过展示一种系统的“修辞术式的”精心创作,削弱了上面这种表现。修辞术已经“发生”在虚构的时间表中,现在,“论辩术”与“展示”对垒,它让有益健康的“哲学营养”对立于修辞术的“派对餐”[①],从而引导我们去完成这个比喻所指明的计划。柏拉图的全部手法还远不止于此:比如,当凯瑞丰承诺要让事情变好时,他说他会“治愈”这个问题(447B1),在后面总会看到的医学主题,在这里首次 57
出现——对于为了接触这篇对话、正确地把阅读《颂辞》作为入门的读者来说,这个主题已经是第二次出现了。我们能不能大胆猜猜看,哲学家苏格拉底没听到的、在他来之前的那篇展现式演说不是别的正是《海伦颂辞》呢?

如果这些手法在引诱人们相信什么,或者至少是一些意在使我们偏向而赞同某些信念的说服工具,那么毫无疑问,它们并不是巴门尼德及其支持理性的后人唯一允许的那种论证性的说服手段。如果柏拉图的意图就是掩饰他的“修辞术”以使读者无意中受到欺瞒,那么他的说服(要是成功了)就会反讽地加强而非破坏《海伦颂辞》的中心思想,之所以这样讲,因为我们会受到欺骗从而相信:哲学不会骗人。但是从另一方面来说,柏拉图的“修辞术”如果被我们察觉到了,那么这种对它有损害的结论就不会得出。然而这又并不是说:只要修辞术**有意地**被表明出来,那么有意使用“修辞术”就毫无问题可言。毕竟,《颂辞》曾

① 作者之所以使用饮食的比喻,有两个原因,第一,苏格拉底在《高尔吉亚篇》中说修辞术是盛宴,这暗含了讽刺,作者在本节题目中也有使用。但如果不像苏格拉底那样否定修辞术,那么修辞术确实是语言的盛宴,是感官的享受,而哲学仅仅是家常饭一样的对谈。第二,苏格拉底在《高尔吉亚篇》中还用医术比喻哲学,用厨艺比喻修辞术,前者知道健康所在,后者只知道美味、不晓健康。所以作者说哲学营养,而修辞术只是派对上吃的零食小餐,后者虽然样式繁多,但终究是没有营养的食品。

让我们明白:被引诱的灵魂在受到欺骗时心知肚明,还欣然默许。尽管如此,只要柏拉图写这篇对话就是为了让我们问问自己是不是被说服了、为什么被说服,而且他并没有不用哲学逻各斯来说服我们,那么,我们就是受到了挑战,而不是直接被他愚弄。

再探能力[①]

苏格拉底说明了,他对高尔吉亚的要求就是用论辩术来解释一下"高尔吉亚技艺的能力[5]究竟是什么",解释一下"他所大肆宣扬和传授的是什么东西"(447C1—3)。苏格拉底的再三发问昭示了哲学家坚守的就是严密、表达明晰、有确定性的知识。苏格拉底说的所有话都能具有独特的柏拉图式内涵;尤其是在后面会看出,如果对这门技艺的范围进行权威性的限制,这种做法可以说否定了高尔吉亚认为自己掌握了"真正的技艺"这种主张(在凯瑞丰问道:"他的知识与什么技艺有关?"时,这一点已经预示出来,448C2—3)。卡里克勒斯坚信,高尔吉亚会欣然同意苏格拉底的要求,既然他一直在催促所有人向他提出问题(447C6—8)。这个特征刻画了这位智者的才华横溢,它显然可以联系斐洛斯特拉托斯记载的高尔吉亚的自夸之言:没有任何问题能超出高尔吉亚的回答能力。但是现在,我们这些读者要问了:当语境是哲学
58 式的交流而不是修辞术的展示时,当发问者只是这个一心要发现真理的苏格拉底,而不是一大波聚在一起热衷娱乐的俗众时,高尔吉亚还能应付吗?苏格拉底在寻找的就是一个深刻严肃的哲学设想,它把"一问

---

① Dynamis,希腊文中表示能力,即人(如指人有说服能力)或事物(如指语言有说服力)会做到什么事情的潜在性,所以也表示有可能释放出的力量、效力或威力,作者一般用 power 或 capacity 翻译这个词,但在政治语境中也表示权力。中译在不同语境中会采取力、能力、效力和权力几个译法。另外还有一个 force,当与说服对应时,表示强迫,这是希腊人常用的一组对立。Force 也表示力,在个别语境中译为强力。

一答”当作价值连城的发现手段，他不会让这种手段变得无聊诡辩，沦为游戏。这样，《高尔吉亚篇》就主要关涉了劝导性、探究性和论证性的逻各斯所具有的形式、主张和效力。

苏格拉底鼓励凯瑞丰去询问高尔吉亚：“他是谁？”（447D1）但是凯瑞丰并不理解，回答道：“你想说（legein，和逻各斯一词同源）什么？”（447D2）苏格拉底明确说：他想要的就是“解释一下高尔吉亚主张的技术能让他做到什么事情”。凯瑞丰之所以没明白，是因为苏格拉底提出的问题听起来会让人理解成一个希腊人常用的套话，仅仅用来询问某人的身份，[①] 但是人人都知道高尔吉亚的身份是莱昂蒂尼人，故而苏格拉底明知故问。此时，他已经像一个论辩家一样发话，他一方面以新奇的方式使用了某些偏离常用含义的概念，同时又想做到互相理解［你不理解我们说的是什么吗？（447D4—5）］。[6]

在主角交锋之前，高尔吉亚的门徒波路斯插了进来，坚持先替老师论辩一番。凯瑞丰充满疑虑地询问，波路斯是否认为自己能回答得比高尔吉亚“更好”“更恰当”“更美妙”或“更吸引人”（448A9—10）。我们在这里所指的一个词就是“kalon”[②]（此处为比较级），它是一个最为常用的表达赞许的词（卡里克勒斯之前已经用它描述过高尔吉亚演讲的特点，447A5）；我们并不知道（我们应该问问自己这个问题）“美妙的”逻各斯实际上是什么（跟之前那些 epideixis 的同源词一样，此处的 kalon 和它的派生词也吸引了我们的注意，见 448B8—9，448C8—D2，448E8—449A1）。波路斯以轻蔑的回答粗鲁地拒绝了这个问题：这无关紧要，只要他说的话能让凯瑞丰满意就行了（448B1）：但是我们应不应该认为，“说的话充不充分”的标准是相对于听众或争论者而言呢？波路斯的小把戏（448C4—9）只不过生搬硬套了高尔吉亚轻而易

① 苏格拉底想问的是高尔吉亚就他主张的技艺而言，他具有什么身份。

② 希腊文形容词 kalos 的中性单数，通常指美和高贵，此处英文为 fine，指说话美妙上佳；也可以表示做事得当合适。

举就能搭起的完美结构和措辞。柏拉图把这种不堪一击的 epideixis 放在了这个语境中,就是为了无情地揭露 epideixis 无聊透顶的空洞无物。虽然苏格拉底干巴巴地赞美高尔吉亚,说他的学生在逻各斯上技巧“美
59 妙”(448D2),但显然,(这个)epideixis 并没有说出什么苏格拉底迫切关心的内容:它的言辞空乏,说话人根本没说出什么东西。[7]

苏格拉底解释道,他更愿意让高尔吉亚本人而非波路斯来当回答者,因为“甚至从他[波路斯]所言之中,我们认为他更擅长所谓的修辞术而非论辩术”(448D8—10)[8],不过在这个关节,我们尚无从理解这两者间存在什么差别。苏格拉底对波路斯的不满来于后者并未回答他提出的问题:当问到高尔吉亚的能力是什么时,波路斯说,就像是什么(他把这种能力捧上了天,相当于为它创作了一篇“颂辞”,448E3)。苏格拉底似乎特别热衷于简练(448E8—449A1);也许他认为在两人讨论时,简练是一种美德;不过,简练之所以是美德,不是自在如此,而是因为它能让对话者直达重点。长篇大论和论辩术的简练之间的冲突是《普罗泰戈拉篇》(335A)中的一段重要的情节:那位最德高望重的智者被苏格拉底毫无礼貌地戏耍一通,不得不屈从于论辩术的质询。在《普罗泰戈拉篇》中,苏格拉底声称,他偏爱论辩术的理由就是在一个人的长篇大论中,他容易遗忘内容的线索;而普罗泰戈拉职业的尊严要求他接受苏格拉底表示的那番不太真诚的信任:苏格拉底相信普罗泰戈拉既擅长滔滔不绝地演说,也精通哲学问询(335A1)。高尔吉亚的情况一样:但是他自夸的本事中还有一个是:“没有人能比我说话更简练。”(449C1—3)苏格拉底抓住了他的这句话,要求高尔吉亚“展示”一下他的简练,而的确在后面的内容中,高尔吉亚的话很滑稽地缩短了。虽然我们有足够理由怀疑:论辩术和修辞术的差别远远不是表面上的文字多寡的问题,但是如描述的那样,看不出高尔吉亚本人认识到了这一点。

高尔吉亚把他的技艺视为“修辞术”(449A5),而且,他还自诩“能

够”（dynaton）传授这门技能（449B1）。既然“dynaton”是“dynamis”的同源词，那么柏拉图描述的苏格拉底的问题（即，高尔吉亚的能力是什么）就提醒了我们：这个提问（447C1—2）原本就针对了修辞术的dynamis（能力），而且我们也能想起，《海伦颂辞》颂扬了敌视哲学事业的“说服力”（dynamis）所产生的威胁。苏格拉底询问修辞术“关于”什么（449D1—2），而高尔吉亚回答，它“关于诸逻各斯”（449E1）。从目前的情况看，苏格拉底的问题不太确定，所以也就无可挑剔。但如果 60
这个问题的前提是下面这个设想——即：为了成为一门技艺，它必须满足某些标准，此外，“它关于什么，它制作了什么”等等因素必须统一于这门技艺并为其所独有——那么，高尔吉亚就麻烦缠身了。现实世界的高尔吉亚暗示：逻各斯是逻各斯是逻各斯，而柏拉图笔下的高尔吉亚仅仅回答了“关于诸逻各斯（演说）”，这个答语似乎表明了他打算认同这个想法。但是当苏格拉底要求他澄清这一点，而且举出了一个公认的事实：与健康事务有关的诸逻各斯就是医生和医师而非修辞家（449E2）时，高尔吉亚不得不立刻承认修辞术逻各斯的范围不可能是普遍的（449E4）：高尔吉亚的专门技艺已经和他当医生的兄弟赫洛狄刻的手艺（448B5）区分开了；在《颂辞》中，他曾比较过普遍逻各斯和医师的迷幻药，但在这里，这个对比等于是放弃了。苏格拉底的反驳仅仅围绕着一个柏拉图的高尔吉亚无法回绝的“技艺观”，即，只有**知识**能让人精通某个既定的领域。

高尔吉亚提出了下面这个命题，试图挽救他的立场：其他技艺都在相当大的程度上包含了手工技艺，而唯独修辞术把自己限定于逻各斯（450B9—C1）。但是苏格拉底指出：虽然这个区分的确划定出了一类主要或专门以逻各斯为手段的技艺，但是它并不能让修辞术在这一类技艺中具有自己的领域。对逻各斯要求严格的人（450E7）也许会问高尔吉亚，他是不是认为（比如）算术和修辞术之间没有差别呢。但是这样的策略并不是苏格拉底本人采取的，换言之，在他说的这番话中，他使用了一个明显的“修辞”手法[①]勾勒出了高尔吉亚的笨拙。苏格拉底罗列的与逻各斯有密切关系的技艺是开放的，包括了层次不高的娱乐，如下棋。不过，在他进一步说明如何正确回答问题时，他使用的所有例子都是数学方面的。柏拉图式的哲学家未必会认为上面这些例子都代表了知识，相反，他们认为这些技艺遵循的规则更先进，也许会让它们处于真正的理论知识的水平。既然这样的认识论考察和重建完全与创立哲学的论证逻各斯有关，那么在苏格拉底看似天真的阐述中就蕴涵了争锋的架势——警觉的（但不被动的）读者是会注意到这一点的。

苏格拉底一再施压，想迫使高尔吉亚解释修辞术与什么具体事情
61 相关，高尔吉亚最终言过其实地说，修辞术的“逻各斯”关乎“人类事务中最大和最好者”（451D6—8）。苏格拉底反驳道，这种主张并不可信，很有争议：争议之处就在于“什么是最大和最好者”呢？何况，还有许多技艺也能一争高下，它们同样主张自己能提供这样的东西，尤其是一些追求至善、健康、美丽和财富的传统技艺，而与之对应的各行专家，如医生、教练和商人也都如此主张。但是，苏格拉底为了表达不满，他在问答模式中设定了多重的论辩角色：站出来挑战修辞术的不是本来面孔的苏格拉底，而是与之竞争的其他技艺者，这跟前面说的对逻各斯要求严格的人的做法一样。所以，这不是，也不仅仅是一场哲学与修辞术之间的较量。

或者是不是这样呢？苏格拉底的表达方式使得柏拉图可以利用高尔吉亚本人承认的，但又与之竞争的希腊城邦的传统价值来反对高尔吉亚（如 447C5—448A3），同时又可以让苏格拉底本人不必赞同这些价值。柏拉图的高尔吉亚的回答重述了现实中高尔吉亚的逻各斯，但两者存在着微妙的差异，而且柏拉图赋予了前者崭新而明确的政治色彩。因为在这时，修辞术让那个会运用它的人可以随心所欲，同时还能控制

---

① 即借他人之口指责对方，亚里士多德在《修辞术》中举过这样的手法。

其他的城邦公民(452D6—8)。[9]这样,柏拉图的高尔吉亚就带有侵略性地表达了反民主的可能性,这种可能性开始于“逻各斯是一个强大的主宰”这句话。修辞术是 dynamis,即“能力”和“效力”,它“能”用逻各斯(演说)去说服任何政治集会中的与会者;它使得其他所有技艺者沦为了那个有能力拥有说服“民众”之人的“奴隶”,后者占有了前者的产品和利益(452E1—8)。

在当时的非哲学话语中,“人类事务中最大和最好者”这句话,不论它是不是言过其实,其中的意思无需再做解释:因为一下子就能看出来,它指的是“政治权力”(人们也许可以比较一下美诺在其同名对话中对政治威权的执迷,71E1—5)。但是苏格拉底假意不知:他不愿意理解这句话明显又通俗的含义,就像他前面出乎寻常地使用“他是谁?”。[10]这位哲学家常用的一个手法就是以有点“幼稚天真的”方式使用语言,装出一副理解语言的样子但同时在表达中抽去了它们最明显和不言而喻的含义。相比众所周知的苏格拉底爱用“低层次”的技艺当例子的做法,这种现象才更有意思。这种“幼稚天真的”哲学活动是不是恰恰也是一种令人不安的修辞术把戏呢?哲学家的回答是“不”,理由在于,他们的说话方式就是这样,之所以如此,因为在某种意义上,
一切事情都必须要说明:绝不允许任何未经辩论的假设不接受查验和 62
检测。当然,写作哲学虚构作品的柏拉图并没有告诉我们这一点;但也许他通过他的苏格拉底向我们表明了出来。

柏拉图的高尔吉亚主张的“说服能力”给雅典民主制带来了威胁,难以想象还有什么比它更危险了。按照要求,民主制依赖于保证“言论平等”—— isēgoria,但是高尔吉亚的“语言 dynamis(能力和效力)”让修辞家得以控制听众,从而不受约束。《颂辞》把聚集在一起的民众描述为被动的“俗众”,对有技巧的说服完全不设防。自由公民在类型上区别于专制制度和奴隶制中的民众,这种差别正是民主制意识形态的命脉,但是有技巧的说服者却奴役了想要跟他竞争的对手。这就揭示

出了一个与雅典修辞术的竞争性有关的重要的历史问题。在雅典社会中,演说家的听众也是(潜在的)竞争者,不论他是投票表决人还是审判员①。这跟我们更为熟悉的修辞术环境截然不同,这一点非常重要,必须要牢记:今日的陪审员(通常来说)不可能是律师;下院议员是在对我们演讲,而不是对他们的同僚。甚至古代罗马法庭也允许从相对固定的政治精英中选出律师作为代理。但是,倘若有人回答说:因为(若高尔吉亚是正确的)dynamis 原本就可以被利用,所以任何雅典集会的成员都有权使用同一种“说服能力”,这一点却不能证明 isēgoria 正当无误。

柏拉图的确是高尔吉亚最专心的读者。苏格拉底现在满意高尔吉亚的开诚布公,他用一个流传了几个世纪的定义悄悄地概括了修辞术:修辞术是“制作说服的工匠”(453A2);[11] 修辞术的能力就是“在听众的灵魂中产生说服”(453A4—5)。接下来,苏格拉底会针对高尔吉亚的说服和心理学观念展开争论,从而推翻“高尔吉亚”。

为了逻各斯

在做进一步论证之前,苏格拉底插入了一个方法论方面的题外话,它直接关涉了他试图强行把“哲学论辩术”和“修辞术展示”分开的做法。苏格拉底已经“说服自己相信”:他(或者任何人)渴望知道论辩术的逻各斯与什么有关,他也相信高尔吉亚有同样的渴求(453A8—B3)。我们在不少地方已经讨论过一个渐渐浮现出来的、柏拉图的“修辞法”

① 投票表决人指议政演说中的投票人。这种演说是在六千人公民大会上进行,演说者也是六千人中的一员。作者下面用英国的“下议院”对应了古希腊的公民大会。Juror 一词在现代法律中表示陪审员,现代学者也用它指希腊民主制司法中的审判员。既然希腊民主制不设法官,所以中译就不再把 juror 译为“陪”审员。后面说的 barrister 在英国指专业律师,显然陪审员(英国陪审团一般出现在刑事法庭中)不可能是律师;但在古希腊,既然演说家是城邦公民,那么他们可以代理案件成为“律师”,也可以担任陪审员(当案件并非由自己代理时)。

中极为典型的手段,即,有技巧地使用表面上很随意的词汇,却能使细心的读者产生丰富强烈的共鸣。我们刚才读到了,高尔吉亚的演说行 63
家用“说服”使他人受损、自己从中牟利。而现在,苏格拉底的话提醒我们注意:我们是在自由地“谈论”自我反思的“说服”,“我说服我自己[相信]……”当然,从他所说的话中,没有什么可以证明这样的说法掩饰不了思想上的不自洽;哲学家们可以从语言的暗示中获得线索,但是,“谈论”带给他们的、证明事情“如何存在”的证据,却只是流于表面而且还可以变得无效。尽管是这样,“修辞术”仍然在提醒着我们它是一个可行的但也许被我们以其他方式忽视了的选择。我们必须注意它的暗示,同时抵挡它的诱惑而不要将可能性翻转为确定性;但是“修辞术”本身并未自命为论证性的逻各斯,之所以它轻易就具有可信性,这个责任恰恰在于我们。

苏格拉底坚称,不是他自己,而是高尔吉亚可以使问题更清楚:“不是为了你,而是为了逻各斯,是为了提升到能充分明白我们讨论的内容的地步。”(453C2—4;比较454C1—5,和《卡尔迷德斯》,166C—D)高尔吉亚用修辞术代表了一种不对等而且可以利用的关系:“一个主动的个体”使用他的逻各斯(演说)去奴役“被动的多数人”。苏格拉底并不关心作为“个人”的对话者——苏格拉底的活动不是(只)为了高尔吉亚这个人——论辩术的逻各斯从未处于“个人代词”[①]的范围中。它通过论证过程的各个环节的发展一步步提升,最终使问答双方在智力上有所获益。论辩术在根本上是为了知识。如果它看起来不是攻击对话者,就是饶过对话者,那么这也只是看起来如此而已。逻各斯本身不仅是我们首要的,也是我们唯一要关心的东西:我们和我们的同伴之所以在考察中互相配合,仅仅是因为这些同伴有助于考察。同理,我们并不担心我们“论辩”的结局,也就是不担心讨论中出现的真理的片段或空

① 即人称代词,哲学逻各斯是普遍的、非个人的(无人称的),它扬弃了个别性和特殊性,因此不会使用某个个体的代词(比如,高尔吉亚、这棵树等)作为逻各斯的主词。

想是不是也“和我们有关”。苏格拉底设想的真理不是一种在不平等关系中处于某种地位,以占据其他立场的人为代价获得的商品。所有参与讨论的人都共同享有真理。[12] 苏格拉底表达了对“非个人的逻各斯”的拥护,这解释了为进一步考察修辞术而做准备的方法;实际上,这种说法完全相反于高尔吉亚把他的“能力”描述为以个人政治权力为目的的精明操纵的观点。柏拉图一方面强迫修辞术屈从于哲学定义的严
64 苛,但另一方面却又允许哲学自由地自我表现。

俗　众

苏格拉底指出,只要修辞术是唯一能产生说服力的东西,那么“制作说服的工匠”这个定义就可以成立,但事实上,所有技艺者都仅仅通过教导就可以说服我们相信那些在他们专业范围内的事情,这样,修辞术要求的那种与众不同的说服依然含混不明。高尔吉亚坚称,修辞术的说服专门指向“俗众”,他又补充说,修辞术与“正当”和“不正当”的事情有关——显然这个论题涉及了政治商议和法律辩论(454B5—7)。[13] 他之前还提到了“大众”(ta plēthē, 452E8),该词只是有可能(但未必)带有贬义的味道:但“俗众”一词明确无疑的具有这样的含义。[14] 柏拉图借高尔吉亚之口说出了这个词,它也许加剧了民主派对必不可少却又不太可信的盟友(“演说家”)的疑虑。或者更确切一点说,柏拉图从现实中的高尔吉亚那里借来了这个刺激性的词,揭示了“强迫性的”说服模式造成的全部恶果:“单单一篇有技巧地写就、不按真理说出的文辞(逻各斯)就可以取悦并说服俗众。”(《海伦颂辞》,§13)“民主制”意味着“民众统治”,而“民众”中性地表示“普通人民”,相反于富人和贵族少数派。只有民众的敌人会称他们为“俗众”,寡头派在论战时通常就用这个词咒骂民众。

这并不是声称柏拉图的苏格拉底完全就是民主制的拥护者;在对

话的最后一部分,苏格拉底以引起争议的方式贬低了那些最伟大的雅典英雄获得的成就,他令人吃惊地给自己加上了“这个城邦唯一的真正政治家”(尽管是在他自己理解的特殊意义上的)的头衔。苏格拉底无意否认雅典城邦的主体是“俗众”;他的目的是为了证明高尔吉亚对修辞术无所不能的鼓吹恰恰是在民主政治体系中才具有正当性,他这样就谴责了修辞术,而不是为修辞术辩护。但是,我们不能草率得出这个结论:苏格拉底因此就明显是自由的敌人。如果(这是很强的“如果”)他将论辩术视为以共享真理为目标的“探询”这个观点能够站得住脚的话,那么自由(也许是无条件的平等)就存在于哲学逻各斯的限度内,也许只能存在于那里。

苏格拉底现在极为危险地使用了高尔吉亚早先承认的看法:教导产生说服。他不再认为学习和说服是不同的;一方面既有真实的信服,也有错误的信服,但另一方面,知识总是真的。因此有两种属于同一属 65
的说服:一种靠知识说服,一种没有知识;而高尔吉亚主动表示,修辞术的说服在后者之中(454E8—9)。

> 演说者不能教会审判员和其他民众正当和不正当,而只能说服他们;因为理所当然地,他不能在短时间内教会这么多人如此重要的事情。[15]

(455A2—6)

“如此重要的事情”令人想起高尔吉亚的话“人类事务中最大和最好者”,但是苏格拉底将权力政治学的材料放入了那些要求(甚至是接受)最严肃的伦理和政治教育的主题中。哲学坚守知识,知识对立于容易出错的信念,这表明了高尔吉亚将他的逻各斯等同于权力这种做法至少有一部分是错误的,因为修辞家不能在自己的特定环境(即在大众面前相互反驳、争论政治和法律事务)中传达知识。《颂辞》没有忽视哲学家;但在那里,哲学家也是一类逻各斯论战中一争是非的争斗者,他们是在强迫而非教导被动的听众的灵魂。

我们一直感兴趣的问题并不是:这种对雅典的参与式的政治和司法实践的激烈批判能否站得住脚,[16] 相反,我们更关心的是,那种“没有知识的说服”放在今日是否还能有效。苏格拉底对民主决策的贬损立足于两个预设——我们这些现代人也许会对这两点有不同的看法。第一个就是,面向大众的“真正的”教育被认为是不可能的。无论如何,对于这个问题(以及对于存在着一种面向所有人的“真正的”教育这个问题),后来的历史已经给了我们更充分的理由让我们表示深深的悲观。但是第二个预设却是这个命题:在政治学中存在或可能存在着一种“教导性的说服”。一方面,任何宣称自己掌握政治“专长”的人必然相信存在着这样的说服(如果他们指的并不是高尔吉亚反民主式的权力政治)。但另一方面,在思考民主时,人们却会坚信:虽然存在可以认清的公共利益领域,但这并不能确定出一个与之相应的专家;没有一个“个人”在正义方面有权威性。柏拉图让普罗泰戈拉在同名对话中已经解释了这种情况如何有可能存在。[17] 如果我们想要反对《高尔吉亚篇》
66 做出的第二个假设,我们就必须准备去解释现代民主制意识形态如何同这种政治“专长”(支持这种“专长”的制度却难以企及)和宣传操纵(这种难以企及的制度导致了这样的结果)相兼容。

为修辞术一辩

苏格拉底故作天真地谈到了雅典人执行公共计划的方式,以此刺激高尔吉亚来替全能的修辞术(这一次却不是替海伦)做进一步的辩护和赞颂:确实,就某一目的来说,有关技艺者(比如说建筑师)的建议会不会体现出与修辞家的建议不同的说服力呢?“因为显然,必须选择最杰出的技艺者（technikōtatos，来自 technē）”（455B4—5）。苏格拉底令人恼火地谎称：在追寻这条论辩术的思路的同时，他居然实际上还在替高尔吉亚着想：

> 因为有人也许由衷地愿意成为你的徒弟（我知道有这么一些人，确实还不少），他们也许羞于询问你。倘若你被我问询，你也就是被他们询问了……
>
> （455C6—D1）

四处游历的智者搜寻富家子弟，以便教他们昂贵的政治课程。就像普罗泰戈拉在《普罗泰戈拉篇》中一样，在这里，高尔吉亚也被带到了雅典城邦的法庭前接受审问：他的那些同伴会得到什么好处呢，他们能为城邦提供哪些方面的建议呢（455D2—3）？

这一段继续强调了修辞术的政治含义。高尔吉亚之前主张过：使用修辞术的说服者能控制每个政治“集会”（452E3）；这个词现在又出现了（455B3），专门指为了选出公认的专家而召开的集会。因为“集会（聚集）”的希腊文为“syllogos”，所以我们能联想到相关的主动态动词“syllegō”，“收集”，即“选择”。如果当“政治专长”显露出来时，我们越来越担心民主政治除了让人攫取权力之外还能有什么，那么苏格拉底召唤人们（被动地）聚集在一起（主动地？）、收集他们建议的做法也许会打消我们的恐惧。苏格拉底提到了有可能成为高尔吉亚学生的人也许会觉得羞怯，这个说法开启了对话的另一个有推动作用的主题。通常对《高尔吉亚篇》的批评都是说，苏格拉底的对话人的次序（高尔吉
亚 — 波路斯 — 卡里克勒斯）是一个越来越“不害羞”的过程（或者少 67
些偏见地说，“直率”的过程）；但是在这一点上，苏格拉底也亲口承认：他本人同样“不害羞”——他是为了其他人才这样，为了追求真理。

“我要试图给你揭示修辞术的全部效力（dynamis），苏格拉底”，高

尔吉亚说（455D6—7）。为何"说服力"需要揭露和揭示呢？它是不是一种特殊的、被守护着的神秘仪式，仅仅向被接纳的人开放呢？[18]还是说，由于意识形态的原因，它不能以开诚布公的方式表达其真实本性呢？高尔吉亚反驳说，据可靠的历史事实为证，提米斯托克勒斯[①]和伯里克利恰恰都是凭借修辞术规划了雅典帝国的战略。他坚持说，在说服一个拒不听劝的人接受令他痛苦的治疗或者在谋求城邦医疗职位时，像他这样有能力的演说家倘若在这些方面竞争得过医生或其他有学问的专家，那么演说家就会永远立于不败之地，"因为在所有事情上，演说家都能讲得比大众当中的其他任何有技艺者更有说服力"（"大众当中"，原文即 en plēthei，456C6，比较 457A6—7：在这里，骂人的"俗众"一词悄悄地消失不见了）。[19]

对修辞术的赞颂到此为止。下面，高尔吉亚开始为修辞术行家辩护，很难看出他的观点与他之前把修辞术描述为攫取最高的政治权力的说法有一致之处；他的辩护立足于"修辞术本身是中性的 dynamis，即中性的能力"这个理由。它既能用来做好事，也能用来办坏事，但是，这取决于有技巧的演说者，而不是他的修辞术教师。[20]修辞术本质上是不关涉道德的武器。但这个立场在本性上是不稳固的，因为高尔吉亚把修辞术和军事技术放在一起，都归入了**用来争斗**的技艺之中（456C8），所以肯定能得出：修辞术本质上也是有攻击性的。[21]这番辩护具有文化上的独特性，也与传统并不冲突。希腊社会热衷于培养与各种竞争性的身体争斗有关的技能。当然，身体教练的工作并不是鼓励他们的学生用这种致命的技能袭击自己的朋友和家人：高尔吉亚信誓旦旦地向我们保证：与之类似，修辞术的使用是正当的，也就是说，它只是为了防

① 公元前 524—前 459 年，雅典杰出的军事家和政治家，在希波战争中发挥了重要的作用，如马拉松大捷和萨拉米斯海战。本人是平民主义者，因此和贵族不和。所以高尔吉亚说他利用了修辞术，这符合其政治理念。普鲁塔克《名人传》有传，柏拉图（《理想国》，1）和希罗多德（《历史》，8.125）都提到过一个类似的关于他的例子。

范敌人和罪犯(456E3—4);杰出的修辞家有可能夺走医师的荣誉,但他不会这么做(457B1—4)。“然而那些滥用修辞术的人却不正确地使用了它的威力和技艺。”(457A1—2)有趣的是,恰恰是在这一点上,高尔吉亚觉得自己必须要做出让步,以能维护道德:他用二元的能力和技巧取代了统一、普遍的逻各斯。

高尔吉亚现在声称,恰当地运用修辞术能力,就可以在道德上永葆正确——通过他的演说,伦理劝诫和禁止之言就能起到效果。虽然他 68
没有说明这到底是什么意思,但是,既然他一再诉诸传统道德,故而他必定想要依靠下面这个在希腊流行的“对错观”(从《理想国》中可知):有利于或保护他“自己”群体的成员而非外人的行为就是正确的;损害敌人则是值得肯定和鼓励的。这两部对话的密切联系就体现在这里:既然玻勒马霍斯争论说,正义是一种有利于朋友和家人、有损于敌人的技艺(《理想国》,332D4—6),那么我们可以得出一个结论:根据定义,恰当地运用合乎高尔吉亚规定的修辞术,这必然是“正当的”;毫无疑问,正义的技艺和修辞术的技艺最终都是相同的。但是,这些可以接受的结论也许仅当玻勒马霍斯“恪守纲常”的看法站得住脚时才可以推出,而且它顷刻间就被《理想国》第一卷中的辩证法击溃。此外,众所周知,希腊人对自己交往关系的意识(这正是玻勒马霍斯的想法中道德因素的基础,即使道德程度不高)并非一成不变,而且很容易就能导致种种难以解决的自相矛盾;雅典的大多数政治纷争都直接源于个人追求“自己”部落或阶层的野心,从而与更大规模的政治体产生的冲突。这样,高尔吉亚的“限制条件”什么也担保不了。这就让有潜在威胁的演说家可以自由地发表言论、反对任何越出极为狭隘的社会界限之人的利益。另外,既然他提到了那些滥用修辞术的学生,那么这当然也就是承认:不受约束、自私自利地使用修辞术的能力正是现实政治的真相。

哲学竞争

在回到一开始的攻击之前,针对哲学争论和修辞术争论的本质差别,苏格拉底插入了一个更深入的声明。他(也擅长逻各斯,是高尔吉亚的同行)首先恳求高尔吉亚同意下面这个看法:对话双方"通过彼此定义、学习、教导他们试图用论辩术探究的内容是不可能结束他们这次对话的"(457C5—D1)。尽管苏格拉底谦恭有加地要求高尔吉亚,但这里提到的论辩术交流却显然是他没有经历过的。修辞术是一种承诺可以轻松战胜受害者并使之屈服的能力:论辩术则是一项困难重重,明
69 显会受挫而非轻易成功的活动。但是,论辩术的对话双方完全不像修辞术那样分出"主奴",相反,他们是合作者,他们做的事情都是为了"彼此"。此外,如果论辩家在学习和教导,那么这就是一种用知识来取信他人的说服,它相反于影响无知"群众"的修辞术。这样,在苏格拉底对如何进行哲学活动的描述中,一个更为关键的组成也呈现出来。之前,我们已经用操纵愚蠢集会的演说家比较和对比了教育自己学生的医生。这种教导会传达一种在修辞术当中没有的认识,但是,我们没有理由相信,医学学生在他们的老师面前就比容易上当的群氓在欺骗他们的说服者面前少一些被动性。不过,论辩家是在彼此学习和教导:按照苏格拉底的看法,哲学教育就出现在互相启迪的过程中,在这里,是没有主动角色和被动角色之分的。

苏格拉底承认,论辩术"缺少容易使用的能力"这个特征通常会让它的实践者(我们可以正确地说)错误地"从个人的角度看待它"。不满的对话者会猜测:对方为了"竞争"才反驳自己,是针对他们本人("为了竞争",原文为 philonikountas,即"好胜",见 457D4,它与《颂辞》§4 中的 erōtos philonikou,即"争强好胜的爱"构词相同)。他不是要彼此合作、在逻各斯中探究论题。互相的责骂和尖酸达到一定程度后,甚至能让听众"羞于"再听他们出口伤人——这种"羞"的情况似乎截然不

同于苏格拉底本人“羞于”在论辩术中提问,也不同于高尔吉亚在这段题外话结束时,承认自己无力再进行论辩术而因为自己承诺过回答任何问题所以自认“羞愧”(458D7—8)。或者是不是这样,如果在论辩术活动中,“哲学”的意思是“爱智慧”,“好胜”的意思是“爱胜利”,在这个过程中,提问者就是竭力反驳,回答者就是竭力辩驳,那么,人们还有什么选择余地呢?但尽管如此,如我刚才所说,在重新展开攻击之前,苏格拉底还是停了下来。他解释说,自己之所以跑题,是因为他怀疑高尔吉亚已然自相矛盾,“我恐怕我对你的查问[22]进行不下去了,我担心你会认为我的谈话是在竞争,之所以要澄清这个问题,不是针对问题本身,而是针对你”(457E3—5)。苏格拉底承认,他在竞争,但最重要的是,他为了真理竞争,不是反对高尔吉亚。苏格拉底的斗争对象就是难以处理的主题,他竞争的对象就是主题的“含混不明”。也许更确切来说,如果他竞争的对象是高尔吉亚,那仅仅是因为:若反驳有效,那么高 70
尔吉亚的失败就不意味着苏格拉底的胜利,而是真理的胜利。[23]

“我就是那些因为所言不真,欣然接受反驳的人中的一员,我还乐意反驳其他说假话,但不会欣然接受反驳和提出反驳的人。”(458A2—5)怎样才能让这种平等的快乐与苏格拉底承认自己“好胜”相一致呢?我们可以认为,苏格拉底一直而且唯一想要做的就是赢得(获胜就是为了达到)真理。在《颂辞》中,高尔吉亚承担了反驳诽谤海伦之人的任务,但是,他对取悦人、欺骗人的逻各斯的颂扬,却仅仅是把“反驳”解释为了击败个人。而苏格拉底重申真理是至高无上的善,虚假是罪大恶极(458A8—B1),这就立刻暗暗谴责了高尔吉亚的甜蜜的欺骗;苏格拉底承诺要开辟一个毫无利己之心的“竞争”赛场,在这里,论辩术的胜利者和“受害者”都共同享有所发现的战利品。

无 知

苏格拉底新一轮的进攻所表达的意思都来自于这样的想法：受修辞家影响的听众（再一次使用了贬义词“ochlos”, 458E7）是无知的：如果一个演说家在这种语境中更有说服力，那仅仅是因为一个无知的人胜过了另一个同样无知的人。苏格拉底对下面这个假设相信不疑：演说家只能在俗众面前露脸，“因为他肯定不会比医生更有说服力，因为医生属于有知识的人”（459A3—5）。柏拉图笔下的高尔吉亚既然承认了教导与没有教导的说服之间存在差别，那么他就没法再挑战上面那个苏格拉底确信的想法，尽管现实中的高尔吉亚在《颂辞》中给“知情者”（知道特洛伊战争的人）带来了快乐又有欺骗性的新奇。现实中的高尔吉亚曾宣称，修辞术的能力就在于欺骗之中，因为它找到了一种让自己看起来比专业的技能还要有知识的“说服手段”——在蠢人看来（459B8—C2）。柏拉图的高尔吉亚却被弄得手捧毒酒、饮鸩止渴，颟顸地颂扬自己轻轻松松就能战胜那些仅仅不知道华而不实的修辞术但并未有什么麻烦的正规行家。

这就是哲学家对高尔吉亚的那个夸口之言（他自夸能在公开展示中把抛给他的论题全都轻松地即兴演绎出来）的谴责。之所以仅仅是
71 “展示”，因为修辞术想要成功的话，只有让无知的“群众”欣然愿意被同样无知的修辞术逻各斯哄得不亦乐乎。而现实中的高尔吉亚在《论无》和《颂辞》中的基本策略一直都是开玩笑：这两篇文本是游戏之作[①]吗？没有起到玩笑的效果吗？柏拉图的一本正经不会容忍这样的内容。但要注意的一点就是，苏格拉底的指控以何种方式提出了一个理性主义的设想——如巴门尼德，也许还有苏格拉底本人之类的哲学家很轻易就会这样设想——在他们看来，“逻各斯[这里指推理性的那种

① 法语，用的是复数，直译就是精神游戏，英语中表示机智风趣的作品，但没有深度。

逻各斯]是一个强大的主宰”这个想象中的事实导致了逻辑在话语和现实里都必定是无处不在的。诚然,一个明摆着的傻子在政治论辩中毫无说服力,但是,不能以此为理由就得出这个结论:修辞术的权威仅仅依靠或甚至佯称仅仅依靠理智。[24] 政治话语无需效仿推理,正如真实的高尔吉亚在列举所有逻各斯时表明的一样;只有在苏格拉底的那个完全理性的世界里,甚至连打动白痴都得需要一种虚有其表的知识。

道德教育?

在一句有力、不短、表达精妙的话里,苏格拉底使用的材料全都是高尔吉亚本人在论辩术交流中提供的,苏氏借此建立了一个两难推理中的第一端,这会使高尔吉亚彻底狼狈不堪。第一个让人不舒服的选择就是:修辞家以及他如此有说服力地(对无知者)演说的道德和政治价值,这两者之间的关系恰恰跟他与其他任何主题的关系一样:他仅仅自称掌握了与这些事情有关的知识(459C8—E1)。第二个选择就是,在一些特殊情况下,他也确实“知道”那些价值。苏格拉底有意给高尔吉亚施加更大的压力,所以他立刻重新描述了这两个选择,而且还将之复杂化:(1)要么是准备学习修辞术的学生在找智者之前已经充分掌握了道德知识(459E1—3);(2)如果不是这样,那么——这个选择一分为二——(2a)既然智者的任务并不是道德教化,那么他就把空洞虚假的道德知识和善传授给学生(459E3—6);或者(2b)智者不能用修辞术教导一个不知道伦理真理的人,只能把他打发走(459E6—8);或者还有……苏格拉底末了再次请求高尔吉亚兑现他之前的承诺、“揭示”修辞术的能力,而高尔吉亚本人给出了最后一个选项并且表示认可,即:他认为自己会把道德教授给道德上无知的学生(460A3—4)。 72

评价这种交流的关键因素就是苏格拉底批判地使用而高尔吉亚在劫难逃不得不忍受的、既无孔不入又极端偏激的理智主义。这位智者成为了论辩术进攻的靶子，如果他承认他也属于道德白痴之列，承认他教育出了道德白痴或者甚至与之有密切联系，那么他就有可能陷入了极大的麻烦中。[所谓道德白痴，下面这个描述很贴切，"他不分善恶，不懂美丑，不辨对错。"（459D4—5）]但是要记住，众所周知，苏格拉底有个看法是出了名的，即，每个人都是无知的，对于最重要的事情〈价值〉是无知的。如果与定义有关的哲学知识非常稀缺，难以获得（在"疑难性"[①] 的对话中还没有举出过这样的知识），那么，我们就可以附和苏格拉底的看法，也可以这样说我们自己和我们认识的人，即："我们不知道善为何物。"我们也许不是按照"习惯的意义"说出了否认知识的那番话；但是"天真的"论辩家也许会争论说，这些话仍然是按照"标准的意义"说出的。但是，既然柏拉图的高尔吉亚几乎完全被传统的愿望推动、被传统的禁令制约，那么他也许就危险地沿着苏格拉底询问的方向走了下去，因为他看不到：从苏格拉底的观点来说，道德白痴既是普遍的，也是难以避免的，除非我们可以回避我们的同伴和我们自己。[25] 但是，如果这个解释成立，它并不能得出，柏拉图在骗人，也不能得出，他把苏格拉底弄成在玩弄这位智者。柏拉图不可能欺骗一个虚构人物，苏格拉底也没有被描绘成试图去欺骗他。相反，展现在我们面前的是这样一个高尔吉亚：他漏过了太多重要的事情，但是，他现在有机会（但错过了）可以主动地认识到关键的真理。

苏格拉底从始至终都在把"道德知识"与"对德性 / 恶性的无知"凑成一对；现在，他清清楚楚地挑明了他的一个最激进、最违反直觉的假设：德性有知识就充分了：

① 来自希腊文"aprorētikos"，联系柏拉图和亚里士多德的重要概念"aporia（难点，疑难，aporos，不能渡过，不能过去）"，联系动词"ferō"。哲学上"aporia"指不能解决的谜团或难点。柏拉图很多对话都是以一个"aporia"结束。亚里士多德《形而上学》也用这个概念标明了一种探询哲学的方式。

苏格拉底：这样，根据这个逻各斯①，一个知道正当之事的人也就是正当的了？

高尔吉亚：完全如此。

苏格拉底：那正当者肯定会做出正当的行动喽。

高尔吉亚：对。

苏格拉底：所以，修辞家必然是正当的吗？正当者必然想去正当地行动吗？

高尔吉亚：至少看来如此。 73

苏格拉底：那么，修辞家绝不想去干不正当的事。

高尔吉亚：至少看来不是这样。

（460B6—C6）

即使德性有知识就充分了，但也不能得出：正当者就永远做出正当的行为，除非"对物质环境和社会环境如何推动或阻碍人类行动"这个问题我们悄悄制定一些重要的假设条件。[26] 但是，即使高尔吉亚流露出些许勉强之意（"至少看来如此／至少看来不是这样"），他也当然不能抗拒这个结论：如果他把价值传授给有志向的修辞家，而且成功做到了这一点，那么这就确保了他的学生一身正气。为何如此？高尔吉亚似乎在一方面完全没有估计到苏格拉底的理性主义有多重要，另一方面则让自己接受了有攻击性的理智主义。但是，即使高尔吉亚完全意识到了"知识的充分性"这个问题的意义，他也不会承认自己没有能力让人们变好。他之所以不承认，这与逻辑无关，相反，它归因于高尔吉亚对"能力"的推崇：一个宣称自己是至高无上的演说家和教师的人绝不会承认他的逻各斯没有能力改善价值。[27] 这一点最终导致了极为危险

① 原文表示原则或原理，即"知道某种技艺的人也就具有了这门技艺"，比如知道了医学之事就是医生等等。如同《理想国》（1）和玻勒马霍斯对话一样，苏格拉底又把技艺和德性搞在了一起。

的自相矛盾：高尔吉亚先前为自己辩解，说自己是正直的教师，这个看法的前提是：他承认了他的学生会把修辞术这种武器用于不正当的目的；但是现在，可以看到，前后不一的是，受过训练的修辞家不可能滥用他的“能力”，因为他的训练确保了自己知道正确的价值（所以也就会按照这些价值行动）（460E8—461A2，461A4—7）。

再探强迫与说服

对高尔吉亚的反驳结束了。但是对修辞术的考察还没完：波路斯忿忿不平地跳了出来为老师辩护，说他不过是因为太害羞了所以才做出让步。接下来的讨论主要是思考快乐的本性和诱因，以及流俗理解的政治“能力”和修辞术“能力”的限度，还有知识（尤其是对自我的知识）对（真实）欲望的满足带来的影响。所有这些内容单拿出来看都非常有意思，它们与苏格拉底“说服观”（让高尔吉亚很反感）的形成有关，但尽管如此，我们还是要略过这些论辩场景，因为如果想要分析它们所
74 立足的重要的哲学假设，那么最好的手段应该是借助对这篇对话的疏解。所以我们要把注意力放在那些直接谈到“说服力”问题的段落；我们关心的并不是苏格拉底首先要跟波路斯说什么，然后又要跟卡里克勒斯说什么，相反，我们关心的是他对自己“如何说了这些话”都说了什么。

为了回答这个他偷偷承认，但只是嘴上还不服的“瑕疵”，苏格拉底抗议说，波路斯还沉浸在修辞术式的反驳中，这种反驳完全以量取胜，收拢一堆口碑良好（从词源上来讲，意思就是“那些看起来很好的人”，471E6）、心怀敌意的证人来反对对方。但是这样的反驳对于真理毫无价值：

> 只有我不同意；因为你没有用强力逼迫住我，相反，你摆出许

> 多虚假的证人来反对我,试图让我远离我的特性①和真理。但是,如果我没有给你摆出一位同意我说的话的证人,那么我就认为我对这次谈话(逻各斯)涉及的内容的解释(逻各斯)没有完成。
>
> (472B3—C1)

此处所说的是什么样的“强力”(强迫)呢?作为论辩家,仅当论证的强力给出了充分的理由使苏格拉底退让时,他才会不得不(而且心满意足地)退让。[28] 柏拉图已经开始逐渐复活巴门尼德式的逻辑必然性的形象,而反过来在高尔吉亚那里,这种必然性被纳入了施加于俯首帖耳的灵魂之上的、统一的说服之中。

初读起来,苏格拉底的这个声明也许会让我们完全觉得他反对民主;毕竟,他轻蔑地否定了“多数决定原则可以有助于发现真理”这个看法。但是,既然他偏爱论辩术式的驳诘,讨厌修辞术式的反驳,那么这也体现出了他完全拥护一种个人的理智自由和思想诚实。而修辞术式的强迫显然也是个人的;但如果恰恰是“理性”以非个人的方式迫使我们同意,那么这种逻辑必然性也许吊诡地增强了我们的理智自由,如笛卡尔所言:被限定在真理的限度内并不是被囚禁在其中。苏格拉底鼓励波路斯“像屈从于医生一样,屈从于逻各斯”(475D5—7,比较《泰阿泰德篇》191A4),仿佛论辩术的严格能使我们摆脱错误的信念给人带来的不适。

但是在另一种意义上,似乎论辩术有可能以修辞术(不论它是不是民主的)不愿意追求的方式也成为了“个人的”。苏格拉底否认自己是 75
“政治家”(即波路斯等人理解的政治家),因为论辩术不可能由群体来进行(474A5—B1)。困难是技术层面的,而且是根本性的,但与任何针对多数人的精英式态度无关。[29] 既然论辩术的考察检验着对话人的信

① 原文为 ousia,通译实体、现实等,作者译为“property”。

念，但不同的持有信念的人很可能有着互不相容的追求，故而“复数的”反驳是不可行的。[30] 这样，在论辩术的氛围里，对话双方之外的任何人的信念都是不相干的。人们既不会认真地关注我的信念，也不会关注我的论辩伙伴的信念；但这是一种奇特的非个人式的关系，因为那些信念并不是由于它们是我的信念才特别令人感兴趣，而是由于它们现在是我们唯一可用的、能共同迈向真理的资源。

正是这一点，也许能让我们深入地理解苏格拉底有可能会给雅典民主制的壮志雄心和主要的意识形态造成多么大的伤害。在民主制中，公民通过参与城邦演说，作为众人中的一员在众人中演讲，确认了他们作为公民的基本身份。但苏格拉底不仅沉浸在一种必然排斥全体雅典人的哲学话语中，他还坚称每件值得拥有的事情只能靠哲学方法来获得。他就好像是在广场或吕克昂①不断建立着转瞬即逝的哲学“城邦”，这是一种其成员不会超过两个的理智共同体，而且如他在《申辩》(31C5以下)中宣称的，他完全不会涉足政治。雅典怎能不认为自己成了哲学寄生虫的宿主呢？如果他的使命就是照顾雅典人，那么想要做到这一点，就只能针对每位雅典人的灵魂一个个下手。苏格拉底承认自己很少参与雅典的民主生活；实际上，他的论辩术活动煽起了一场革命。

在波路斯最终受挫之后，最后一个对话者卡里克勒斯插了进来，他说自己搞不懂苏格拉底违反常规的论证；之后，由于卡里克勒斯认为苏格拉底有不得体之举，故而先前的困惑又迅速升级为对这种行为的愤怒。苏格拉底首先的回应就是把责任归于对他的“宠儿”（哲学）说的那些话（482A3—4）；“宠儿”这种说法把他的那种非个人的、理性的活动拟人化了；但卡里克勒斯并未消气：

> 我觉得你在逻各斯这方面年轻气盛，太过招摇，特像一个货

① 雅典一个集会和健身的地方，亚里士多德后来在那里设立学院。

> 真价实的煽动家[“dēmēgoros”,意思就是向民众(dēmos)演说的人]。在波路斯抱怨高尔吉亚栽在你手里,他却也遭遇了同样的下场时,你就沉醉于这种煽动行为之中……波路斯说,高尔吉亚由于表示了承认(homologia,即高尔吉亚承认会教授正义),所以不得已自相矛盾,这正是你喜欢的结果。 76
>
> (482C4—D5)

目前为止,我们可以这样解释文本:这位“天真的”论辩家故意“理解偏差”,还用一种独特的哲学方式来说明语言,但是这种看法在文本中并没有直接的证据。现在,卡里克勒斯发起了进攻,这也是他对哲学的主要攻击之一,他指责苏格拉底的“不成熟”(应当承认,在这一点上,这种“不成熟”就如同小混混耍赖一样,而不是顽童的牙牙自语)。而既然苏格拉底的论辩术仅仅关注他的对话者的信念,那么他指责低俗演说迎合群众的说法简直就是匪夷所思了。在这第一波攻势中,卡里克勒斯十足的高尔吉亚式的倾向显露无遗。他感到了一股忧惧之情,不得不屈从于强迫,他显然认为暴露出来的这种逻辑矛盾是质询者(哪里还是考察中的合作者)给论辩术中的受害人带来的耻辱:就波路斯而言,“由于他也表示了承认,所以他被你用逻各斯束手缚脚,还戴上了嚼子[①],因为他‘羞于’说出自己的想法”(482D8—E2)。卡里克勒斯用了很多比喻分析了波路斯的失利。首先,他认为(论证性)逻各斯是绑绳和锁链,但他对这个形象的反应不是正面的,仿佛逻各斯可以稳获真理,相反,他的反应是负面的,似乎意思是说,这种论证逻各斯如同陷阱套住了个体。第二,他进一步强调了论辩术中的受害人的被动性,他在波路斯身上感觉到了这一点:波路斯就是这一串被动语法形式的主语,

① 这两个词都用在驯服牲畜的语境中,所以下文说是比喻。戴嚼子的意思就是被驳得哑口无言。

而苏格拉底就是把波路斯当作奴隶或动物一样控制住、贬低其人格的施动者。[31] 但是第三,既然卡里克勒斯相信,仅仅是使人无能为力的羞耻而非逻辑本身牵制了波路斯,那么他是不是认为,一个强大自信、足以厚颜无耻干下去的对话人才不可能被苏格拉底的驳诘驳倒呢?

再探魔法

《高尔吉亚篇》之所以深刻影响了尼采,主要是因为卡里克勒斯慷
77 慨激昂地批驳了尼采轻视和不屑的"群体卑贱的道德性"。虚弱的群体成员联手奴役了雄狮般的①人物,而按照自然权利,他本应该统治群体并永无止境、竭尽全力地满足自己巨大的欲望,他的能力可以确保他实现这一点。在卡里克勒斯对"大众"(或"俗众")的态度中严重缺少诚意,而他的反驳(在哲学文献中已经得到了充分的研究)恰恰精明地利用了这一点。一方面,他的超人理想鼓励了对雅典民众的轻视;另一方面,既然他用修辞术就是为了在雅典获得能力(权力),那么这至少要求他做出一副和大众相处融洽的样子,因为大众会贬低真正有能力的个体。之所以卡里克勒斯在其他地方还令人不解地谴责苏格拉底为"群氓演说家",这种雄狮般的意识形态正是其中的关键。由于他把一切阻碍欲望恣意满足的道德都视为"天生的弱者"(从礼法上来说②,他们是有能力的)对"天生的强者"的削弱,所以他一定会把苏格拉底批评波路斯赞颂僭政和修辞术的论证当作是哲学家在协助和教唆他的敌人——"大众"。苏格拉底似乎就是受奴役的民众的一条走狗。

① 狮子的比喻比较下面第二段开头的引文,也联系尼采《查拉图斯特拉如是说》精神之三变。

② 卡里克勒斯在这里提到了 nomos(礼法)和自然的问题,作者一般用 convention(也用到副词 conventionally)来翻译 nomos。在之前的论述中他也提到过这方面的内容。中译在不同语境中会译为传统、习惯或礼法。

我们“从狮子般的年轻人中选出他们，把他们塑造成我们之中的最佳和最强者，再诵念咒语，对之施法，将其奴役，告诉他们：人们应该平等地共享，而这就是高贵和正义”（483E4—484A2，比较 484A4—5）。卡里克勒斯剖析了“我们”（雅典社会）有可能会采取哪些措施来确保“自然高贵”可以被民主意识形态的教化所驯服，但是他显然认为苏格拉底本人在迎合大众的价值，把自己的时间和才华都浪费在论辩术的活动上，而这种活动使用论证仅仅是为了增强那种鼓吹人们“自我否定”的“坏魔法”。在《美诺篇》（80A—B）中，美诺也用相似的话批评苏格拉底让自己陷入了“疑难”——即理智上的木然状态，但是关键之处在于，恰恰是理性论证，而非“教化”让美诺沦落到了这个地步。当然，卡里克勒斯会认为很难（甚至不可能）将这两者区分开。这一点让我们能重提《颂辞》中的一个主题。高尔吉亚曾将逻各斯的效果比作魔法的效果，他甚至将两者等同；他还进一步将身体服用的有效药物与灵魂“服用”的言辞相类比。正如我们曾论述过的，苏格拉底竭力将无知的修辞家与专业医师区分开来；在一段我们略过的文字里，他还否定了针对身体的医术和针对灵魂的修辞术有什么类比关系，他宣称，修辞术实际上仅仅是“谄媚术”（463B1），是一种“招数”而不是标准的理论技艺 78
（465A2—6），它仅仅是一部分（真正的）政治学的“影像”[①]（463D1—2）。

因此我们可以预见，按照柏拉图的描绘，苏格拉底会急切地反对把哲学比作魔法，尽管他很满意把哲学比喻成医术。在某种程度上，我们可以预料到：从反面的角度看，提到阴险的智术魔法的文字比比皆是（如《欧绪德谟篇》，288B8），而从正面来说，我们已经提到过，苏格拉底把逻各斯描述为治疗、净化的药剂（475D5—7）；我们也能想起，在《泰阿泰德篇》中，他有一个著名的自称：“灵魂的助产士”。[32]

① 原文是 eidōlon，英译为 image，也有译为 semblance。意思就是看似像政治学，但实际上是虚假的。按照希腊人通俗的理解（而不是哲学家的看法），修辞术就是“政治学”。

尽管如此，由于在柏拉图作品的很多地方，苏格拉底都被认为具有魔法之力（也许最著名的恰恰就是刚才引用的《美诺篇》中的那段），所以情况就相当复杂了：这如何与那种区分医术和魔法的、反高尔吉亚式的观点相一致呢？最明白不过的回答就是，这种对苏格拉底的描述并不是出自苏格拉底本人之口，相反，它来自那些惶惶不安、被“驳诘”弄得烦恼不堪的对话人之口。[33] 但是，这种明确为苏格拉底开脱，把他当成纯粹比喻意义上的哲学“白魔法师”和“白巫师”，当成一位相反于“黑智术法师”的理性英雄的说法是站不住脚的。

在阿加通对“厄洛斯”① 的颂辞的尾声（苏格拉底提到了这个尾声带有明显的高尔吉亚式的风格，见《会饮篇》，198C1—5，），他宣称：厄洛斯是“众神和万人的 kosmos（装饰），最高贵和最优秀的引导者，人人必须跟着他，在高贵的庆典中歌唱，分享厄洛斯唱诵的有魔力的歌声，他迷住了众神和万人的心智”（197E2—8）。

再后来，阿尔基比亚德突然出现干扰了进程，他把颂扬的对象从厄洛斯转到了那位奇特的哲学家（苏格拉底）本人，他告诉了我们苏格拉底的长相，他把后者比作“撒提尔中的玛尔叙阿斯”②。阿尔基比亚德强调了两者几乎一模一样：苏格拉底在“性”方面也是觍颜无礼，也是位神奇的吹笛手，而且远远妙于玛尔叙阿斯（215B8）。也因为，玛尔叙阿斯会用听得见的音乐迷惑（215C1）人，而苏格拉底靠“散文”③ 恰恰也

① 希腊文“爱欲、情欲”，往往区别于其他两种爱“philia 和 agapē”。关于爱欲的讨论见柏拉图《会饮篇》和《斐德若篇》。

② 原文为名词“satyros”，即撒提尔。Satyr 是酒神的男性伴侣，森林之神，阴茎硕大，欲望强烈，好色贪杯，善于吹笛；罗马神话中成为半人半山羊的形象，这联系了牧神潘。古希腊有介于悲剧喜剧之间的撒提尔戏剧（悲喜剧），其合唱队以撒提尔的风格为特征。玛尔叙阿斯是撒提尔之一，著名笛手，曾和阿波罗比试声乐，失败被剥皮。阿尔基比亚德说苏格拉底为玛尔叙阿斯，并非指其渎神自大，而是多才多艺尚能吹笛，但也表明了苏格拉底貌丑，而且带有性暗示。撒提尔的首领就是赛勒诺斯，《泰阿泰德篇》143e 曾言苏格拉底貌似赛勒诺斯，后者貌丑，马耳马尾。

③ 原文为“赤裸的逻各斯”，即散文，相对于格律文，因为散文没有音律。

能得到相同的效果(215C7—D1)。苏格拉底的言辞[甚至当转述或在转述中被人曲解时(215D1—216A2)]给阿尔基比亚德的灵魂带来的影响,其他演说家(甚至伯里克利也不行)谁也做不到。阿尔基比亚德这段话的主旨就是:就苏格拉底的魔法而言,他就是厄洛斯。[34] 79

一看到苏格拉底的逻各斯(文辞,对应了帕里斯诱人的言辞)让阿尔基比亚德的灵魂(对应了海伦的灵魂)彻底陷入了情感纷扰中,我们就应该想到《颂辞》了。所以我们要多加小心。最起码来讲,阿尔基比亚德并不是一个不偏不倚地证明真相的证人;尤其是,他之所以被苏格拉底的"魔法"弄得心烦意乱,恰恰是因为他没有强烈的意愿去放弃那些苏格拉底的逻各斯视之如敝屣的雄心壮志。这样,可以得出一个结论:阿尔基比亚德之所以承受了高尔吉亚式的影响,仅仅是因为他没有决心遵循理性来生活。人们也可以推测,爱哲学的人体会不到这种冲突,他唯独因为苏格拉底为论辩术考察做出的杰出贡献而看重他,这位热爱哲学的人会轻易接受考察。但是,有个事实没有改变:柏拉图给我们描绘的苏格拉底仍然是一位"有爱欲的"魔法师,他根本没有解决自身的含混之处。这种"缺乏指引"的现象并不出乎我们对柏拉图的哲学虚构作品的预料;说到底,柏拉图并没有直接谴责那种被他描绘为"魔法"的、野心勃勃又充满诱惑的"能力"。

再探巴门尼德

卡里克勒斯解释说,只要哲学在恰当的地方进行——或者在恰当的时候进行,也就是在少年时期有教养地涉猎一番,那么他就不会反对哲学。越出了这个界限,它就会因为让好人对城邦的政治现实毫无经验,从而害了他们,哲学的逻各斯也是如此(484D3)。

因为,这样的谈话总是适合小孩子,每当我看见他在叽叽咕

> 咕、游戏耍闹，我就会被迷住，在我看来这很迷人、自由，适合小孩子的年纪……但是只要有人听到一个成年人也在叽叽咕咕、游戏耍闹，这看起来就可笑了，没有男人气，应当痛打一顿。这恰恰就是哲学家给我带来的感受。
>
> （485B2—C3）

最终，我们有了一些文本证据证明了哲学话语中存在的“天真”之气，尽管这种证据的来源充满敌意和反感。对于卡里克勒斯来说，唯一有男人气的事业就是无拘无束的运用修辞术的能力追求政治影响，而论辩术的语言必定看上去既退化幼稚，又虚情假意：这些没头没尾、一
80 文不值的讨论说不出什么能战胜其他成年人的有力的言辞，而这种胜利才是值得拥有的。苏格拉底如此大的年纪，还“咬文嚼字抠字眼”，不觉得“羞耻”吗（489B7—C1，比较 499B4—6）？

一个具有真才实学但“逃离城市中心和广场”的人（485D5），很有可能会招人厌恶；他把自己的生命浪费在“和三四个男孩儿在街角嘀嘀咕咕”上（485D7—E1）。这段话生动再现了哲学式“幼态持续”[①]给人带来的那股恶心劲儿，除了其中带有明显的性方面的怀疑之外，给我们留下深刻印象的还有这段话里的政治色彩。我曾评述过论辩术带有的明显的颠覆性影响，如我那时所表明的，拥护哲学就被人视作不走正道地退出公共领域——这样的领域就是人们谈论政治的地方。苏格拉底机敏的回答将会改变卡里克勒斯一贯认为的“成熟”的所在之地。既然修辞家是取悦民众，而不是为民众谋利，所以事实上，他们讨好听众时，对待他们就像对待小孩子一样（502E7—503A1）；那些诚心诚意参

① 生物学名词，即胎儿或幼儿的特征仍然持续到了成年。此处显然指成人依然在从事本应青年时期学习的哲学，而回避成人应该参与的政治世界（就卡里克勒斯的观点来说）；同时苏格拉底这样的哲学家还装疯卖傻，如同小儿一样假充无知，因此做作而令人作呕。

与政治游戏的人实际上也跟受骗的孩子没什么两样。虽然拥有真正技艺的“真正的”演说家能够提升听众的灵魂（504D1—E3），但这个“真正的”演说家是理想中的，除非他被等同于苏格拉底本人。

尽管卡里克勒斯吹嘘自己坦率，但他跟之前两人一样，也是由于再也忍受不了“羞耻”，所以提出反驳。这之前，苏格拉底一直在询问，既然卡里克勒斯说的欲望是这样的：它的满足就是雄狮般之人的“自然之善”，所以这类欲望的范围和结构是不是没有任何限定呢？那么，一辈子挠痒痒带来的强烈的快乐算不算呢（494C6—8）？卡里克勒斯在抵抗了一阵之后还是同意了（494D6）。但是，当苏格拉底继续推断说：既然一个人无论挠什么东西，情况都是一样，那么卡里克勒斯也应该前后一致地承认：变童[①]的生活也应该被认为是最佳的，只要它能给他带来无拘无束的享受（494E4—6），卡里克勒斯回答道：“苏格拉底，你把逻各斯引到这样的事情上，就不觉得羞耻吗？”（494E7—8）人们必然会认识到，有些非常特殊的文化因素正在起作用；卡里克勒斯并没有装出一本正经的样子，他的“羞耻”（投射给了苏格拉底）无关社会礼节。卡里克勒斯并不是因为同性恋本身才感觉到了如此明显的厌恶；相反，他不能忍受的是下面这个想法：变童（被认为是性伴侣中的被动一方）也能体会到一种应该被满足的快乐。对于这样的快乐，有一种无法逾越的反对理由就是：它是被动的，渴望用自己的主动能力成为人中精英的 81
卡里克勒斯，断不可能接受这样的价值的颠倒。[35]

这篇对话展开的一个主题就是哲学事业中无可否认的吊诡的“非个人性”。[36] 但是，如果所有对话者一个挨着一个地屈服于“羞耻”，那么还有什么能比论辩术利用一个人的尴尬更具有“个人性”呢？对于

① Kinaidos（据学者考证或许来自小亚细亚），罗马人在拉丁语中转写为“cinaedus”，此词有极为不雅的含义，指同性关系中被动的一方，此类人亦有性异常倾向，阴柔好装扮。该词在古希腊语原指职业舞者。英语 catamite，来自拉丁语“catamitus”，这来自希腊语“Ganymēdēs”（特洛伊俊男，曾被宙斯化鹰引诱）。

苏格拉底的驳诘来说，如果它的"逻辑性"轻易就被本应该理性忽略但又闯入进来的情感所毁坏，那么人们还有什么理由相信驳诘的结果呢，哪怕是稍微相信一下？假如"羞耻反驳法"可以归结于人们觉得尴尬、不愿意说出真实想法，担惊受怕，所以拒绝袒露内心隐秘的信念，那么这些有破坏性的质疑就是完全站得住脚的。(这种质疑多少可以简化为：如果对话双方是由各自持有的复杂信念所确定，那么持有信念的人也许只能获得这些信念中的某些信念，他不会得到"无可辩驳"、不受挑战的真理。)但是，虽然波路斯和卡里克勒斯都会很容易地发现，在他们之前的那个人之所以失败是因为"尴尬"，但是苏格拉底的这些对话者都不同意这样来判断自己的下场。[37] 因此，我们没有理由担心，从一开始虚伪就会自然而然地让"驳诘"(探明真理的工具)瘫痪。当然，我们还面对着一个令人不安的可能情况：论辩术能达到的最佳结果也许是，虽然它消除了不一致，但并未因此就更接近真理，除非"一致性"可以以某种方式确保真理。然而，这种不确定性有可能完全归因于人类在认识方面的局限，所以也就归因于人类哲学所产生的难以避免的副作用。[38]

最终，卡里克勒斯回避了谈话过程，他(一度)一言不发；既然苏格拉底的哲学方法本质上是论辩术，所以他就只能自己问自己。[39] 在进入这种奇特的自问自答之前，苏格拉底抓住机会提醒聚拢在四周的同伴想一想这个问题：为什么哲学需要无条件地坚持不懈：

> 其中一个原因就是，我认为我们必须"争相"去知道在我们谈论的内容中何为真，何为假(比较 515B5—8)；既然清楚了这一点对咱们都有好处……所以我和你一同寻求，直到和我争论的那个人明明白白地说出了某些事情，那么我就第一个承认它。
>
> (505E4—506A5)

82

这是更明确的追求哲学竞争的“非个人”模式,其中又没有人受害。这种追求联系了巴门尼德的那个原创的哲学计划,一个明白无误的标志就是,苏格拉底重新使用了那位哲学家首先使用的一个著名的形象:

> 这些稍早在前面的逻各斯中如此显现给我们的事情(如我所言)都被铁质和坚硬的逻各斯(这么说可能有点糙)牢牢拴住和绑定:至少看起来是这样。
>
> (508E6—509A2)

也许最后一句暗示了一个条件句(“如果这些逻各斯都确实有效,那么结论就确实是不可动摇的”),但即使如此,苏格拉底相信:合理的论证应该坚定不移地“固定”信念,这种想法没什么问题。他重新使用了巴门尼德“强迫”的比喻,这就复活了高尔吉亚瓦解掉的“强迫/说服”的两极对立,而且(最重要的是)苏格拉底把“强迫”展现为让人自由的、“说服性理性”的强力。

卡里克勒斯并不是永远都在回避,他甚至还做出了一番奇特的表白:“我说不准是怎么回事,但我相信,你说得很好,苏格拉底;不过我和大多数人的感受一样:你没有让我信服。”(513C3—5)苏格拉底回答:“卡里克勒斯啊,那是因为在你的灵魂中对民众的爱跟我相反,但是,如果我们经常而且更顺利地考察这些相同的事情,那么你就会信服。”(513C7—D1)苏格拉底乐观地预测,反复运用论辩术最终就会使卡里克勒斯理性地被说服,但这并没有说清楚:在这样的情况下,(1)卡里克勒斯的那种与苏格拉底相抵触的(非理性的?)爱会不会完全被清除;(2)或者会不会完全被苏格拉底重新加强的理性“说服”所克制;(3)还是说,它也许不会被根除,而是以和谐于理性的方式被整理一番。[40] 似乎只有高度相信理性能有效处理情感的思想家才会觉得前两个选项有道理。如果感情是以被人误解的方式成为“非理性的”,那么反复暴露在逻各斯之中确实可以清除它；即使它从理智那里得到了更多的自主权，但极端的理性主义者也许仍然会认为，第二个选项是可行的。[41] 苏格拉底在这里（也在《斐多篇》中）阐明的激进的理性心理学鼓动起了这种乐观的态度来处理抗命不从的情感，与之相对，高尔吉亚
83 式的修辞家则以操纵的方式唤起或平息情感。但是，随着在柏拉图后期对话中，心理学理论渐渐变得复杂开来（《斐德若篇》中达到了顶峰），他以全新的方式包容了诉诸情感的修辞术，只要它彻底服从居于主导地位的哲学家的控制。

政治中的哲人

苏格拉底并没有刻意激怒卡里克勒斯。他继续争论道：卡里克勒斯偏爱的那些例子，那些声名卓著、功绩显赫的雅典政治家（伯里克利、基蒙、提米斯托克勒斯和米提阿德[①]）实际上都是不幸的失败者。衡量是不是运用了“真正的”修辞术的标准就是：它能提升公民，但既然这些设想的政治成功人士都不再被民众尊重（而且显然，有些人还被放逐了[②]），所以，他们甚至连那种虚假的、常见的修辞术都不精通，因为否则

① 基蒙（公元前 510—前 450 年），雅典著名政治家和将军，是“雅典海上帝国”的奠基人。他在萨拉米斯海战中功绩卓著。公元前 461 年他因为陶片放逐法被流放，10 年后回归雅典。米提阿德（即小米提阿德，公元前 550—前 489 年）是他的父亲，领导了马拉松战役；后被指控叛乱，死在狱中。伯里克利尽管在这几人中成就最为突出且推动了希腊民主制，但仍然在公元前 430 年受到了政敌的打击，被夺权并处以罚金。虽然后来受到雅典人的谅解，却转年因瘟疫而亡。《高尔吉亚篇》516a，苏格拉底所描述的雅典人对伯里克利审判的情况和历史事实并非完全相符。苏格拉底喻伯里克利为驴马牛的监管，在牲畜驯顺时抓住它们，却使之野蛮，因为这些畜生最后“野蛮地”推翻了自己；由此，伯里克利并未使公民正义和更好，故是个失败的领袖。

② 雅典制度中，流放并非是惩罚，而是民主制对公众人物的制约，缓和民众的嫉妒和愤怒；政治精英往往要受平民的节制。因此苏格拉底以这些最终多被流放的名人为例，说明他们并未掌握“真正的修辞术”，并未控制邦民而自保；按作者所理解的苏格拉底的看法，如果有这种修辞术，那就是苏格拉底的论辩术。

的话,他们本应该使用它来谄媚民众、保护自己(516E9—517A6)。评论者通常都以苛刻的态度看待苏格拉底的论证,[42] 但是在对之做出评价时,人们的判断还是需要体贴一点。苏格拉底在描述历史时,会不会篡改了事实的细节呢?尽管学术界疑问重重(主要是因为,虽然这部对话记录了一些剧烈的政治阵痛,却是孤证),但我们还是没有绝对的理由来非议苏格拉底的证言。而更重要的问题是,其中对民主制的动机和决策的描述会不会有严重的曲解呢?这会不会也是在用修辞术的方式谴责柏拉图反对的那种政治体制呢?苏格拉底的逻各斯简单又明确:好的"政治家/修辞家",当他既打算让公民变好,同时也获得了成功,那么他们就是正当的。既然这里涉及的"提升"是道德方面的,那么必然可以得出:获利的公民只会对施惠于他们的人充满善意(条件是这些人要一直慈善下去:但与之相反,苏格拉底式的好人是不会堕落的)。

既然雅典人对这四位历史上的领袖采取了充满敌意的手段,那么这四个人就不是好的政治家。之所以反对他们是正当的,理由就是他们给雅典人造成了"实际的"(也就是心理上的)伤害。如果历史事实的确就是:由于雅典人合理地相信提米斯托克勒斯与叛徒泡撒尼阿斯串通一气,所以为了保护自己军队的利益,反抗波斯才起诉提氏,那么,苏格拉底的话是不会给人留下什么印象的。从习惯的角度来看,提米斯托克勒斯是不是为了个人前途才当了叛徒,不同的答案会让我们在评价雅典对他的处理时有着天壤之别的看法;但是苏格拉底认为,无论是他的背叛,还是他的那种孕育了自我毁灭的欲望的、坚定的帝国主义 84
政策,这两者之间的区别并不重要。① 所以,雅典人貌似合理地没有用

① 提米斯托克勒斯在公元前472或前471年因为陶片放逐法被流放。他之前牵连进了斯巴达将军泡撒尼阿斯的叛乱,但定为无罪,不过由于斯巴达人从中作梗,他失去了很多殊荣,声名狼藉。按照习惯的价值体系,给公民带来利益的人就是好政治家,提氏曾经做出重大功绩,所以是好政治家,但由于牵涉叛变,他又会被质疑为不好的政治家。无论是哪种观点,都是从大众的价值观出发,因此提氏是否真正叛变就成了关键。相反,按照苏格拉底的逻辑,让公民在道德上提升的政治家才是好的,因此习惯的价值观无法判

苏格拉底的方式①来证明对这四人的处理是正当的，而他们也不可能让雅典人提升。再有一点，柏拉图并没有试图欺骗读者：我们肯定是被有意激怒了；但是之后，我们就开始反思：这种反应之所以出现，恰恰是因为它立足于苏格拉底批判的那种习惯的价值体系。最后，苏格拉底发出了致命一击，他提出了一个最让人费解、最让人愤怒的说法（针对高尔吉亚式的修辞家）：他，也许是雅典人中唯一一个真正的政治家（521D6—E1）。

根据之前的论证，可以得出一个必然的结论：只有苏格拉底坚定不移地承担了那种能给本邦公民造福的逻各斯。日常的世界上下颠倒了。抛开卡里克勒斯提到的"自然论"不提，他实际上坚持了那种认为修辞术通向"政治权力"的习惯看法。而事实上，恰恰是苏格拉底通过将私人的、一对一的"论辩交谈"合法化为唯一真实的政治性对话，从而彻底颠覆了习惯。如果高尔吉亚的"逻各斯是一个强大的主宰"这个观点使雅典民主制度的修辞术基础变得可疑，那么柏拉图对"哲学式政治"的展现也同样是一次激进的挑战——同样是一次令人吃惊的、有意使用吊诡法的范例。[43]

倘若我对柏拉图哲学虚构作品的理解，以及对苏格拉底论证过程的重构站得住脚的话，那么我们很容易就可以反驳本章题词里尼采的看法：他像卡里克勒斯一样也看不起论辩术（辩证法），视之为"马后炮"般的合理化手段。当然，我并没有独断地主张：我的做法就一定站得住脚，但是，高尔吉亚的信徒也没有理由洋洋自得。柏拉图与高尔吉亚的对垒体现了"展示"和"论辩"这两种方法的对立，无论在这个特殊的例子中，哲学方法实际上会不会产生真理。当高尔吉亚和我们自认倒霉地承认："作为标准逻辑论证的逻各斯"会以不同于"野蛮的强迫给灵魂留

定这些政治家是好还是坏。当然在苏格拉底看来，就他们并未让公民的道德有所提升来说，他们不是好的政治家。这种看法触犯了传统的道德。

① 即认为他们没有提升自己的道德。

下印象”的方式强迫人们信服,苏格拉底有没有给高尔吉亚“施法”,柏拉图有没有引诱我们呢？高尔吉亚式的心理学是归纳性的,垂头丧气,而苏格拉底的心理学是理性化的,自信满满,但是,如果我们不接受那种把我们自己描绘成众多被动的海伦的做法,那么在一切伪装背后的说服力也就不可能有机会体现出那些仅仅在表面上的千变万化的风格和效果。 85

第四章
后　世

凭借我已经说过的逻各斯在有争议的检验中做出判断。

——巴门尼德,《残篇》,7

在我的眼中,当他(柏拉图)对他们表示一连串的[1]蔑视时,他绝对像个演说家。

——西塞罗,《论演说家》,I.47

"高尔吉亚/《高尔吉亚篇》问题"

在我们对修辞术的本性的探索中,我们现在到达了一个重要的转折点。在一开始的时候,我们曾提出过一个问题:说服本身是"修辞术的"吗,如果说服成功了,他是不是不可避免地操纵着听者呢。换句话来说(用《海伦颂辞》中的话来说)说服是强迫性的吗?我们应不应该认为修辞术是一种挖掘所有不可抗拒的说服力的手段呢?第一章和第二章表明了,这些迫切的疑虑并不仅仅是我们现代人对修辞术问题的反应:高尔吉亚就有意提出了这些问题——也许是在这样做的同时,他还给自己赢得了修辞术创建者的名号,我们的文化传统就是这么认为

① 原文是堆积蔑视,这是修辞术的"夸饰"的手法,所以西塞罗说柏拉图像演说家。

的——但是他没有解决。此外,我们曾发现,对于高尔吉亚的做法,只有将之独特地理解为对巴门尼德的“唯有哲学逻各斯、论证性逻各斯专门诉诸我们的理性”这个主张的挑战,它的全部意义方能体现出来。这就是为什么《高尔吉亚篇》特别想要区别“论辩术逻各斯”和“修辞术的展示”,我们在第三章已经清楚了这一点。

我无意证明:高尔吉亚和《高尔吉亚篇》要么是唯一的、要么必然是最佳的理解修辞术的途径;相反,我只是认为他们两个是最佳的途径
之一。这就是我对高尔吉亚和柏拉图提出的要求,余下的章节和结语 86
就打算对它做个验证。他们的争论有助于揭示一些修辞术理论和实践的发展,从这一点出发,本书的中心思想就会被证明是正确的。我下面要考察的古代人物,他们对这场争论的兴趣度或敏感度并不相同;但是,他们都没有忽略这个问题,甚至他们对这个关键争论的回避也许都是重要的。事实上,回避这一问题的最重要的两位人物(伊索克拉底和西塞罗)分别开启和延续了修辞术“自我叙述”的传统,按照修辞术自己的说法,哲学成了它的依附者。这种重要的回避引人注目地成功证明了,现代人对古典修辞术的解释都仅仅满足于不加批判地讲述那些为修辞术辩护的人,仅仅满足于轻描淡写地阐述他们创作的精美复杂的演说。本书的结语则讨论了哲学的性别,它是最新、最重要的体现修辞术争论的问题之一,我尝试把原本属于后者的概念用在前者当中。我们需要一种方便的“标志”来界定高尔吉亚和柏拉图的分歧,而且按照人们的看法,这一分歧由这两者传给了后来讨论说服问题的人;既然我极力强调:这场极有影响的交锋产生的是“不和”而非“定论”,故而我们可以将之称为“高尔吉亚 /《高尔吉亚篇》问题”。

普罗泰戈拉和伊索克拉底:回避的智慧

在修辞术历史中,伊索克拉底是极为重要的过渡人物。[1] 的确,如

果有人认为他反对修辞术,这也许不无道理:他常常抨击在大众面前进行的公共演说(如公众节庆中的演说;在《致腓力》, 12,他说,他一点都不信赖俗众, 81),他还想要认清在向希腊社会中的个人演说时,这可以给自己带来什么样的决定性优势,使他能贯彻自己野心勃勃的"泛希腊政策"(《致腓力》, 13)。[2] 毫无疑问,他采取这样的策略是为了应对雅典强权政治中发生的突变,它让雅典的影响力渐渐出现了不可逆转的衰落。就修辞术的理论和实践来说,这意味着,伊索克拉底好像是要尽力维持说服性演说的某些形式和基本前见,但实际上,他是在一个全新的领域中运作。

例如,《致腓力》是献给腓力的演说,因为如伊索克拉底宣称的,只有这位马其顿的统治者才能够贯彻这个拯救希腊的政策(《致腓力》,
87 15)。所以伊索克拉底公然承认,他正在试图说服一个强大的有权力者(dynastēs,听从德谟斯蒂尼的雅典人会从极端贬义的色彩来理解这个词,它的意思就是"暴君");确实,这篇意在向君主溜须拍马的演说,其语气和手法大不同于那些征服民众的演讲。[3]

> 你拥有如此之多的、其他希腊人根本没有的财富和权力,而且它们天生就适合用来说服和强迫他人……正如"说服希腊人"是有利的,那么"强迫蛮夷"则是有用的。
>
> (《致腓力》, 15—16)[4]

这里提到了一个传统又关键的、与修辞术有关的对立关系,它以完全传统的方式对应了文明的希腊人和野蛮的蛮夷这组区分;但是,这些令人欣慰、熟知的套话,却难以掩盖一个残酷的事实:依托于马其顿军事力量的腓力的权力,直接威胁着希腊人,而不是波斯人①。对于众多在

① 即伊索克拉底说的蛮夷。

希腊腹地的人来讲，腓力跟蛮夷是一路货色。虽然伊索克拉底虚情假意地认为，腓力会说服，而不是强迫希腊人服从自己的命令，这话说得很漂亮，但是，事实已经证明，而且一再证明：他对过往情况的描述都是假话。

修辞术的全盛期在雅典帝国时代，这个时代已经过去，现在则是它发展（或者也许是衰败）中的一个至关重要的阶段。"修辞术"似乎继续健在；但随着民主制（说服性的演说原本就在这种制度中使用）混乱不堪、最终消失，那么修辞术呈现出了全新的面貌。[5]重点并不在于：在某个政治激进的黄金时期，修辞术纯正而又真实，但随着民主制的虚弱和最终垮台，修辞术失去了这些特征：毕竟，当我们阅读高尔吉亚和柏拉图时，我们理解到的一个基本内容就是：修辞术与民主制的关系肯定是有问题的。相反，重点在于：虽然民主制权力出现了腐败，但与此同时，与"民主制说服"难解难分的修辞术却又得以维系，这种现象为"高尔吉亚/《高尔吉亚篇》问题"增加了前所未有的复杂性。伊索克拉底率先开创了一种与君主权力的专制地位相适应的修辞术策略，在大多数情况下，这种"权力"完全可以无视逻各斯的低微的能力。

如果伊索克拉底惊人地将他的"说服"与全新的政治现实相适应，那么他如何应对"高尔吉亚/《高尔吉亚篇》问题"呢？为了理解他如 88
何机智地回避而非参与了哲学和修辞术之争，我们必须稍微详细地回顾一下《普罗泰戈拉篇》里柏拉图用普罗泰戈拉之口说出的"伟大的逻各斯"。[6]年轻的希波克拉底一心想提升自我，他的欲望强烈，但毫无分辨力，天一亮就来找苏格拉底，为了能一起去拜见来到雅典的、大名鼎鼎的普罗泰戈拉。尽管斐洛斯特拉托斯把高尔吉亚描述为智术之父，但普罗泰戈拉却被公认是智者大师，从古至今，几乎无人质疑。他的政治地位体现在：公元前443年，他规划了雅典殖民地图里①的政体（第欧

① 在今意大利，位于塔兰托湾，临近锡巴里斯。拉丁语也作Thurium。普罗泰戈拉（公元前490—前420年）是色雷斯人，和高尔吉亚一样，相对于雅典算外邦人。

根尼·拉尔修，9.50）；他针对神学和“语言得当”的问题也提出过一些看法，不过很遗憾，现在不太可能非常可靠地重建这方面的学说了；他还陈述过一个著名的相对主义观点：“人是存在着的事物的尺度，是那些是其所是的事物和不是其所不是的事物的尺度”[①]，《泰阿泰德篇》用了很长的篇幅批判地考察了这个观点。

不过，虽然“智者”这个概念包含了许多方面的内容，但柏拉图选择仅仅围绕普罗泰戈拉自诩的专长中的一个方面来创作《普罗泰戈拉篇》。希波克拉底解释说，他迫切地想要追随这位来访雅典的教育家，因为按照通常的看法，普罗泰戈拉在演说方面最有智慧［sophōtatos 即“最 sophos（有智慧的）”］（310E6—7）。柏拉图这样说，显然是有意的，因为在其他地方，智者受到攻击的地方恰恰就是他们的“博学”。在《大希庇阿斯篇》中，柏拉图就嘲讽了希庇阿斯这个人物，他就有这样的理想，希庇阿斯得意洋洋地夸耀自己的技能，可以上知天文，下到剪裁自己穿的衣服；《智者篇》也表达了一个近乎经典的看法：它把智者定义为跟在年轻人屁股后面求财的猎手，用教育的假象诱惑他们（《智者篇》223B2—7），智者拥有“各式各样的”技艺（223C2）。“智者”之所以被叫作“智者”，就是因为他们（自称）有“智慧”；柏拉图的对话流露出了对这些职业思想家难以缓和的敌意，这些思想家一直都被描绘为仅仅自称有智慧的人，而且唯利是图。当大多数智者更擅长打动和迷惑未加防范的人时，这种“自称”就更为可恶了。既然存在着这样的危险：一种明显与“苏格拉底式的智慧”为敌的智慧观有可能会一直风靡不衰，所以“智者”就变成了不光彩的词。

作为对话人物的普罗泰戈拉针对希庇阿斯各式各样的技艺明确表
89 示不屑（《普罗泰戈拉篇》318E）：因为事情的好坏全取决于普罗泰戈拉如何接受自己通过精明的演说得到的无与伦比的名声，取决于如何对

① 也见柏拉图，《泰阿泰德篇》152a。

此做出解释，如何为之辩护。如果《高尔吉亚篇》描绘的是哲学与修辞术围绕着逻各斯能做什么，应该做什么展开的争论，那么《普罗泰戈拉篇》恰恰表明了多才多能的智者这种现象（虽然也许令人惊叹）毫无意义，就连谁真的能演说得好这个问题也是如此。既然好的演说家拥有货真价实的逻各斯，因此可以说，《高尔吉亚篇》和《普罗泰戈拉篇》关注的问题基本上是相同的：从根本上来讲，我们没必要去评判这两位大人物自称拥有的智术谁高谁低，因为实际上，这两部以他们命名的对话都促成了柏拉图的"哲学和修辞术之争"，在这方面彼此互补。

> 大多数跟在后面的人，听口音似乎都是外国人。普罗泰戈拉从每个他去过的城邦里引出这些人来，就像俄尔甫斯一样，用他的嗓音迷惑他们，他们则追随着他的嗓音，如同被施了魔咒。[7]不过在这个又唱又跳的队伍①里，也有一些雅典的本地人。
>
> （315A5—B2）

苏格拉底描述了他第一次看见普罗泰戈拉"接受朝拜"时的场景，他的说法并不单纯。伊索克拉底也以类似的方式玷污了高尔吉亚的名声，他说，后者虽然积累了惊人的财富，但他逃避了留居国内的公民为支持城邦及其子女付出的开销。[8]普罗泰戈拉不仅不是雅典人，而且他有外国随从这一点表明了：他很可能抢走了这座城邦中臣服于其魅力的、前途远大的年轻雅典人。《颂辞》迫使我们注意到了令人棘手的"逻各斯"问题，它的吸引力被比作（或可以比作）魔法。此外，敏锐的《高尔吉亚篇》的读者会立刻提防这样一个危险：如果普罗泰戈拉的说服是"施加魔咒"，那么它产生的"说服力"就不是理性反思的结果。如果普

① 结尾原文为"在 choros 中"，其中 choros 指悲剧中的合唱队和舞蹈队。苏格拉底反讽地以此比喻普罗泰戈拉追随者的状态。在 315a，苏格拉底提到了一堆名人，包括伯里克利和格劳孔的儿子，都是普罗泰戈拉的追随者。

罗泰戈拉在演说方面的声名卓著依靠他的诱惑力，那么从哲学家的角度来看，当把流行的对其口才的迷信恰当地集中在一起，也许恰恰会成为他的罪证。他“在演说上最有智慧”，他的目的和结果就是去征服、引诱、施法术：概言之，他的力量就来自修辞术。

普罗泰戈拉在对话中的第一句话有双重的重要性：“你想和我私
90 底下，还是在旁人面前谈谈？”（316B3—4）首先，虽然哈巴德和卡尔诺夫斯基的译文无可指摘，但是他们的英译都难免失掉了希腊文中的一个关键特征。“谈谈”的原文为“dialechthēnai”。虽然这个词确实仅仅意味着“谈谈”，但它无疑是名词“论辩术”（dialectic）的动词形式，而“论辩术（辩证法）”就是那种苏格拉底独有的哲学方法。我们不应该推断出，普罗泰戈拉在这里被描述成精通论辩术这门技艺；相反，聪明的读者会看出，这个貌似随意选择的词有着什么样的内涵。第二，既然我们意识到了“dialechthēnai”的特殊意义，那么我们就明白了普罗泰戈拉关注的是他“与谁”和“在谁面前”讲话，他忽视了他“如何”说。当苏格拉底表示他不在乎旁听者在场还是不在场时，普罗泰戈拉说他更喜欢在旁人面前讨论，这可以避免被旁人怀疑自己使用智术（316C—317C）。但苏格拉底想知道，他真正的动机是不是想要在他的职业竞争对手（普罗狄克斯和希庇阿斯）面前做个展示（“endeixasthai”）。由此，这篇对话在深刻的主题方面越来越有可能与《高尔吉亚篇》相同。事实上，苏格拉底直言不讳地推测，连同他对“dialechthēnai”一词的使用，都重复了《高尔吉亚篇》描述“修辞术展示”和“哲学论辩术”对峙时的措辞。[9]

在回答“如果希波克拉底接受普罗泰戈拉的教育，他会获得什么”这个问题时，这位智者回答：他传授给他一种“为了最妥善地处理个人财产而合理计划自身事务”的能力，以及“合理计划城邦事务”的能力，这种能力会使希波克拉底“最能（dynatōtatos）通过演说和行动来处理城邦的公共事务”（318E5—319A2）。“Dynatōtatos”和“dynamis”同源：

普罗泰戈拉宣称这种能力赋予了他的学生一种行政能力。他的说法想当然地认为：个人的利益不可能与公共利益冲突；基于这一点，苏格拉底决定认为普罗泰戈拉是在说：他提供了纯粹而简单的“aretē”（德性），即“卓越”。但这可不是要轻易放过普罗泰戈拉。因为苏格拉底开始反对道：他在疑惑德性是不是确实能被教授，他解释说：

> 你看见了，我和其他所有希腊人一样，都说雅典人是有智慧的。我注意到，凡当我们凑在一起集会，而且城邦有一些和城建有关的事务时，只有建筑师被叫来为建筑提供建议……人们考虑的 91
> 其他所有事情也都一样，既能被学，也能被教……但是，在他们商议政治议题的时候，建筑师也能起来提供建议，同样，铁匠或修鞋匠，商人或船主，穷人或富人，出身高贵者或低贱之人，皆无不同，全都可以提议。
>
> （319B3—D4）

苏格拉底解释了他（所想的）之所以怀疑“德性”可以传达的理由，这最终从普罗泰戈拉那里引出了“伟大的逻各斯”一句，后者是为了回答苏格拉底的质疑：“所以，如果你能给我们更清楚地指明［epideixai］：德性是可教的，那么就去试试，别对我们吝惜。”（320B8—C1）[10]

“我是要像老人对待年轻人那样给你讲个神话故事［mythos］[①]，来指明这个问题呢，还是用文辞（逻各斯）来做呢？”（320C2—4）[11] 选择权还是在普罗泰戈拉手中，他选择用神话，因为这会“让人更快乐”（320C6—7：想想《颂辞》提出的那个危险的可能性，《高尔吉亚篇》也曾分析过：真理会成为追求言辞快乐的牺牲品）。在一系列核心对话的

---

① 比较英语的 myth，作者用 story 来译，中译多为传说或神话；通常在区别于 logos（历史叙事）的意义上指传奇神话一类的故事。不过此处的 logos 不指历史叙述，而是论证或一般正式的论述。

重要之处，都出现了一些神话，柏拉图想让我们如何安排这些神话的地位呢？这个问题长期困扰柏拉图的研究者。既然苏格拉底以及其他在品性上无可指责的对话者都讲过神话，所以它们不可能完全不可信，其自身也并非毫无价值。人们总是提出一个本身不无道理的观点：因为柏拉图在创作之时认为他不可能为一些材料做出充分的论证（“logos”，在哲学的专有意义上），以能归于对话中的对话者，故而他会将这些材料纳入神话之中。或者，更有意思的看法是，神话也许转述了柏拉图要处理的，但是以某种方式又永远超出了论证证明范围之外的理论。因此，虽然普罗泰戈拉称他的“伟大的逻各斯”是神话，但是，单凭这个明摆着的事实，还不可能削弱神话的地位，因为我们有理由认为，柏拉图选择神话，是用它作为工具来描述有可能为真，但（迄今为止？）不可能被论证的内容。不过，普罗泰戈拉拒绝使用“论证性逻各斯”的动机（即，因此会增加快乐）截然不同于我们所想的、柏拉图在哲学对话中加入神话的动机，因为明显的标志就是：并非文辞（逻各斯）“不可行”，而是普罗泰戈拉没打算去做。普罗泰戈拉以屈尊的架势提到了他的资历，这
92 意味着，与论辩术交流的严格平等截然相反，普罗泰戈拉跟他听众（不是对话人）的关系是一边倒的，也就是一个成年人与一群听故事的小孩的关系。有能力的成年人也许不会告诉孩子没有教育意义的传说，但是他们所讲的传说未必就是真实的，也未必经得起成年人的批评和推敲。普罗泰戈拉讲的无非是我们（更）会欣然倾听的内容，水平很肤浅；出于同样的原因，柏拉图就警告读者别轻易就相信他的叙述，原因恰恰在于：在某种程度上，讲传说是为了取悦人。

普罗泰戈拉的创世神话讲述了：当埃比米修斯神（Epimetheus，后知后觉[①]）让凡人赤手空拳，使之低于兽类（321B—C）时，普罗米修斯

① 这是希腊文 Epimētheus 字面的意思，即事后考虑或回想：epi 即在后或添加；mētheus 联系动词 manthanō（知晓）和形容词 epimēthēs。他是下面出现的普罗米修斯的兄弟。普罗米修斯的名字即“先知先觉或事先考虑”，pro 即在之前。通常国人对普罗米

（“先知先觉”）如何从赫淮斯托斯和雅典娜那里盗来技艺的过程。因此，“人们用技艺清晰表达了言语和言词，从大地上发现了居所、衣裳、鞋履、寝具和食物”（322A6—8）。[12] 但是人们仍然一个接着一个地亡故。既然只有形成可维系的共同体，他们才能抵御野兽的攻击从而存活，所以宙斯派遣赫尔墨斯带来了关键的馈赠：正义和羞耻（322C）。最终，这两样财富广泛传布（不同于得到技艺的过程），以至于确保了政治稳定（322D）。“普罗泰戈拉展现了［epideixamenos］这么多这样的内容之后，他的逻各斯也就结束了”（328D3—4）。[13]

苏格拉底得到了回答（也许还是一个论证），因为普罗泰戈拉的逻各斯揭示出了：既然某些品质是维持社会结构的根本，那么它们如何有可能存在于所有人身上。如果“铁匠或修鞋匠，商人或船主，穷人或富人，出身高贵者或低贱之人，皆无不同，全都可以提议”，但并不都具有相同程度的政治商议的能力，那么（也许民主意识形态就会出现这种情况）城邦就会堕入无秩序的状态：好在令人安心的是，政治稳定的前提条件和雅典人“言论平等”的前提条件完全一样。苏格拉底并不是由衷地赞同这种意识形态，他附和了大多数人的看法：雅典人是有智慧的（319B3 以下），这就默默地表示了赞同。但是既然他立足于雅典的政治实践，攻击“德性能否可教”这个问题，故而普罗泰戈拉完全有权利使用一个诉诸珍贵的雅典意识形态的神话来回应他。他的故事还有一个好处，就是表明了，虽然雅典公民也许全是“有智慧的人”，但这全都得益于智者的引导：如果正义和羞耻是普遍的社会品质，那么它们不一定是稳定不变的，也不一定不能借助技艺来提升。普罗泰戈拉用逻各斯所做的“自我证明”坚持了这样一个观点：他与众不同的政治智慧超 93

修斯的理解受了马克思的影响，这来自于他《博士论文》中多次引用埃斯库罗斯的《被缚的普罗米修斯》，其中以之比喻抗争的伊壁鸠鲁；甚至在其他诗作中马克思还有自喻；这象征了人类意识觉醒、抗争自然的斗争精神。但在《普罗泰戈拉篇》中，普罗米修斯的寓意多有不同。

越了单纯的“技艺性”,因为他培养了我们一种获得“普遍之善”的普遍的社会能力。

到此为止,我们终于有条件可以评价一下伊索克拉底对“高尔吉亚/《高尔吉亚篇》问题”的回应了。当然,之所以“伟大的逻各斯”需要深入探究,起码是因为我们还不清楚:它所担保的“智术提升普遍社会德性”这个想法如何能与“它始终承诺(即使是伪装的)会赋予政治权力”的说法保持一致?对话余下的大部分内容可以解读为:不断而且不停地考察那些妨碍人们阐释普罗泰戈拉的“展示”的含混不明之处。但是,尽管这部分内容本身相当吸引人,但我们讨论普罗泰戈拉只是为了阐明伊索克拉底;对于这个具体目的而言,我们目前掌握的内容已经足够了。

在《尼刻克勒斯》中,伊索克拉底要向塞浦路斯王(即本文的演说对象)做政治提议,在解释提议的细节之前,他讲了一段值得关注的对普遍逻各斯的赞辞。

> 随着它(即逻各斯),我俩都能在有待争论的事务上反驳他人,为我们自己寻求照亮未知事物的光明;因为我们在演说、说服他人时所使用的证明,我们在提议时也会使用;而我们称那些能在众人面前演说的人是雄辩者;我们把那些能最佳地讨论[dialechthōsin]他们思想中的事务的人视之为明智者。
>
> (《尼刻克勒斯》,8)[14]

如果《颂辞》称颂的实际上就是逻各斯本身而非海伦,那么就赞扬逻各斯这一点而言,伊索克拉底与高尔吉亚便是同路人。但伊索克拉底没有一味地照搬他的伟大前辈的成就。高尔吉亚的挑战,其根本之处恰恰在于:他攻击了我们隐藏不露的自满:我们必须首先被骗,沉浸在虚假的安全感中,随后就有可能认识到,我们沦为了全能逻各斯的受害者。但伊索克拉底截然相反,他想要演绎出一篇近乎冗长直白的演说:将逻各斯描述为肯定不是所有人普遍拥有,而是思想健全又优秀卓越的“我们”才拥有的东西。事实上,他在这些激昂文字中所说的内容,已经开始奇特地把《高尔吉亚篇》和《普罗泰戈拉篇》融合在了一起——但在柏拉图那里,这种有争议的联系受到了拒斥。

看起来,伊索克拉底的逻各斯占据了有可能最为广泛的领域,我们应该想得到,高尔吉亚的信徒就会干出这样的事情来。但是,《颂辞》的 94
逻各斯是一元的,因为它永远而且只有它是具有主导力量的工具,与之相对,伊索克拉底赞扬的逻各斯却是普遍有用的。此外,体现其“用途”的各个部分并不是随意拼凑起来的。虽然有“争论”就够了,它是修辞术的源头,但是,作为发现工具而且有助于私人提议的逻各斯却是伊索克拉底周密创新的结果,因为它们必然让哲学的企图徒劳无功。当然,此处重要而且原创的地方并不仅仅是引入了与“合理性”有联系的逻各斯。伊索克拉底的精明策略就是通篇都坚持了“用于提议的逻各斯”与“说服性逻各斯”完全等同的看法。事实上,他恰恰就在表明:同一种“能力”既有内在的,“哲学的”方面,也具有外在的,“修辞术的”方面。既然哪个方面会显现出来,完全取决于我们一元的逻各斯是私人地来用,还是公共地来用,故而,标准意义上的“哲学和修辞术之争”这个看法就自相矛盾了:它们其实是处于不同状态的同一个东西。哲学家就是一个引导他的“论证”(“pisteis”,创造信服的东西)有利于自己的演说家;修辞术的雄辩就是一个从事沉默的论辩术之人的合理判断。伊索克拉底恰恰使用了“dialechthōsin”一词来指“内在的话语”,这可不是偶然的;所有读过柏拉图的人都能立刻认出这个词,苏格拉底把这个词专门留给了自己的论辩术(辩证法),从根本上来说,这是受巴门尼德启发的。

如果需要说点什么来简要地概括这种能力,那么我们就会发现，与理智有关的事情中，没有哪个不随着逻各斯出现；而在我们所有的思想、所有的行动中，逻各斯就是我们的引导，往往都是最有理智的人使用它。

（《尼刻克勒斯》，9）[15]

前面说的那个"融合"就这样完成了。在普罗泰戈拉看来，简单的"口头交流"恰恰是更有"技艺性的"、在政治之前就出现的能力，因为按照神话的说法，在城邦或维系城邦所必需的、使人文明的政治馈赠出现之前，人们就获得了"通过技艺清晰表达出的言语和言词"。与之相反，伊索克拉底设想了唯一一个既内在又外在、既私人又公共的逻各斯，由此，就没必要让"前政治社会"彻底转向"政治社会"了（无论能否做到）。结果就是出现了一个逻各斯无疑被一元化的社会——按照这种设想，
95 修辞术就完全成了"用来提议的说服"的外在化结果，而柏拉图的苏格拉底，由于试图要把独特的、理性的逻各斯从高尔吉亚那里夺走，所以也就误入了歧途。逻各斯是统一的，但并不等同于继承巴门尼德传统之人的反对者所支持的那种有威胁的说服力。不过，在这种逻各斯面前，并非人人平等。我们虽然全都天生具有它，但是，有且只有一部分人会胜过其他人；政治领域也失去了它的独特性。伊索克拉底的折中①也许是很"中庸地"在回避别人的挑战和争论，但是它巧妙地消除了"高尔吉亚 /《高尔吉亚篇》问题"引起的不安，这恰恰是"中庸的"杰作。还是让伊索克拉底这位哲学专家自己为自己代言吧（在下面这段话里，他自命为当世的苏格拉底，因为他也被指控腐蚀了学生，被要求处以

① 伊索克拉底哲学的核心为修辞术，即教育青年做成功的演说，属于灵魂的范围。名为"哲学"，实际为一种教育论和实践论，虽也区别于一些智者（即他文中说的某些人），却远非苏格拉底、柏拉图和亚里士多德那一脉的思辨哲学。所以他认为人们不可能获得必然的知识（其实他不反对柏拉图的绝对真理），只能在实践中追求大多数情况下的最佳可能。

极刑）：

> 就“智慧”和“哲学”“对智慧的爱”——伊索克拉底使用了这个合成词的原义而言，那些为了其他事情申诉的人并不适合去谈论这些名目（因为它们和所有实际问题无关），但是对于我这个案子，既然我因为这些事情被审判，既然我宣称某些人谓之哲学的东西实非哲学，那么应该做的就是为你们定义和指明什么才是正确理解的哲学。我对这些事情的看法十分简单。而且，既然人们很自然地不可能获得这方面的知识，也就是让我们知道什么是必须做的或必须说的事情，所以下面一步，我要认为那些按照自己的意见能够在大多数情况下达到最佳的人是智者，但哲学家是这样的人：他们为了尽可能迅速地达到这种实践智慧，就把时间花在与之有关、为之提供基础的事情上。
>
> （《论互换诉讼》[①]，270—271）

他一点都不觉得尴尬，这种哲学“定义”近乎乏味、全无生气，但让伊索克拉底式的演说家战胜了柏拉图式的思想家：无论“某些人”会怎么想，我们必需承认，只有“哲学家”仅仅关注如何使意见符合“最佳”。伊索克拉底并没有解释：我们如何能达到这个目标，同时又安安稳稳地

---

① 原文为“Peri antidoseōs”，antidosis 是雅典法制中独特的诉讼程序。依律，10 个区各选出 120 个最富的人，凡 1200 名去履行公职或缴纳公税。比如其中甲若拒绝，可以提起诉讼，推荐另一位更富有更有资格的人，比如乙。如果乙承认如此，则替甲承担。若乙的确更富，但不承担公职，则甲要求双方财产互换，谓之 antidosis，动词即 antididonai（互换，互给），互换后更富有的人再履行公职。乙如果拒不互换，则由第三方裁决者裁定哪方财产更多。民主制以此限制富人的权利和财产，使之内耗。伊索克拉底在 82 岁鉴于有人指责他腐蚀青年，认定他教学牟利成为富人而对城邦无益，遂作此一文，虚构受审自辩的情境来阐明自己的观点，总结一生的活动，以此证明自己履行了城邦的公务，作为一名修辞家尽到了教育青年使之向善的责任，故自己虽为富人，不应受审（不应接受 antidosis 诉讼）；从而反驳了指控。这篇文辞颇类柏拉图的《申辩》，而伊氏显然也以苏格拉底自诩。

放弃那种永不可能得到知识的探求，但是，既然**真正的**哲学家对这些东西毫无兴趣，那么这个问题就暗暗地被搁置了下来。96

西塞罗：理想的演说家

正是通过西塞罗，这种对“哲学与修辞术之争”的平稳化解才确立了自己的权威性，并且奠定了作为普遍文化形式的修辞术最终享有的地位。以过往杰出的政治演说家的对话为形式的、西塞罗的《论演说家》，是他创作过的各种修辞术论著中最长最详尽的一种，它涉及了一切被认为是有志成为演说家的人会关心的主题，从抽象的说服理论到最富技巧的措辞和发音的细微之处一应俱全。因此，西塞罗并没有忽视“修辞术和哲学的关系”这个一般问题，他也的确着手处理了“高尔吉亚/《高尔吉亚篇》问题”，因为在《论演说家》第一卷中，高尔吉亚说“能流利地演说任何主题”的自夸之言，正是其中非常突出的话题。

> 至少根据我的意见，除非一个人获得了与所有重要之事和重要技艺有关的知识（scientia），否则他不能成为饱受各种赞誉的演说家；之所以如此，因为他的演说应该从对主题事实的理解（cognitio）中变得繁盛[①]和丰富。如果主题事实不被演说家觉知和理解，那么他的演说的措辞就有点琐碎、几近幼稚了。当然，我并非想要给演说家强加如此之多的负担——尤其是给我们自己增加负担，尽管他们被如此重要的公共和私人事务缠身——也不是要认为，不存在演说家不必知道的事情；但是，演说家的能力和其宣称要成功演说的声明似乎保证而且承诺了：任何被提议的主题，无论是什么，演说者都会精致又详尽地演说出来。

① 西塞罗原文为“efflorescat”，即开花茂盛。

（《论演说家》，I，20—22）

西塞罗闪烁其辞。首先，他勾勒出了理想演说家的形象，由于全知，所以完美（至少是在有关事务上）。这种理想的一个令人迷惑的特征就是：它似乎预设了至少同样知识渊博的听众：因为，如果听众不能认识到演说具有真正的知识，他们怎会就这一点称赞演说呢？西塞罗如何认为，没有知识，修辞术就会失败，还有露出稚嫩之气的危险呢？西塞罗轻描淡写地假设了修辞术的听众是全知的，这仿佛是为了回应《高尔吉亚篇》中苏格拉底的论证：无知的演说者只能感染同样无知的群众。 97
在《高尔吉亚篇》中，俗众被比作一群受他人追求私利的甜言蜜语哄骗的傻孩子；而在《论演说家》里，至少在理想的情况中，受无知阻碍的演说家，会被认为是幼稚的，遭人轻视。既然西塞罗没有理由不让繁忙的罗马人掌握全面的知识，因此人们不能反对说，西塞罗所谓的（近乎）普遍的知识必定不如苏格拉底的普遍知识那样雄心勃勃。西塞罗的"知识"观念并非清楚易懂。如果他的同胞以城邦和私人任务过重为由推脱这些知识，那么这似乎意味着：与之相比，既拥有合适的才华、又拥有闲暇的人（西塞罗自己吗？）方能获得全部的知识；但苏格拉底的核心观点并不是说，因为缺少自由时间，所以演说者不能轻而易举又知识渊博地在所有论题上演说。

但西塞罗在体谅他的同胞及其繁忙的生活时，并不是没有限定条件，这个条件必定指向了高尔吉亚声明的演说任何主题都一概流利的说法。[16]"演说家的能力"这个短语翻译的是"vis oratoris"；"vis"一词在拉丁语中对应了希腊语的"dynamis"；这样，西塞罗刚刚在口头上还支持苏格拉底要求的知识渊博的演说，但立刻，他就极有可能有意引出了高尔吉亚的"说服能力"。再有，"宣称要成功演说的声明"，翻译的是"professio bene dicendi"，其中，"professio"的语义范围差不多完全对应了旧有意义上的"profession"，即"公开声明"从事某种"职业"（"我声明自己是干什么的”)。这样,我们也许听到了西塞罗的拉丁语以转译的方式重新说出了高尔吉亚的那个声明:“给我个题目吧!”——这是斐洛斯特拉托斯告诉我们的,高尔吉亚大呼“要证明他知道的每件事情”。[17]

但很有意思的是,此处还有与高尔吉亚传统不一致的地方,或者至少出现了模棱两可之处。西塞罗并没有说,因为演说家声明自己具有演说术,所以他似乎也承诺自己能在任何主题上知识渊博地做出一番演说。相反,他仅仅是说“精致又详尽地”演说出来。显然,洛布版的译者觉得有些费解,为了解决这个问题,他试图译为“每个主题,无论是什么……都会被他条分缕析,又知识渊博地加以处理”,但这个译法是错误的。的确,既然西塞罗刚刚断定:无知的演说近乎幼稚,所以人们可以主张:这里暗示了,西塞罗赞同的高尔吉亚式的精致和丰富事实上没有知识也可以获得。如果这确实是西塞罗的思路,[18]那么显然,他保
98 留了高尔吉亚的“在每个论题上都能说服的演说者”的样板;虽然他也含蓄地接受了苏格拉底的要求:成功的演说意味着有知识的演说,但却大打折扣;而且对于这位哲学家说的“普遍的知识不可能支持修辞术”这个主张,西塞罗也打了折扣,因为他暗示,这不是没有可能的,只不过很少见罢了。事实上,按照他再之前的看法,杰出演说家的数量一直而且永远很少,甚至相比突出的政治和军事领袖的数量来说也是如此(I, 8)。所以,他也保留了伊索克拉底式的“中庸的”观点,即,演说家在一定限度内的确是“有知识的”,但这仅仅因为他的知识是一种近似全知的能力,他并没有掌握高尔吉亚和柏拉图都以绝对极端的方式响应的那种命令一切、征服一切的逻各斯。

再下面,与伊索克拉底的联系有可能更加紧密。在克拉苏表达了对“说服能力”的溢美之辞后,他问道:

> 因此,谁会不惊叹它(即修辞术——但是见下)呢?谁会不考

> 虑应该竭尽全力在这个人类超越动物的方面出类拔萃呢？……其他还有什么力量能使分散的人们聚在一处？能引导他们远离野蛮的生活、走向这种人的文明和政治环境呢？当城邦构建起来，还有什么力量能勾画律法，确立司法审查和权利呢？不过，我不会一一列举（即修辞术的成就）了，这几乎难以穷数，我只会扼要地概括它的成就：我郑重其事的认为，不仅是某人自己的尊贵，还有众多个人和整个城邦的福祉皆最大程度地取决于完美演说家的中道和智慧。
>
> （I, 33—34）

毫无疑问，这就是西塞罗对伊索克拉底回应“高尔吉亚/《高尔吉亚篇》问题”而重建普罗泰戈拉的翻版。恰如在伊索克拉底那里，正是演说能力本身，而非包含在“伟大的逻各斯”中的尊严与羞耻这两个共同作用的社会德性，使得人们居于动物之上；对这个充分进化成文明国家的过程的叙述，也完全受到了演说能力的影响。[19] 事实上，当克拉苏让我们“惊叹于它”时，这个“它”在语境中并不是修辞术，而是我们用 99
语言交谈和表达我们感受的能力；但当我们读到“完美演说家”的时候，我们才意识到：克拉苏既假定了，擅长语言也就是指“从事修辞术”，也假定了，他所赞美的“能力”就是演说能力。直到今天，这种能力还在人们沿袭的、罗马人细致划分的独特的司法体系中发挥着作用。人们必需认识到，这种用修辞术替换语言的做法，并不能得出这个不言自明的事实：甚至是最为原始的社会存在也需要交流能力，它有可能会使用这种能力。“演说家的能力”就是“说服能力”，但不是那种纯粹交流的能力。如果语言从兽性状态中将我们提升，那么与之类似，演说大师就超越了常人的状态（尽管西塞罗在之前假设了与全知演说者相配的理想听众）。修辞术再一次靠“回避”和“混淆”获得了胜利。之前，苏格拉底重新肯定了巴门尼德，他坚称：真正的逻各斯并不包含一般意义上的思考和交流，它明确限定于理性论证。而伊索克拉底 / 西塞罗式的回应偷偷扩展了“逻各斯”/“演说家的力量”，使之包含了在尽可能广义理解上的理性能力，这样，就会把我们理性文明的所有福祉都仅仅归功于修辞术（注意克拉苏的描述是如何在他列举的几种司法制度中达到高潮的，任何人也许都会承认这些制度就处于严格意义的、毫无争议的修辞术概念的范围中）。

城邦依靠的克拉苏的理想演说家紧密联系了神性——这远非任何人间统治者能比拟。正如在民主制说服形式迅速失去自己原有的政治重要性时，伊索克拉底对它们大加赞颂，西塞罗对完美演说家的神化也符合罗马共和国晚期，元老院被边缘化的现实（之后不久就是元首制，即 Princeps，众中之首，去世后授予神一样的荣耀）。伊索克拉底和西塞罗是两位修补修辞术而且对之抱有幻想的重要人物。而苏格拉底论辩术的共和国（其中每位公民都具有同等的特权，或同样都无特权）依然是一种与众不同的哲学民主制的玄妙范例；他的修辞术对手的意识形态则对政治主导权抱以虚弱无力的梦想，装出一副对城邦有益的模样。

“无论是什么主题，无论它来自哪门知识和属于什么类型，演说家就像已经研究过委托人的案情一样，讲述得比事情的发现者和发起者
100 还要绝佳和精妙。”（I, 51—52）为了支持这个看法，克拉苏断定：修辞术突出的效果就在于操纵情感（I, 53），这令人想起了高尔吉亚对逻各斯如何让灵魂动情的描述。他进一步认为，这种对情感的作用来自于对人类品性的全面认识，演说家是从哲学家那里得到的这方面知识。[20]这样，在某种意义上，这种知识不属于他自己。但是，既然克拉苏立足于罗马法律实践的模式（与希腊系统不同，在这种模式中，代理人代表委托人来演说），那么他就暗示了：正如庭审代理人熟知委托人的案情，以演说方式说明哲学理论的人也会吸收哲学，他会既恰当又有效地讲述哲学（也许之所以恰当就是因为有效）。这就很浅显地认定了：这样的“吸收”等同于全面的哲学知识。

随后，克拉苏提出了一个强有力的论点："没有人能演说他无知的事情"，但他同时又承认："如果任何人不知道如何创作和润色演说，即使他的知识是完备的，他也不能演说自己知道的事情"；他坚持认为，苏格拉底常说的"每个人能充分地演说自己知道的事情"这个看法，貌似有理，实则错误（I, 63）。在§§62以下，我们看到了一系列来自希腊和罗马的例子，例证了知识和说服（这两者对于《高尔吉亚篇》的读者来说意义深远）的共生关系。克拉苏争论道，建筑师斐洛确实能熟练地向雅典人讲述他的工作，但这是就他作为演说家而非作为建筑师而言；而医生阿斯科勒皮阿德，就他是一位颇有技巧的论辩者而言，情况相同。但是，西塞罗对话的主要人物之一安东尼，曾替造船师赫墨多罗斯做辩护演说，就他作为代理人来说，他也许要有赫墨多罗斯的专业知识。我们立刻想起了《高尔吉亚篇》中，高尔吉亚得意洋洋地描述那些倒霉的专家，其中排在首位的就是被修辞术的力量奴役的医生。这里完全相反，知识渊博但没有演说能力的委托人依靠有说服力的代理人，后者跟前者是友好的合作关系。但克拉苏并没有去建立下面这种对称关系：一方面，代理人是有说服力和知识渊博的，但另一方面，如《高尔吉亚篇》指责的，他在间接处理事务而且以概述方式来演说，因此，他又是没有说服力而且无知的。

科特塔和苏尔皮西尤斯请克拉苏就"是否存在一门演说'技艺'"这个问题大胆说说想法。既然"技艺"（ars）这个词在拉丁语中即希腊语的"technē"，那么克拉苏也就是在回答《高尔吉亚篇》中苏格拉底给高尔吉亚提出的那个问题，但是他所说的话一上来就令人疑惑： 101

什么？你们竟然给设置了我一个毫无意义的小问题，还让我表达看法，好像我是一个很有闲暇、絮絮叨叨，兴许还博学全知的

> 小希腊人[①]？你们认为我什么时候会关注和考虑这些内容而不去嘲笑那些在学院中要求众人发问的狂妄之徒？人们说莱昂蒂尼的高尔吉亚是第一个这么做的人，他似乎承担并承诺了艰巨的任务，因为他宣称自己准备了任何人们想听的东西。再后来，人们的确开始普遍地去做这件事情，直到今天也在这么做，以至于对所有主题来说，人们都会承诺自己能谈论一切与它有关的、可以说出的事情，无论这个主题有多么重大、多么难以预料和新奇。
>
> （I，102—104）

我们前面发现的、他对高尔吉亚式的范例（但高尔吉亚的色彩有些淡化，其中补充了吸收来的哲学知识）的认可如何与这里的说法一致呢？这里的论调气愤而又轻蔑；观点令人不安，因为它似乎把“高尔吉亚/《高尔吉亚篇》问题”归于希腊人难以察觉的愚蠢，但这个问题却又显然推动了《论演说家》第一卷大部分内容的发展。克拉苏嘲笑着他理想中的演说家在现实里的漫画式形象：一个江湖骗子，在学院或圆形剧场（而非大型的城邦竞技场，这是演说大师展现自己出色才华的舞台）卖弄自己廉价、临时拼凑的伎俩。在最简单的层次上，克拉苏利用了一组标准的对立：“理论上的（而且百无一用、闲暇无聊的）希腊人”对“实践中的（而且在政治上颇有成就的）罗马人，这是一种（在罗马人中）非常流行的两极对立。但是在另一种层次上，西塞罗却保证，他能通过改变规则让修辞术战胜哲学。

至此，我们考察了西塞罗如何以复杂和含混的方式介入了不断被改头换面的“高尔吉亚/《高尔吉亚篇》问题”。西塞罗并没有退出这场争论，相反，他表明了，从某种传统视角来看，这场争论荒唐可笑，无关紧要。这个策略的好处在于，它让克拉苏可以不用认真对待高尔吉亚

① 原文为“Graeculus”，加了指小后缀，表明精通希腊文和希腊方面的知识，不亚于一个希腊人。

这个人物。虽然他的嘲弄有可能并未波及这位首先针对所有题目进行即兴演说的发起者，但克拉苏说的“似乎承担并承诺了艰巨的任务”却有可能表明：高尔吉亚和当时的修辞术作秀者一样，都是骗子。克拉苏 102
暗示，这种毫无限度的演说明显就是假的。但是，如果这种狂妄的伎俩显露无遗，那么同样明显的是，只有絮絮叨叨的小希腊人（哲学家吗？）才会愚蠢到要去认真对待这个问题。任何设想真正的修辞术需要辩护的哲学家（因为高尔吉亚也是这么想的）都荒唐透顶地把理想的演说家弄成了冗长无聊的小丑。如果高尔吉亚不用认真对待，那么《高尔吉亚篇》也不用如此。既然柏拉图有可能并未陷入如此低级的混乱不清中，故而我们能确定而且自始至终都会清楚的一点就是：《高尔吉亚篇》其实并没有攻击修辞术，相反，它实际上是一部杰出的修辞术作品。

《论演说家》没有找到最终的解决方法；“演说是不是因为它要无休止地玩弄‘知识’的领域和内容，所以才需要知识呢？”对于这个问题，西塞罗无止境地在肯定和否定的回答之间摇摆，立场不定。至少就历史影响而言，这种回避的做法已经给人留下了再深刻不过的印象，因为，在整个文化领域中，伊索克拉底 / 西塞罗对“高尔吉亚 /《高尔吉亚篇》问题”的折中越来越流行，最终使得启蒙教育实际上等同于了修辞术训练，这显然是按照西塞罗的思路设计的。

我的分析有可能不无道理，但也有可以指摘之处，因为我显露出了对哲学的偏袒。自始至终，我的批评都立足于指责他人的“想当然”和改动主题的做法。但是，更同情伊索克拉底和西塞罗的读者也许会表示反对，理由就是：他们提供的令人愉快的叙述不多不少完全合乎人们对讲故事的修辞家的期待，修辞家在做“展示”而不是从事论证性的论辩术。按照他们的反驳，这两位修辞家也许并不是在**证明**苏格拉底有错，相反，他们对“伟大逻各斯”的改造是在**展现**苏格拉底以何种方式也许是有错的。要求他们进行论证的做法，实际上就是在不公平地坚持让他们按照竞争对手（哲学）的标准来承认这场纷争。这种指责不太容易回答。对于针对我的批判，我有可能提出的最好的解释就是：它从哲学的角度出发，清楚地指出了在这种以回避的态度回应“高尔吉亚/《高尔吉亚篇》问题”的做法中，有什么地方是可以反驳的，它并没有声称要在哲学与修辞术这两个对手之间做出中立的判定。相反，我所说的在这两位修辞家身上认清的、那种幻想政治主导权的意识形态，也许恰恰打破了这种平衡，甚至那些毫无偏见、并不偏袒哲学的人也会这样
103 认为。

阿里斯提德：辩护之辞

艾里欧斯·阿里斯提德是一位多产并取得巨大成功的修辞家，他生活于公元2世纪，这个时期被公认是“第二次智者时代”，此时，罗马帝国的希腊地区的文学活动日益繁盛。与这场运动一致，阿里斯提德竭尽全力地效仿他崇尚的、古典阿提卡散文模式的某些风格。他非比寻常的作品之一就是《致柏拉图：为修辞术一辩》[21]，它试图详尽地回答《高尔吉亚篇》，所以篇幅甚巨。我们会发现，阿里斯提德的《一辩》在回应《高尔吉亚篇》时超越了传统的“回避”策略，而理解阿里斯提德的关键通常就是要牢记：“他所处的历史和政治现实环境”与“他从销声匿迹的古典往昔中承继的文学传统”之间存在“不和”。[22]

在回应“演说家仅仅追求让大众认同自己”这个指责时，阿里斯提德反对说：

> 修辞术本性中有一个主要特征就是，从一开始并不允许出现大众认同的内容，而演说家考虑的不外乎是最佳之事，民众也不会注意不到：演说家在推理事务方面出类拔萃……因为，倘若柏拉图的指控是对的，倘若演说家不引导民众而是与之为伍，那么首先，他们从民众那里会得到什么尊崇和荣誉呢？他们又从哪里得到至

高无上的地位或异于常人的特权呢？

（《为修辞术一辩》，178—179）

阿里斯提德进一步主张：演说家通常都会提醒人们，他说的是不讨人喜欢但却不得不说的逆耳忠言，这话实实在在，没有别的意思。[23] 阿里斯提德似乎不想认为（或者他也许选择忽视）《高尔吉亚篇》对修辞术诚实性的攻击非常微妙、远不止是谴责演说家拙劣地迎合大众那么简单。相反，他认为柏拉图指责的是演说家和他的听众形成的相互引诱的共谋关系，这取决于双方彼此心照不宣地巩固各自的立场，因为演说家满足了听众的自尊。

正是政治环境的巨大变革使得阿里斯提德信任这种对柏拉图的、薄弱无力的回应。《高尔吉亚篇》在描述演说者和民众之间刻意的共谋关系时体现出的批判力来自于"民主制民众"和"汲汲于运用权力的说服者"之间必定存在的、不可避免又难以消除的紧张关系。但是，按照 104
阿里斯提德的看法，人们可以毫无顾虑地认可演说家的优越地位，演说家具有的各种各样的特权都体现了这一点。[阿里斯提德没有进一步说明这些特权，我们并不清楚他是不是把诉讼演说者、公共演说者与自我表现的智者（他们有富有的资助人）还有修辞术教师（在罗马帝国中通常没有纳税的义务）混为一谈。]换言之，他是按照后民主制的状况来理解的。要记住，阿里斯提德是在罗马人的统治下进行创作，因此，我们可以进一步推断：他乐于表现的是这样一种政体，其中，演说家像贵族一样为了公共福祉领导事务；这种政体事实上是强硬的独裁制，它一丝不落地保留了那种作为"复杂的社会控制手段"的"修辞术论辩"的全部特征。

再往后，他向我们保证：倘若演说家"是大众的仆役，而且他们滔滔不绝地讲着听众认同的话，那么他们就不可能自由地演说了

(parrēsiasasthai),也不能傲视他人”(188—189)。此处的“parrhēsia”[①]一词并不是指那个激进的民主制口号,即原则上所有公民都可以做到的“自由的公共演说”,而是指一种为领袖预留的自由权。与这样的演说者相对应的名号就是“统治者”、“监督者”、“导师”(190):演说者和民众的关系完全对应了老师和孩子的关系(出处同上)。

> 领唱领导合唱团,舵手领导海员,将军领导士兵,演说者领导民众。这样,所有统治者自然而然就比低于自己的人强大。如果某个有权者**也**会通过说服而非强迫使人满意,并且在维护自己地位的同时也关注下属的欲求,那么他就是真正的政治家。
>
> (192—193,强调的字体为笔者所加)

也就是说,真正的政治家是仁慈的家长式帝王。即使“说服能力”关注被统治者的欲求,它也不过是残酷的强迫之力的附庸。[24]统治者能够不顾民众的看法或感受贯彻自己的决定,在独自一人遇到要追求的最佳途径之后,他会仅仅为了在人道上让民众高兴而使用修辞术,同时
105 又不会在政策上做出妥协。

按着这个完全令人熟悉的方式,阿里斯提德把修辞术展现为“最大程度分享逻各斯,或完全存在于逻各斯之中”的东西(204)。但是,就像我们会预见到的,他没有认识到:区分不同类型的逻各斯也许是非常重要的。他创造出了一种不同于传统描述的变体。按照自然,人们分为两类:强者和弱者。强者原本要依靠他们超凡的力量去剥削弱者。而修辞术是“正义的护身符,人类生活的纽带”,发展修辞术就是为了矫正这种原始的错误,“以至于任何人都不可能凭借强力、武器、抢先、人数、体型以及其他任何‘不平等’来决定事务,相反,应该由逻各斯在和

① 词根 rhē- 来自动词 erō,和“修辞术”同词根。

平状态中决定什么是正当之事”（210—211）。

阿里斯提德也给出了他自己对“伟大逻各斯”的改编。在他的版本中，与伊索克拉底相同，人性的救赎在于口才；但是，阿里斯提德又通过修改普罗泰戈拉，做出了进一步的发展。起初，人类陆续灭亡，为野兽所食——他们在沉默中灭亡（395—396）。由于普罗米修斯祈求，宙斯就派赫尔墨斯用修辞术拯救人类（396）。不过——这是对“伟大逻各斯”（通过逻各斯，正义和羞耻广布人间）最为明显的修正——他命令赫尔墨斯有选择地分配修辞术：他要“选择最好、最高贵和拥有最强本性的人”（397）。所以，“这些人发现了城邦的始基（或原则：archē）”（398）。再下面，他还赞颂了逻各斯（当然还是那种未作界定的逻各斯），这让人一下子想起伊索克拉底；不出意料，在这段赞辞中，逻各斯被等同于推动城邦进一步全面发展的因素（398—399）。

在明显谈到自己时，阿里斯提德承认，商议修辞术在帝国之中已经销声匿迹，毫无可能，但是他又坚信：即使在孤独的自言自语时，他也仍然“尊重逻各斯的本性和逻各斯中的美”（430）。所以从根本上来说，仅就阿里斯提德自己的声音得到了一种奇特的、毫无说服力的孤独（与他赞颂逻各斯是人类社会的神秘创造者的说法并不一致）而言，他对柏拉图的长篇回应才算是“为修辞术做了辩护”。演说者不讨好僭主，对任何听众也不负责——但这仅仅是因为他没有听众。在《高尔吉亚篇》中，按照柏拉图的描述，苏格拉底固守论辩术的方法到了这样的地步：当卡里克勒斯拒绝合作、不愿意再考察自己的观点时，苏格拉底义不容辞地一人分饰两角，既问又答。虽然这表明论辩术的确出现了中断，但
这种中断仅仅是暂时的。与之相反，阿里斯提德却令人吃惊地把自己 106
表现成一副完全自主、纯粹自我交流的样子，他恰恰以牺牲所有说服能力为代价、才换得自己从“高尔吉亚/《高尔吉亚篇》问题”中解脱出来。到了这个时候，他就能雄心满满地竭力让高尔吉亚和苏格拉底和解，尽
管这种做法不无争议。 107

第五章

亚里士多德的《修辞术》：强大的真理，它会占上风吗？

……而亚里士多德亲自挑战伊索克拉底……

（西塞罗，《演说家》，62）

认识论乐观主义

亚里士多德的《修辞术》是带有强烈挑战性又近乎让人惊讶的作品。自罗马共和国以降，至少到19世纪初叶，修辞术几乎完全控制了西方的政治文化乃至整个文化，但也正是这一点，让我们没有太重视《修辞术》具有的那股论战的力量；因为它终究跻身众多经典手册之中（以影响论，与西塞罗的手册相当），确立了自己的地位。当《修辞术》完全成为了我们这个最敬重的教育传统的典范时，它又如何能使人惊讶呢？原因恰恰在于，这个传统破碎了（即使不是唯一的原因，也至少是最有影响的原因）。如果在当今，“修辞术”一词及其罗曼语里的同源词在日常用法中仅仅指“为了个人目的，以伪装和操纵的方式，滥用语言资源”的话，那么我们也已经收集了丰富的证据证明：在公元前4世纪的雅典，仅仅一提起“修辞术”就会勾起人们一连串类似的、同样具有邪恶意味的联想。这样,亚里士多德直接继承了由高尔吉亚发起,由柏拉图在《高尔吉亚篇》中使之定型,围绕"说服的本性和能力"展开的激烈争论。[1] 当今,(毫不严重地说)仅仅一提到"修辞术"也会使人不安,这种明显的趋势有利于我们理解:在过去,如果《修辞术》帮助人们对"修辞术教育"的合法性形成了主流的文化共识,那么在这样的共识建立之前,它还并不存在。

甚至随便读读亚里士多德在《修辞术》第一卷第一章开篇讨论修辞术合法性和用途的内容,就能看出:亚里士多德愿意在《高尔吉亚篇》 108
与高尔吉亚的争论确立的条件中评估自己的计划。著名的第一句话"修辞术是论辩术的对应"① (1354A1),干干脆脆地反驳了苏格拉底毫不妥协的观点:哲学论证**在类别上**不同于修辞术的抗辩。虽然在之前,柏拉图的高尔吉亚(让人难以应付地)极力论证修辞术"具体"与什么内容有关,但是在这里,修辞术"普遍地"掌握了各种有说服力(以及没有说服力的)的事情,这种"普遍性"恰恰是它非常相似于论辩术的那个方面,即论题中性②;因为论辩术也"普遍地"应用于检验和支持论证(1354A4—6,1355B8—9)。

对于修辞术的用途,亚里士多德争论说:"甚至最精确的知识"也不会更轻易地说服某些人。这样的知识以"教导"为特征,而教导——明显是因为演说者特有的听众(大多数人,而不是挑选出来的群体)——在修辞术的情境中不可能存在(1355A24—9)。恰恰是这个"不可能"在《高尔吉亚篇》中得出了一个致命的结论:修辞术如果有效,仅当它利用了无知。但与之相反,亚里士多德的结论是:修辞术的活动立

---

① 原文"对应"为形容词"anti-strophos"。关于这个词历来有漫长的解释,它直接关联了《高尔吉亚篇》和伊索克拉底的著作。

② 原文为"topicneutrality",这是赖尔使用过的概念,指句子或命题中能够普遍于任何主题的词项或成分。修辞术在亚氏这里不再是仅仅说服某一方面具体主题的技艺,而是在所有主题上看出说服力的能力和知识。

足于“普遍的”假设和意见，所以他认为自己能够翻转柏拉图对修辞术带有毁灭性的批判，使之变成有利的东西。亚里士多德策略的有效之处取决于他的一个反柏拉图的预设，这个预设本身很吸引人而且可信，即：不从事哲学的大众并不无知，即使他们在洞察力、精确性和学问方面远远低于只有有知识者能达到的高度（“易于获知自然地使所有人快乐”，1410B10—11）。

但是，在亚里士多德为修辞术辩护的所有主张中，最大胆的一个就是他为修辞术的用途提出的第一条理由：

> 修辞术是有用的，因为真和正当自然要比其反面更强，以至于，如果法律裁决不能正确地表明这一点，那么真和正当必然被其反面击败，这种局面应该受到谴责。
>
> （1355A24）[2]

如果失败者应该谴责（显然，此处仅仅考虑正义的一方的立场），这必然是由于他们愚蠢地挥霍了他们的正当理由给自己带来的优势。这就好像是“事实自动说话”一样，如果我们的（不正当的）对手耍花招，
109 使得真相有被阻挠的危险，那么我们的修辞术专长就可以发挥作用；只不过，它在反击对方的阻挠时起的完全是辅助功能。必须承认，亚里士多德在这里认为的那种真理拥有的“自然优势”究竟是什么，还不是非常清楚。他的意思也许是，人们至少在正常情况中会倾向于认清真理，而且这种倾向的理由与他们的心理有关。[3] 或者（不一定只有这里说的几种可能性）他的意思也许是，尽管在认知上人们对真与不真的反应是中立的，但真理**内在地**更可信。（与之相似，两者的对比关系就如同，一个是金子，一个是极为相似却是赝品的金子。）

在《颂辞》中，高尔吉亚有个声明，其中有一个有益的观点，不能抹杀：“单单一篇有技巧地写就、不按真理说出的文辞（逻各斯）就可以取

悦并说服俗众。”(§13)在这里,亚里士多德更接近柏拉图笔下那个很有道德、让人放心的高尔吉亚,他坚持:正确运用的修辞术不会教唆不正义(《高尔吉亚篇》456E 以下)。不过事实上,亚里士多德的立场甚至更极端:柏拉图的高尔吉亚仅仅断定,修辞术不应该(但并不是不可能)出错,与之相反,亚里士多德坚信,正义被击败是应该谴责的——这必然是因为他假设了:在其他条件不变的情况下(所谓“其他条件”,就是指争辩双方的口才处于同等水平),真理和正义都会胜利。正义被击败应该指责,因为它的获胜是(“自然地”)轻而易举的。所以,虽然在柏拉图的高尔吉亚看来,修辞术是道德上中性的工具或武器,而且这基本上也是亚里士多德的看法,但是,后者增加了重要的内容:环境“自然地”(而且通常)有利于人们在道德上正确使用说服工具,不利于堕落地滥用它。这样,对于亚里士多德来说,修辞术**可能**确实会出错(毕竟,我们对手的目的是什么来着?),但不会出大错,因为事情本身的“本性”会阻止在说服领域中不断出现的恶行。

既然亚里士多德相信真理占据上风,这就很容易解释,他为什么会心平气和地有意承认《高尔吉亚篇》的看法:修辞术“教导”是不可能的。如果“真理”自然地比“不真”更有力,那么也许,甚至那些不适合掌握全面知识的人(既有本质上的原因,也归因于他们在公共争论的舞台中所处的位置)仍然会“自然地”倾向正确的判决,“自然地”说出真理(即使这个真理没有被证明,也许还没有被清晰地表达出来)。[4] 所以,亚里 110
士多德之所以相信修辞术会挫败《高尔吉亚篇》中的指控(即,修辞术的成功,仅仅是以迎合无知为代价),是因为他确信,真和正义都是自然的胜利者。但是,这样的认识论乐观主义,它的确切含义究竟是什么呢?[5]

在《修辞术》的其他地方,也提到了“掌握真理是自然获得的”这种看法:“绝对地来说,真的和更佳的事物总是自然地更容易主张和有说服力。”(1355A37—8)《物理学》(II,8)还告诉我们:自然的事物“永远或大多数情况下”发生着。因此,如果在论辩中,真理被虚假败坏,那么它必然在某种程度上是“不自然的”。显然有两种方式，真理会被击败：一、由于我们在争论中“不自然地”软弱无力，所以我们正当的理由会被击败，这样，我们的听众就会沦为恶意修辞术的受害者，尽管真理让我们处于优势地位；二、我们的政治方案也许本身就违反自然，因为它们削弱了正当的一方应该享有的优势，而且已经成了常态。但无论是哪种方式，这样的偏离真理的情况不会太多。另外，这跟高尔吉亚得意洋洋的“逻各斯是一个强大的主宰”（超越对错）的观点形成了再鲜明不过的对比。

关于这个问题，可以引用《修辞术》中一段非常根本和关键的文字：

> 既看到真理，也看到似真，这属于同一种能力，而且，人们既有充分的自然本性指向真理，同时在大多数情况下，又可以达到它；这就是为什么，有可能命中公认意见的人也就有可能命中真理。
>
> （1355A14—18）

人们的自然本性就指向真理这个说法，也许让人们想到了亚里士多德的一个最为著名的说法，即《形而上学》开篇一句：“所有人自然地有求知欲”（982A21）。这个明显的联系迫使我们不仅要在《修辞术》这部作品之内，还要到它的外面寻找对《修辞术》的认识论乐观主义的解释。事实上，《修辞术》的乐观主义宣言显然与哲学方法论研究者强烈关注的、亚里士多德对“论辩术方法”的描述有着密切联系，因为后者可以证明《修辞术》提到的“命中公认意见”的能力——正是以意见为原材料，亚里士多德才最终改进并完善了自己的各种理论。[6]而正确的方法必定就是探究：他如何描绘了这种既使用哲学**又**以修辞术方式
111 追踪真理的人。

我们也应该很小心地指出，既然亚里士多德基于真理的显著优势

重建了修辞术，那么这种做法其实联系了巴门尼德最先确信的那个主张：真理自在地具有说服力。高尔吉亚的回应就是拒绝哲学推理的独特性；他提出了一种统一的逻各斯概念，按照这种设想，自称为说服者的人显然都要操纵听众，只是手法不同而已。柏拉图对高尔吉亚的回应就是恢复了巴门尼德的"作为论证的逻各斯"和"作为'纯粹'言辞的逻各斯"这组对立。最后，亚里士多德对柏拉图的回应的回应并没有支持那个遭到反驳的高尔吉亚的极端立场：即，说服众人并不是在教导他们，修辞术不是哲学，相反，他也许提出了一个建立新型的统一的逻各斯概念的抱负：为了应对"什么是说服"与"如何最佳说服"这两个竞争观念的冲突产生的紧张关系，巴门尼德将两者不稳定地联系在一起，但与之不同，亚里士多德的"统一的逻各斯"也许会在这种紧张关系中走出一条生路。

无效的说服

对于我们应该提出的问题，不妨说得更尖锐一点：一个对《修辞术》开篇表达的认识论乐观主义留有正确印象的读者，他会合情合理地感到困惑，因为他会发现：后面描述的不少说服技巧，往好了说也就是对真理保持中立，甚至有时完全在误导他人。[7] 与之相应，虽然《论题篇》的读者会产生这样的印象：这部作品为建构和考察定义这项积极的哲学任务提供了指导，但是在受到鼓励之余，他们也有可能猛然间对第八卷和《辩谬篇》的说法感到震惊：这一条条威逼胁迫的诡计和谬误推理跟正儿八经的哲学论辩术有什么关系啊？当然，有人会对这两个问题不屑一顾，标准的回答就是：在论辩术的情况中，亚里士多德的意图纯粹是为了防患未然；而在修辞术的情况中，他全新的与柏拉图相反的"现实主义"促使他应对政治现实，其中也包括现实的阴暗面，即使这意味着超然的哲学家双手变脏了，但他仍然出淤泥而不染。

我们应该反对这样肤浅的回答,应该考察一下有哪些证据可以证明亚里士多德纵容,甚至默许了这种无效的说服。“无效”这个词,我不
112 想用它指严格意义上的“逻辑无效性”,相反,我的用法不太正式,更灵活一些,它包含的东西也许会让我们合理地觉得自己至少拐向了“论证不当”;而那种为了获胜有意阻挠或压制真理的辩论都带有这里说的“不当”这种特征。(这似乎太想当然了,因为它假设了:无论我们的背景如何,也就是无论我们是不是缺少逻辑学和论辩术的知识,我们肯定都会对错误的论证感到惊讶。显然,情况会是:在建构和评价论证方面,我们并不全都富有一定经验从而能完成这项任务,而且,我们也并不都期盼着在这个过程中能有什么提高。)我们会一直比较和对比修辞术与论辩术的材料,试图让我们的结论与亚里士多德追求的“真理的说服力”相一致。

除了上面说的“自洽”问题之外,我们也要考察一下“浅显问题”,虽然按照这种情况的本性,这里的结果肯定得不出什么结论。如果认为上述那段哲学家亚里士多德在《形而上学》中的描述可以推出:每个人都渴望或有能力成为标准的哲学家,那这就太荒唐了。为了支持“求知欲是普遍的”这个主张,亚里士多德引用了一个证据:我们都乐于运用我们的感官(980A21—22),而且,一些人最初的理智追求也许从未超越在感知上得到满足。同理,在修辞术的语境中,我们自然的理智主义仅仅意味着“易知自然地令人快乐”(1410B10—11),它不意味着:深奥、高标准的论证会让听众感到愉悦。在《修辞术》(III, 10)中列举的俘获听众的手段(如隐喻之类)都在提醒人们:虽然我们必须避免平白浅显,但我们也不应该让事情太难:“迅速知晓”(1410B21)是“精明的”修辞术语言的目标[比较“修辞术的活动……针对这样的听众,他们不能立刻统观事情、不能从太远的起点出发做出推理”(1357A1—4)]。[8] 这样,“浅显”问题会让人担心:尽管我们对真理的自然欲求和巴门尼德有着崇高的联系,但它也许太容易满足了(想想高尔吉亚在跳过让海伦

离开特洛伊的那些情节时说的理由）：所以现在来看，亚里士多德提出的“我们全都有求知欲”这个看法或许可以当作他对“高尔吉亚 /《高尔吉亚篇》问题”的另一个重要的回应，只不过没有被人认识到。但是 113 有一点，如果亚里士多德没有像高尔吉亚一样怀疑“快乐的动力”和“知识的动力”是彼此冲突而非互相结合的，而且原因也许正是，我们全都想要知道的真理已经被偷偷贬值了，那么，真理就变得如此平庸，以至于亚里士多德对《高尔吉亚篇》中“修辞术与教导分离”这个问题的回应听起来很空洞了。

合法的感情

在第一卷第一章中，亚里士多德一直批评修辞术诉诸情感：“偏见、怜悯、愤怒，这些灵魂的情感都与主题无关，而是针对审判员。”（1354A16—18）既然高尔吉亚的文章吹嘘逻各斯“能遏制恐惧，消除痛苦，带来快乐，增强怜悯”（《海伦颂辞》§8），那么人们也许会很容易得出一个结论：在这里，既然亚里士多德断然而且无条件地禁止演说者去触动听众的情感，所以他也无条件地舍弃了高尔吉亚的修辞术，偏向柏拉图的哲学。他调和高尔吉亚和柏拉图的企图从一开始就注定了结局，因为在第一卷第一章中那些表面上被否定的说服法①又在《修辞术》后面的部分里详加讨论，而且它们肯定不符合只能使用理性来说服的计划。[9]应该被抵制的是“引诱”：亚里士多德心灵哲学中最突出的优点之一恰恰就是，它允许我们区分“诉诸情感”和“操纵情感”这两个概念。②思想和欲望在筹划行动中携手构建了各种选择，它们都是完全理

---

① 希腊文为 pistis，在《修辞术》第一卷前两章，亚氏规定了三种技艺内的说服法和两种普遍作为逻辑形式的说服法。此处“被拒绝的说服法”即情感，它是三种技艺内说服法之一，在第二卷（1—11），亚氏详尽地分析了各种情感。

② 尽管亚氏不提倡诉诸情感，但他还是讨论了情感部分，因此他反对的是情感操

性的人类行为的前提条件。哲学分析探究的就是筹划中的理智方面和情感方面,但是这种分析的特别之处恰恰在于:它没有反思到灵魂中的理性和情感这两者在类别上有什么不同。

修辞术理论的这些结果已经没法再激进了。无论人们选择哪种版本的柏拉图式的灵魂,柏拉图式的情感都是无理性的,之所以如此,并不是指它们能还原为简单的味觉或触觉,而是指,根据定义,它们不可能被明显存在于哲学逻各斯中的成熟主动的理性带动和改变。与之截然相反,亚里士多德式的情感则被理性渗透。例如,当我不愉快地感觉某个事态是不幸的,由此做出反应时,我确实感觉到它是不幸的:除了病态的情况以外,认知性、评价性和情感性的回应通常都是不可分的。
114 当然这不是要认为:错误的感觉(按照认知性、评价性和情感性的维度中任何的一种)不会出现;而是要主张:没有逻各斯,情感就必定不会而且不可能被带动,所以情感肯定不会被轻视。

> 被逻各斯安排的说服法[①]有三种:一部分在演说者品性中,一部分在听者的状态中,一部分在逻各斯自身,这通过它的证明或看似证明。
>
> (1356A1—4)[10]

亚里士多德在这里不仅承认了修辞术包括不可还原为论证(即**表面上的**论证)的那方面,也承认了有些方面具有某种(有限的)独立性。在解释第二个、情感性的说服法时,他说:"当听众被逻各斯引导而动情

控,而非一般的诉求。情感诉求被理性所统摄,因此是有理性的无理性活动。

① 即 pistis,指三种技艺内说服法:logos(材料的逻辑解释和说明)、ēthos(演说者的品性)和 pathos(听众之情感,即下面所说的"状态",因为情感是灵魂的基本状态和情态)。这段文字中,前后两个逻各斯的含义不同,第一个指演说或话语,第二个即三种技艺内说服法的逻各斯。

时，（演说者就在）打动他的听众（来说服）；因为我们在痛苦或快乐时，并不会做出我们在爱或恨时做出的判断。”（1356A14—16）[11] 这里留下的一个可能性就是：修辞术技巧的正确运用确实会诉诸我们的情感，但条件仅仅是，如此形成的情感可以加强我们对真实逻各斯的接受，而非让我们的情感与我们的推理产生冲突。亚里士多德把修辞术比作“论辩术和政治学”的“旁支”这个明喻（1356A25—27）表明了他拒绝同化但也拒绝分离推理动机和情感动机的看法：这种复杂的计划就是打算既区分又统一这两者。虽然修辞术是论辩术的“一部分”而且与之“相似”（1356A30—31），但一般来说，它的论证，即使在有效之时，也不符合理论研究的高层次（也是与它不相配的）标准：尽管如此，它们也是真正的论证。

第一章中认为，激起情感是“针对审判员”而“与主题”无关，这个看法也许仅仅指滥用性的情感操纵；毕竟，亚里士多德在后面一点主张：“一个人不应该令审判员愤怒、嫉妒或怜悯来使之产生偏见；这就如一个人做尺子却打算弄弯了来用”（1354A24—26）。倘若这个禁言并不限于不正确的情感操纵，那么可以说，虽然它允许控告盗贼或杀人犯的演说家鼓励其听众使用他们的实践理性来推导出：他的控告是错的，但是，它又会阻止演说者进一步促使听众愤怒地回应现实中的罪行：在这种情况中，之所以会“使之产生偏见”，是因为在理性中加入了情感因素。但是，亚里士多德的心灵哲学却迫使我们认识到：“擅长论辩”和“影 115
响我们感情”的演说家无须把这两种活动分开进行。恰如“感觉某事是不幸的”这个过程是统一的状态，所以，“我说服你看到这件事情”这个行为就是单单一次（即使特别复杂）修辞术行动。

我的结论是，亚里士多德反对的不是“诉诸情感”这种做法本身，而是“与主题无关的”诉诸情感，因为它们刺激出的情感与讨论中的重点并没有或至少看起来没有内在的联系——比如，既然被告是犹太人，代理人就试图激怒反犹的听众；或者，有谁鼓吹支持一位政治家，他就会利用听众对这位政治家祖上的崇敬之情。协调修辞术的理性特征和情感特征很可能是困难的，但毕竟，它不会使人担心：亚里士多德调和高尔吉亚和柏拉图的企图一开始就会失败。但是，《修辞术》在后面用情感构建逻各斯的种种规定会不会也同样可以证明是合理的呢？这个问题还有待考察。

从两个方向演说

进一步，人们必须能从相反的情况来说服人，恰如推论所做的那样，不是为了两个方向互推（因为人们断不可说服人使之相信错误的事情[12]），而是为了使事情的情况不会不为我们所知，还为了若有人不正当地用逻各斯，我们能亲自反驳这样的人。其他技艺无一争论正反两面；仅论辩术和修辞术能做到这一点，因为它们同样都可以同时相关正反两面。

（1355A29—36）

以往，通常对诡辩修辞家的带有保守色彩的回应是这么说的（而且现在也是）：他能使更差的情况看起来更好。[13] 亚里士多德不像柏拉图的高尔吉亚，他没有表明，修辞术这门技能本身就可以保证它传授的机敏的口才绝不会被用来达到坏的目的；相反，他认为，当修辞术作为武器而非工具发挥作用的时候，它仅仅是为了防御。

有说服力地从两个方向演说的能力如何会使修辞家认识到"事情
116 的情况"呢？哲学家从事论辩术以探究为目的，那是因为真理尚未被知晓，或至少真理尚未按照符合哲学的、高层次知识的标准被理解和解释；这样，如果哲学家不确定灵魂的可朽性（或不朽性），那么既从赞成、又从反对的立场去争论的能力也许就会加深人们理解这两种立场使用的、可以解决主题的论证材料。但是很难看出，与之类似的能力如何会给正派的修辞家带来帮助,因为情况确实是,除非他确定了自己的理由是对的,否则他就不应该试图说服;所以,当真理未知或晦暗不明时(这里指的是不严格的情况,比如有人被认为掌握了或缺少与修辞术争论领域中的问题有关的知识),需要的而且有机会使用的是探究性的论辩术,不需要的是修辞术,它也没有机会使用。

虽然我断定:当某人的立场代表了正义,而且他知晓正义,这两个条件是合法的修辞术活动的先决条件,但是,我不想暗示:有能力的、令人尊敬的修辞家必定接近于明智者(phronimos,有实践智慧者)——这是亚里士多德道德完美的楷模,他总是教导和遵守正确理性的正确决定。按照亚里士多德的观点,一个人确实能成为擅长说服的专家,而且从来不会误用他们的技巧,但是,他们仍然要低于道德楷模。相反,我要说的是,如果修辞家选择在庭审时追究某人、起诉他伤人,这是因为修辞家相信,后者在集市攻击了自己的父亲,那么,相信“攻击已经发生”这个事实与在伦理上设想“攻击是侵犯他人,因此证明报复是合理的”这两个看法都会是有理有据的,因为这样的信念就能达到这种程度。另外,对于一位写手(职业演说辞作家)来说,除非合情合理地让他相信了自己的委托人诚实可信,否则他不会为他创作一篇演说。

也许可以设想:假如我们调换一下修辞术的类型,那么看起来还是挺有可能出现一种与探究性论辩术类比的修辞术。诉讼修辞术仅仅相关过去事实以及使用(我们假定是)无争议和公认的道德原则,这样,它给理想的亚里士多德式的演说家提供了确定性的根据。但是,既然议政修辞术相关将来的偶然之事,以及政策选择中多少带有可能性的结果,那么也许它更有希望类比于论辩术。正如哲学家不确定灵魂,故而人们也可以主张:参与政治争论的修辞家也不确定(比如说)雅典人应不应该派遣舰队入侵西西里。但是,这个类比还是经不起推敲。既然
亚里士多德相信,伦理学和政治学完全统一,那么他的演说家在原则层 117
面上就不应该怀疑:雅典帝国的扩张主义(我们假定)是错误的,正如他

也不怀疑侵犯有罪一样。[14] 而在事实层面上，他也应该知道（而且这样的事情也都是可知的）远征最有可能的后果是什么。[15]

一个是有说服力地从两个方向来演说的“修辞能力”，一个是对“事情的情况”的更深刻洞察，这两者之间究竟有什么联系，依然含混不明。能看出的结论就是，亚里士多德在回应一个反复出现的忧虑：既然修辞术是与道德无关的能力，那么难以避免它产生不道德的作用。我之前主张过：之所以提出真理的自然优势及其最强的说服力，其用意就是消除人们对修辞术的不信任。也许，努力将修辞术难以否认的“两面性”和（难以否认地）完全可疑的“两面性”与知识的提升联系在一起，似乎徒劳无功，但这种努力正是亚里士多德以辩护的方式回应那个忧虑的更深刻层面。[16]

狡猾的问题

到此为止，我的论述已经让我们开始怀疑“探究性的论辩术”的特征是否能传给（标准的）修辞术。但是，如果我们对目前为止归于论辩术的积极作用有所怀疑的话，那么上面这个问题就更为有趣了——甚至必定会更加棘手。虽然这里只讨论了探究性的论辩术，但还有其他几种论辩术，读过柏拉图《欧绪德谟篇》的人都知道那里间接划分出了这些论辩术以及与之对应的“论辩家 / 哲学家”和“争辩术 / 智者”①。

既然在亚里士多德看来，经典的论辩术交锋包含一个回答者，一个提问者，后者针对前者确定的论题进行提问，前者回答问题、试图消除反驳，那么，亚里士多德讨论论辩术理论和实践的论著，其首要主题之一就是：如何能最佳地提出这样的问题。在《论题篇》（VIII, 1），他区分了“必然”前提［“必然的”，即，可以证明提问者推断的（155B29）］

① 诡辩术或智术是论辩术的不当用法；智者的修辞术是哲学家修辞术的不当用法，但后两者并无专名相区分。

和人们必定能让回答者承认的前提。在后一类命题中,有些被用来“隐藏结论”(155B23):这些就“以论争为目的;但是,既然所有这样的事务都可以反对他人,所以使用它们就是必要的”(155B26—28;比较155B10)。 118

人们也许想到了:利用这些伪装的前提的做法,公然违背了论辩术的得当性,也许这还体现了严格意义上的无效性,因为它的目的一直都是有意使回答者混乱(比较156A7—13)。[17] 但是,亚里士多德并没有剖析其中的一些阴暗的智术式的诡计:“所有这样的事务”指论辩术整体,包括它的各个种类。类似的问题并不仅仅存在于从回答者那里找到的前提;“必然的”前提“不应该直接就摆出来”(155B29—30),这还是在尽可能地要让事情变得棘手。亚里士多德总结道:

> 一般来说,以掩盖结论的方式提出问题的人必须以这种方式询问;这样,当整个逻各斯以问答形式出现而且他说出了结论时,人们[也许是回答者,除了提问者之外的所有人?]① 就在寻找为何如此的原因。
>
> (156A13—15)

根据亚里士多德自己的证明理论,[18] 我们理解某事,是当我们拥有了解释之时;而解释就是“为何如此的原因”。所以论辩术发问者的成功,就在于他使回答者迷惑,让他丧失了理解力,亚里士多德主张这些都属于哲学任务[19]。如果这一点能让我们想到柏拉图作品里的什么内容,那就是狄俄尼索多罗斯那句令人生厌的吹嘘:“我们问的所有事情都同样让人难以回避篇。”(《欧绪德谟篇》276E5)

我们可以把这个难题重新表述一遍,说得再详细一些:如果所有论

① 沃迪自己的话。

辩术都“反对他人”(都是“论争”的话),那么不管情况如何,它会不会都有可能变成一种容易出错的真理的引导呢?毕竟,论争的重点就是获胜;如果论辩家一成不变地追求获胜,那么他难道不会攻击(用龌龊手段攻击)那种恰好为真实论点辩护或攻击错误论点的对手吗?确实,竞争性的论辩术和修辞术都同样鲜明地体现了雅典文明的那种冷酷无情、争强好斗的作风,它粗暴地撕碎了雅典文明的机体,使之常常面临着解体为无序状态的危险。

哲学的进攻

与之前一样,我们还是要重新回到《高尔吉亚篇》那里寻求帮助。想一想苏格拉底的那个主张:他的论证性质询和反驳都“不是为了你,
119 而是为了逻各斯,是为了提升到能充分明白我们讨论的内容的地步”(453C2—4)。他的(探究性的)论辩术模式产生了一个吊诡的可能性:在更深刻的层面上,对手反倒会成为探求真理的同伴。[20]论辩术的交锋仍然是一场问答双方争相获胜(在一定限度内,也许限度并不确定)的“论争”。但是,一个关键的条件就是,他们的动机与哲学有关,与个人无关,所以,他们的讨论尽管采取了争斗的形式,但也许是在追踪真理;事实上,正是这个形式提升了论辩术作为哲学研究工具的效力,因为它的“争斗性”至少能不断地防止论证轻而易举地达到要求。

这个与苏格拉底有关的先例肯定能让我们渐渐明白:《论题篇》会如何以“所有这样的事务都可以反对他人”为理由,证明那种“有所隐瞒的提问”是合理的,而且还不会因此糟糕地破坏了“教化的论辩术”和“令人反感的争辩术”之间的区别。但是,《欧绪德谟篇》却清楚地点醒了我们。只有这篇对话的全然天真的读者才会自以为是地得出这样的结论:苏格拉底和那智者两兄弟的差别相当明显:柏拉图谴责智术时的巧妙之处主要在于,他精心地让苏格拉底与欧绪德谟和狄俄尼索多

罗斯两兄弟之间的那条并不清楚的鸿沟变得清楚起来。但就算鸿沟巨大，那些意识不到他们争论精神的旁观者也仍然看不见它。苏格拉底的论辩术活动也许是"为了逻各斯"，而不是为了贬低他人、抬高自己；但是，这一点没法帮助一个观察苏格拉底论辩术行动的人把他的哲学抱负与两兄弟卑劣的野心区分开来。[21]

有人会反驳说，《论题篇》实际上并没有把这样的进攻战术归于哲学家。因为紧接着"论辩术'反对他人'"这个主张之后，亚里士多德似乎表明，与论辩家完全相反，哲学家并没有采用争斗的方式进行争论：

> 对于哲学家和个别的问询者来说，虽然组成其论证的命题为真并且被人熟悉，但回答者因为它们紧密联系了哲学家的出发点并且预见到了下面的发展，因而不会接受它们。这种情况，哲学家并不在意。相反，哲学家也许会热衷那些尽可能被人熟悉并且严密的公理，因为科学论证是通过公理被构建的。
>
> （155B10—16） 120

但是这个对比还不完整，很肤浅。首先，虽然亚里士多德确实想让我们指明"本质上具有关联性的论辩术"和"个人问询"的差别，但这并不意味着，哲学探究就不能以论辩术的方式进行，相反，它只是未必如此。第二，关键在于，这段并没有说，当哲学家以论辩术的方式活动时，他就毫无保留地不关心获胜（为了真理）。相反，它的意思是，如果他在某个具体的论辩术较量中由于上面说的原因受挫，那么他反倒会满意而去，因为，（在此处的例子中）回答者拒绝承认论证（也就是正式承认了提问者的获胜），这甚至就标志着回答者走上了正确的哲学轨道。有人会比较柏拉图的对话中，苏格拉底的那些对话者坚持自己立场时的场景，这很有帮助；通常（甚至总是如此——考虑一下《普罗泰戈拉篇》中的普罗泰戈拉）他们都拒绝合作，这表明了苏格拉底在寻求一条有效的论证思路，虽然他的对手 / 同伴的“拖延战术”意味着明确的“驳诘”不可能出现。

论辩术领域中的所有这样的含混和潜在的混乱都与亚里士多德修辞术概念的可行性有关，这一点应该显而易见。“真理的自然优势”决定了：在修辞术中，我们倾向于被真理说服（或至少，在实际中不会倾向于被虚假欺骗），而在论辩术中，我们很可能更接近哲学对事物存在方式的理解（同时，我们不会用一堆谬误推理互相欺骗）。我们的出发点就是下面这个“疑难”：亚里士多德一方面坚持认识论乐观主义，另一方面又毫不尴尬地推荐一些看起来极为狡猾的论证策略，这两个方面如何协调呢？如果一般意义上的“苏格拉底式的”策略可以用来证明论辩术中的唇枪舌战是正当的（就是说，如果对话者能借助这种以非个人方式推动的竞争，从而更接近真理），那么，我们可以试图把这个策略传给修辞术，去证明它利用一些不太公平的斗争技巧这种做法也是正当。当然，我们会有多成功，这情况各异；但是在很大程度上，它取决于一个尚无定论的关键问题。我已经说过，“怎么都行”并不是论辩术的规则；相反，对于论辩术竞争者在活动时不能超出的界限，我总得确定它的（即使是）大致的位置。所以，在我们能判断诸如“苏格拉底式”的策略之类的东西可否成功证明修辞术中的认识论乐观主义是正确的之
121 前，我们必须首先考虑一下，亚里士多德打算把不使用智术的争论者在论辩术中的肆无忌惮想象到什么样的程度。

论辩术游戏的规则

首先，亚里士多德建议，有技巧的发问者应该偶尔诉诸“自我反驳“：“因为回答者习惯上不怀疑那些**看起来**论证公正的人”（156B18—20）；即使这得不出有技巧的论辩术论证只能展现出公正的假象，但也排除不了这种可能。[22]

第二，注意亚里士多德针对公众意见提出的建议：

> 说“这样的事情都是习惯，并且到处都这么说”，也非常有用；因为如果他们不反驳，他们就是在犹豫该不该动摇习惯。同时，由于他们自己也在使用这样的事情，所以他们会避免动摇它们。
>
> （156B20—23）

在《高尔吉亚篇》最后的第三部分，苏格拉底与卡里克勒斯交锋时，苏格拉底断然不去考虑那些由公众认可，但他自己不愿意接受的前提建构起来的论证。在这里，唯一一个见证苏格拉底感兴趣的真理的人就是卡里克勒斯，因为按照苏格拉底自己的规则，他的对话者要承担论辩术的断言（《高尔吉亚篇》，471E2—472D4）。但是，既然亚里士多德式的论辩家必须关注的意见（“公认的意见”）是那些要么所有人，要么多数人或聪明人认同的信念（《论题篇》，100B21—23），因此，赞同亚里士多德的人也许会主张：之前说过的、专心于尽可能全面地收集意见这种做法的目的充分证明了亚里士多德的方法优于苏格拉底的方法：苏格拉底零碎地收集论辩术的结果，满足于一对一交流之后通常出现的毫无结论的效果，与之相反，亚里士多德的“普遍”承诺了更有实质性的结果。但是，他加入了“这样的事情都是习惯，并且到处都这么说”，寄希望于回答者难以反驳，这种做法似乎明显有意要吓唬回答者、威胁他、恰恰想让他屈服于苏格拉底看不起的公众常识[23]。但是，如果回答者本人也从意见中得到了弹药，那么亚里士多德的争论者似乎就会陷入危险，因为他不得不服从有损于真正的哲学努力的论辩术的窠臼。[24] 122

现在，亚里士多德从为提问者做出规定转到了（《论题篇》，VIII，4）为回答者提供建议。他论述了不同种类的论辩术，这在一定程度上抵消了读者也许一上来形成的、对其方法的负面印象。这段文本极为重要，兹全部引用如下：

> 人们教导或学习时，与人们争辩时的目标并不相同；后者的目标与人们花时间彼此进行探究时的目标也不相同。这是因为，学习者必须总是说出他相信的事情，因为没有人会试图教导错误的事情。相反，当人们争辩时，提问者要不惜任何代价让自己“显得”达到了效果，而回答者必须“显得”完全不受影响。而在论辩术的交流中，当人们并非为了争辩，而是检验某人、进行探究从而提出论证时，回答者的目标，以及，针对为自己的立场做出恰当或不恰当的辩护而言，什么样的事情他应该同意和不同意，均尚未被清晰地表达出来。
>
> （VIII，5，159A26—36；比较《辩谬篇》10 以下，171A38—B9）

有人也许会认为，这段文字会让我不用再花费力气去证明亚里士多德的认识论乐观主义是含混不清的。因为它如此鲜明地将论辩术好的方面和坏的方面区分开来。尤其是，用我前面的说法来讲，可以把 155B26—28 解释为，它指出了恶性竞争是论辩术这个类属的特征：与之相反，当前的文本却意味着，只有一种论辩术是残酷的争斗，而且，使用命题“隐藏结论”的做法以及其他类似的不当之处都仅仅是令人厌恶的竞争性论辩术。因此，有人会指责说，我对 155B26—28 和 155B10 的翻译（说论辩术可以“反对他人”）带有偏见，译得太过：虽然希腊文有可能就是这个意思，但我们现在能看到：它只不过意味着论辩术是一种本质上具有关联性的活动。[25]

真的如此吗？首先，虽然不同种类的论辩术的目标是不同的，但这不能得出：它们的手法也（完全）不同：如我们之前所见，《欧绪德谟篇》中的一个寓意就是：智术很容易与哲学混淆，因为他们各自的动机（基本的动机）的差别仍然看不出来。我们只能看到“进攻性”的论证。其
123 次，“竞争性”论辩术之所以独立成为一类，并不是由于竞争本身，而

是因为它必定要“不惜任何代价”让自己表现出[26]进攻或防守的架势(159A31)。第三,说论辩术交流“并非为了争辩,而是检验某人、进行探究从而提出论证”,这句话应该解释为(按照每个揭示出论辩术中那种“相对放肆、普遍存在的争斗倾向”的部分所说):它的意思不是说,“标准的”论辩术不是争论,相反,它的意思是,这种论辩术存在的理由不是“获胜”,因为这属于争辩术(《辩谬篇》,171B22以下)。[27]但是,按照某种让人想起“双重效应说”①的方式,这样的立场有可能就是意在完全符合“哲学争论者谋求获胜”这个想法[28]。因此,在更广的语境里,155B26—28和155B10恰恰谈到了真正的对抗性活动:如果仍然把它们翻译成好像论辩术仅仅是“关联性的”,这就站不住脚而且误导人了。最后,在引文的结尾,亚里士多德解释了,他之所以复述这些所谓的论辩术的种类差异,是因为还没有澄清:回答者在这种“训练式”②和“探究式”活动中应该如何做到最佳;按照亚里士多德的意思,他之前的论辩术教师都忽视了这个问题(159A36—37)。所以,在确定论辩术和争辩术实际上能被清晰地划分到什么地步之前,我们应该考查一下在亚里士多德看来,什么东西会填补两者之间的缺口。

为了假象

为了解决谬误推理,《辩谬篇》提出的最露骨的建议之一就是:有时,如果人们用“看似”而非“真实”的解决方法应对提议者,效果反而会更好:

---

① 主要见于伦理学的一种理论。托马斯·阿奎那最早提出。在一种道德行为中,如果出现了好和坏两种效应,只要坏效应不是主观故意,不是这次行为的手段,而且坏效应弱于好效应,那么这次行为就是好的。作者这里说的坏效应就是论辩术的争斗性,好效应就是探究性。

② 作者使用的是gymnastic,他是按照希腊文gymnastikos一词来用的,这里不是指身体的体操和锻炼,而是训练性的论辩术,区别于立足于论辩术展开的“探究性”论辩术。

> 恰如我们认为,人们必须偶尔选择以似真而非真实的方式争论,所以在这种情况下,人们也应该以似真而非真实的方式解决谬误推理。因为一般来说,人们应该反对争辩术,这并非因为它们似乎是在反驳我们,而是因为它们"显得"[①]似乎是在反驳我们;之所以这样做,因为我们至少否认了它们有所论证,这样,人们必须正确地安排事情以便不会被"看似"反驳。
>
> (175A31—36)

《辩谬篇》本来想要教我们如何避免自己被智术所害;而且的确能
124 合理地认为,人们不应该堕落到争辩术的水平来这样做,不能像《欧绪德谟篇》里的科特斯珀斯那样。但是,我们现在知道,即便我们不是智者(而是哲学家,想必如此?但仍然有一些场合,真理必须要成为假象的牺牲。古希腊论辩术的场景中有一个要素,它的影响极其重要,这就是论辩术自我表现(甚至是表现狂)的方面。与竞技比赛(和修辞术的"展示")由差不多正式设立的裁判组来裁决一样,论辩术的交锋也出现在有听众、也许还有拥趸在场的(半)公开的地点,争论的胜败由他们见证——柏拉图的对话就生动地把这样的场景展现在我们眼前。

亚里士多德建议,当真正的反驳在论辩术听众看来并未击中目标时,人们应该用反论证替换,虽然这种论证本身是假的,但仍然显得令人信服。这样,按照我的翻译,"似真地"[②]主张或反驳必须解读为"仅仅似真",因为它相反于"真正地"主张或反驳。此外,"似真地"的希腊

① 原文为"phainesthai",英语 phenomenon 和德语 Phänomen 来于此词,即表现、显现,与真实对立即为假象、看似如此,本节有"appearance(假象)或 appear(看似或显得)"两词,即指该词。

② 这个词可以表示可能性,因此有真的可能,但也可以表示完全虚假,这里是后一种含义。

原文是一个和“意见”同源的副词[①]，“意见”又是建构性的哲学论辩术的关键词；这种语义上的联系有着令人困扰的含义，虽然没必要穷追猛打，但有一个事实却会让我们踌躇不前，即：在智术的攻击下，亚里士多德式的哲学家也许至少暂时放弃了对真理和有效性的拥护——为了假象。更为困难的是如何反驳下面这个结论：实际上，与偶尔提出的冠冕堂皇的禁言相反，在“白色的”论辩术和“黑色的”争辩术之间并没有难以消除的差别。

但是，亚里士多德支持（用我的话说）“无效的”策略，并不仅仅是在面对挑衅的智术时：

> 既然，这样的逻各斯之所以出现是为了让某人练习和接受检验而非教导他，那么很清楚，人们必须不仅仅主张真理，还要主张虚假；不仅仅使用真理，还要偶尔使用虚假。因为，当真理被设定的时候，论辩家必定总是去消除它，结果就是，他必定走向了虚假。而有时候，当虚假被设定时，必须要借助虚假消除虚假，因为没有
> 什么能阻止一个人相信虚假之事而非真理[29]，这样，随着逻各斯从 125
> 他相信的事情中形成，他就会被说服而非有所受益。
>
> （《论题篇》，161A25—33）

此处，亚里士多德断定，鉴于论辩术交锋的紧迫性（即，有义务反驳自己的对手 / 同伴），哲学论辩家也可以做出虚假断言并提出虚假论证（或至少是有意利用回答者的假话）。

就像我们考察的其他例子一样，一个力求纯洁的人也许会反对说：

① 即“endoxōs”，endoxon（与 doxa 同源）一词含有意见、可能性、不确定性等含义，因此副词相应理解为以意见的方式、可能地、不真而似真地等等，其中表示似真，（1）表示看似真实，实则也真实；（2）看似如此，实则虚假，此处显然是在第二个的含义上使用。作者的译文为“plausibly”，即看似合理、可信和真实地。

这段文本只能有限地使用，因为它相关的是“训练式”和“检验式”的逻各斯——发展这样的逻各斯是用来训练和检验争论者，不是为了探究。真正的哲学家也许会以这种灵活自由的方式训练自己及其合作者，但是，一旦处理严肃事务，他就只会“有效地”做出论证，不为其他，就为真理。然而，这种反对看法不成立。诚然，亚里士多德区分了“训练式”/“检验式”/“探究性”论辩术，虽然这很松散，例如在第 120 页引用过的 159A26—36 中，他很容易地就从“进行探究”跳到了“检验某人、进行探究”。但是，这种区分是有语境的（这个区分存在于“争斗性论辩术”和其他类型的论辩术——教导式、检验式和探究性——之间），而且在 161A30 以下可以看到：**真正的**论辩家只能使用虚假论证进行检验。[30] 不过，更重要的是，如果我们实际关心的是探究性论辩术，那么我们这两个对话者在眼下就不可能知道真理在哪；所以我们俩就毫无选择，只有尽双方所能以非个人的方式攻击和辩护，这样，我们获得真理的机会也许才能变大。或者，如果像之前所述，我们知道真理是什么，但是并不理解“为何如此的原因”，那么有意使用“无效性”或许可以提升我们的理论理解力。

的确，偶尔需要用“虚假”争论“虚假”，这肯定属于严格的“检验式”论辩术（因为，倘若它真的是“探究性的”，提问者又如何能确定用来反对回答者的信念是虚假的呢？）；但是，仅限于这样的环境里，才可以清楚地确定一个人是心知肚明地有意沉浸于“虚假”之中。再有，亚里士多德显得有些焦虑，他担心这种为了改进他人、借助论辩术的人身攻击的法子会让一个人以“无效”和争辩术的方式反驳他人，因为在接下来，
126 他呼吁：“但是一个正确转变他人的人，必须以论辩术而非争辩术的方式使之转变，恰如一个几何学家会以几何学的方式这样做，不论结论是真还是假”（161A33—36）。这个比喻可不止是有点莫名其妙：比如说，如果我想让你放弃“156 是质数”这个错误的信念，而你又相信“没有

一个偶数是质数"，我就提醒你这一点①，那么，这应不应该算作"数学式"的转变，而非"智术式"的转变呢？[31]

在重返《修辞术》之前，是时候理清一下我们说过的内容了。我们并没有讨论《工具论》中所有与论辩术的成分有关的材料，但是，我们收集的材料已经足够用来比较论辩术和修辞术了。我们的出发点就是这样一个明确的信念：试图解决《修辞术》（I, 1）中表述的认识论乐观主义的正确途径并不是置之不理，把它当作专属"论辩家"的东西——这种做法是柏拉图式的"申辩"，在我们着手肮脏、实用的修辞术把戏之前，我们要恭恭敬敬地把它请到一边去。只有当论辩术明明白白没有反复无常地要弄真理时，这种法子才是可行的选择。但是，即使我们对《论题篇》的考察过程非常有限，我们也已经发现了让人印象深刻的证据，可以证明论辩术完全是"争斗性"的，偶尔还有强制性的举动——事实上，它是一种吸引观众眼球的智力活动（有时还是"血腥的运动"②）。我们之前一再注意到那些表明不同种类的论辩术存在差别的文本；但是，我们也一次又一次地发现，这样的差别（甚至微不足道）并不能作为充分的理由来说明好的论辩术过程可以把善恶区分开。

修辞术游戏的规则

亚里士多德毫无疑问地诉诸我所谓的"苏格拉底的策略"来为论辩术的竞争性开脱："既然在事务中，一个阻碍共同任务的人就是坏的对话同伴，那么很清楚，这也适合于逻各斯；因为在这里，某个共同的计

① 因为偶数中 2 是质数，所以这是一个错误的命题，但它又包含了"其他偶数都不是质数"这个正确的数学知识，所以它可以否定 156 是质数。这个过程就是用虚假反驳虚假，但完全是智术式的，尽管看起来有点像数学式的。

② 原文为 blood sport，通常专指狩猎和屠杀动物的运动，作者显然不是说论辩术要流血，而是说论辩家在狩猎对话人，使之成为牺牲品。

划已经被提出，除非有竞争者存在。”（161A37—39；比较 161A20—21）对手是寻求真理的同伴——因为他们在争论，这又恰恰因为他们是对立关系。所以，这种以类似苏格拉底的方式、为修辞术争斗的辩护，它的前景如何呢？我之所以如此谨慎地阐述它，是因为非常明显，当为论辩术和修辞术的这种表面上的卑鄙做法辩护时，必须要考虑这两者的一个“不相似”之处，它恰恰就存在于我一直讨论的那个方面上：即，当
127 亚里士多德试图证明好的论辩术对手同时而且由此也是同伴时，无论这种做法可信与否，它也不可能适用于修辞术的对手（亚里士多德从来没有用任何方式声称过这一点）。在修辞术中，并没有与“检验式”或“探究性”论辩术对应的东西，而这两者才会成功培养出竞争性的伙伴关系；只有与有意或无意的邪恶作斗争的、正直的修辞家才可以类比跟争强好胜的智者交锋的哲学论辩家——人们必须既使用公平的方法，偶尔也用违规的法子揭露智者。[32]

我们要讨论的第一个可疑的说服技巧见于《修辞术》（I, 7），在这里，亚里士多德教导人们当双方对利益达成共识，但又对讨论中的政策能带来多少利益存在分歧时（1363B5—6），应该如何炮制论证：“相同的事情分为了若干部分，这看起来就更大；因为它们看起来变得更多了。”（1365A10—11）恰如《论题篇》提出了一些不太诚实的建议，人们也会怀疑此处的“看起来”必定是似是而非的假象，打算糊弄容易上当的集会民众。这种招数就好像一个人安慰失望的小孩子，后者不满意一张十便士的票子，前者就给他换成十个一便士的硬币；和仅仅说糊弄话相比，这又能好多少呢？[33] 也许有个答案，但充其量是偏袒的借口罢了。通过把事物分成若干部分，再论述它们，我的修辞术就会让你感觉到而且评价出，你以另外的方式会忽略的利益；这个技巧教导我们去划分我们主张的事情，但并非因此它就看起来比实际上更多，相反，这有助于大家认识到它的真实程度有多么大。（有人甚至会试着扯上修辞家教育功能的“浅显”问题，搞出更深刻有利的联系：如果整体划分为

部分这个想法是有利而且有益的,那么使用这个手法的修辞家就是在教导无知者而不是从中牟利,尽管这是以最低层次的、符合普通公民群体初级理智特征的方式来进行。)这种企图为之辩解的做法,其问题在于:提出这种“显得更多”的法子似乎表明了,修辞家应该利用成年人身上残存的这种小孩子对硬币产生的错觉,应该利用这种认识缺陷,它欺骗了我们,让我们不由自主地把更多的部分当成了量上的增长。[34]

下面是第二个例子,肯定能看出,它也是一个被亚里士多德认可但又无效的说服法,这是他对展现式演说的规定: 128

> 人们应该掌握与当前之人密切联系的(品性)特征,使之同赞扬或责备相一致……而(当赞扬时)总要以最好的方式解释每一个共同存在的品质……而把那些过度之处描述为德性……因为这对于大多数人来说就是如此。
>
> (1367A33—B3)

在《会饮篇》中,苏格拉底坚持说,他难逃一场羞辱,因为轮到他赞扬厄洛斯了,如他所说,之前阿加通的高尔吉亚风格的表演已经达到了极致(《会饮篇》198C1—5):

> 因鄙人之愚钝,我曾妄想,人们必定会就每个受赞扬的主题口吐真言,而且一旦这个主题确定好了,就必须选择最美妙的真实特征,尽可能迷人地编排它们……但是似乎,这看起来并不是合适的赞扬之途径:相反,应该堆积最重大和最美妙的用得着的性质,不管它是与不是;即便为假,也无所谓。
>
> (198D3—E2)

这可不是苏格拉底的那种多少有点拐弯抹角的反讽，它完全是直截了当的讽刺挖苦。苏格拉底并没有说演说的赞扬或责备本身是不正当的；相反，他暗示，有德性的哲学家在尝试修辞术时不应容忍偏离真理的做法。正当的展现式演说，它的功能肯定就是尽可能从迷人（或不迷人的）角度来表现主题，不过对于苏格拉底来说，什么能做，什么不能做，真理已经规定了不容置疑的范围，论述必须诚实，里面断不能有捏造和粉饰的内容。[35]

亚里士多德的建议让他恰好和阿加通之徒站到了一起。西塞罗记录过一事，意味深长（《布鲁图斯》，46 以下）：据说亚里士多德曾言，虽然高尔吉亚像普罗泰戈拉一样写尽了普遍的论题①，但却关注“对具体事情的赞扬和责备，因为他认为最独特的演说家要通过赞扬来渲染，通过责备来贬抑”（布海姆，《文献证明》，25）。亚里士多德建议，我们可以将“明智的实践智慧”展示成“冷冰冰的计算”，用“挥霍无度”代替“慷慨大方”，或把胆小鬼过分的胆怯表现成专门属于勇敢者的适度谨慎。“因为这对于大多数人来说就是如此”：缺心眼的人注意不到这种歪
129 曲，只要狡猾的修辞家用相近的特征（但对于缺心眼的人来说，这就是骗人的仿象）掩盖了主题的实际特征。亚里士多德不仅明确说，“这对于大多数人来说就是如此”，还认为他们会“对动机做出错误的推理”。下面这段话（很可惜）也不是一反常态的例外：

> 既然赞扬针对行动，而意图②的运用是好人的特征，那么人们必须试图将（赞扬的主题）展现为符合意图的行动；赞扬对象——再做出这样的行动当然也有用。这就是为什么，人们必须将偶然

---

① 即希腊文的topoi，英文一般译为topics，意思就是位置，所以也用place来翻译它。这指演说中使用的各种论点和论证，按照亚里士多德的规定，一个 topos 包含了特殊主题和普遍的逻辑形式，这样的 topos 可以普遍地用于同一种或各种演说。

② 原文为希腊文 proairesis，即有意选择，意图。

> 和运气之事弄成它们仿佛源自意图;因为如果许多相似的例子在增加,那么它们看起来就是德性和意图的标志了。
>
> (1367B22—27)

真理的"自然"优势都变成什么样了?

利用歧义

上述这样令人心烦的材料并不仅仅出现在讨论展现式演说的章节中。《欧绪德谟篇》和《辩谬篇》[36]的研究者不用提醒就知道:智者兵器库里的第一件武器就是有意散布模棱两可的话:倒霉的对话者按照多重意思理解某个有歧义的词或者做出解释,无情的争辩术为了让对方出错,在回答时装成自己事先想的是其他的意思。亚里士多德同时代的伊索克拉底就给了我们一些特别有启发的内容,它们体现出了修辞家如何广泛地(而且微妙地)用歧义来配合论辩术的游戏。在《泛雅典娜节演说》中,伊索克拉底为了加强他对雅典溢美之词的效果,首先对比了雅典的仁慈和斯巴达的邪恶,之后,他虚构了一个崇尚拉戈尼亚[①]的伙伴。这个奇特手法的意图也许就是,它让伊索克拉底可以自己反对自己,他只要平息这些反对即可——至少让自己满意就行。那位无名无姓的斯巴达支持者暗示了伊索克拉底的话实际上暗含它意。倘若他仅仅是用斯巴达之恶颂扬雅典之德,那么他的做法就跟他之前对拉栖代梦政制的积极论调冲突了,这是廉价演说才会有的自相矛盾(《泛雅典娜节演说》,234)。因此(如那位伙伴所言)伊索克拉底决定让自己**好像**是在吐露这两个城邦的真情,在那些敌视斯巴达的人看来,他**好** 130
像在谴责斯巴达人,但是实际上,他在暗暗地赞扬他们。这是如何做到

① 斯巴达所在的区域即拉戈尼亚地区。

的呢？就是借助模棱两可的话，即那些“能同时以两种方式说出又极富争议的”语言（§240）。在合同纠纷时，为了个人利益使用这样的逻各斯是可耻的，但是当论题相关“人和事物的本性”时，这就是“公平和哲学性的”了（§241）。

再下面一段不能只看其表面。[37] 在这段里，伊索克拉底一直尽力将“那位伙伴”的观点和他自己的看法区分开（他明确说，至于那位同伴的判断是否正确，他故作沉默，不置一词，§265）。但归根到底，他把这种对作者（他自己的）意图的分析归给了自己虚构的人物；最起码来说，这种做法一点也不坦诚——但吊诡的是，这种不真诚反而有可能体现出了演说的“公平和哲学性”。

这篇演说做得如此精心、令人迷惑，以至于我们会明智地否认诺林的看法，即，演说的主张“肯定”是反讽的。尽管如此，《泛雅典娜节演说》的确包含了这样一个观点（无论它有什么样的局限性），老练的修辞家会有意让“歧义”产生（有益）有利的作用。最有意思的一点就是，使用“两可”的条件是它要出现于“哲学性”而非诉讼的语境中。伊索克拉底的“哲学”观显然相当浅薄，可以负面而且笼统地定义为修辞术活动，它区别于伊索克拉底假装轻视的那些职业写手从事的无聊的法律事务。但是，《泛雅典娜节演说》也许基本上暗含了高尔吉亚的风格：如果语境是“哲学性”的（用苏格拉底的话来说，这其实是“修辞术式的”和“展现式的”），那么歧义的逻各斯就是被有技巧地用来让那些老练得足以在知情的情况下还会欣然受骗的听众变得混乱——这也就是让他们愉悦。[38] 理解力强、肯下功夫的专家会认识到：《泛雅典娜节演说》充斥了“藻饰和虚假”（§246）——但是有益的“虚假”能“有利于并取悦”听众。那个“伙伴”把一切都挑明了，甚至无知者也能明白，所以他就破坏了听众的快乐（虽然这种设计好的、预料之中的破坏行为——在伊索克拉底的这篇杰作的语境中——也许就跟既破坏但又没破坏一样）。

由此，伊索克拉底向我们表明了，利用歧义可以给修辞术的展示添

加活力和装饰,同时他也说明了如何能做到这一点。伊索克拉底的手法 131
复杂精致,在他之后,亚里士多德也论述了模棱两可的使用,但却令人不安地直言不讳,而且似乎非常危险地联系了合同纠纷,按照那位"同伴"的看法,在这里滥用歧义明显是不道德的。亚里士多德给有抱负的修辞家提供的这种点子看起来是让合法的模棱两可有利于自己,而不是采取措施回避它或减弱它的影响。如果法律有歧义,人们应该"调整它,看看正义或利益与哪种解释和谐,然后利用它"(1375B11—13)。应该承认,这并不是说,当演说家非常清楚那些提出并颁布法律的人想要的是一个意思时,亚里士多德就鼓动演说家按照另一个意思解释一项表述有歧义的法律。但尽管如此,鼓励演说家着眼于发现并使用对自己有利的解释而"调整它",这样的说法听起来像是给神通广大的讼棍提的良言,这种人可不是第一卷第一章描绘的那种有能力但又正直的修辞家。

对此,可以提出一个理由:好像把"正义和利益"放到一起这种做法暗示了亚里士多德的这些建议在公然地投机取巧,但并非如此。在《修辞术》(I, 15)中,他虽然把"技艺外的说服法"(比如"法"和其他类型的文书)专门联系了诉讼演说(1375A23 以下),但是,他并没有说议政演说者就不考虑它们(比较 1375A26 以下),这恰恰在我们的预料之中。所以,也许诉讼演说者会关注"正义",提议演说者则关注"利益",同时分别选择一种对有争议的文书的解释;对于同一种修辞术领域来说,演说者并不是根据情况需要准备去牺牲正义、谋取利益。尽管如此,但还是看不出演说者会选出并主张唯一一个正确的意义,无论是什么样的动机(高贵抑或低贱)在引导法律的制定者,或引导我们对之作出解释。演说者的注意力完全集中在他想如何处理法律文书的意图,以及最为适合这个意图的意义之类的事情。[39]

真理和浅显

第二卷第十九章收集了关于过去或将来之事的论证模式。亚里士多德建议,从“前件”到“后果”的论证是可行的,反之亦然;在这里,这两者是**自然地**相互联系:

> 如果甲自然在前或为了乙而已然发生(那么,乙也就发生了),
> 132 例如,如果出现闪电,也就会有雷声;如果某人曾尝试过,他也就会做过。还有,如果甲自然地跟随乙,或甲发生了而乙的发生是为了甲,则作为先前事件或为了后继的甲而存在的乙也就发生了,例如,若是有雷声,则有闪电;若某人曾做过,他也就尝试过。所有这些情况中,有些是必然的,有些是大多数情况下的现实。
>
> (1392B26—32)

亚里士多德的自然哲学所描绘的地上世界,其最醒目的特征就是:较大部分发生的事情是偶然的。虽然自然表现出了种种复杂、稳定的倾向,但是这种趋势可能而且通常毫无结果,尤其是当巧合介入之时。因此唯一可以预料的是,针对动物(包括人这种动物)的理性推理一般来说缺少证明性的必然性:“修辞演绎(enthymeme,修辞术的演绎)和例证(paradigm,修辞术的归纳)必定在许多情况下相关那些可以按不同方式存在的事情”(1357A13—15;比较 1396A2—3)。

但是在亚里士多德的这段阐述中仍然还有值得注意的地方。他先以“闪电 — 雷声”的顺序仅仅例证了自然的前件和后果,又用“尝试 — 行动”的顺序例证了这种自然目的论式的关系。即使对于亚里士多德来说,雷声和闪电属于气象而非天文现象,所以也并非被恒定不变的天上的必然性约束,但是,把它们和人类有意图的行动凑在一起仍然令人吃惊。如果我们都不能像确定太阳明天会升起那样,确定闪电 — 雷声的顺序,那么我们对这件事的质疑就不可能有哪怕是一点点的真实性。但是当我们看到“他曾尝试过,他也就会做过”这个顺序时,我们的怀疑就几乎是完全合理的(而从“做过”到“尝试”的反推,即使没有欺诈,也仍然是难以接受的错谬)。

有些温和的人兴许会倾向于把亚里士多德的“真理具有自然优势”这个原则与一句不太精确的老话联系在一起:“若似乎如此,就可能如此”,这样,鉴于上面那个针对动机和机会的推理存在漏洞,故而我们这样论证就稳妥了:如果当三桨座舰翻了,船员在水上漂着,而将军没有施救,那么后者就打算让前者溺死。但是这句老话似乎与我已经定义过的认识论乐观主义无关,它只是一种利用可能性的推理;可能性即 133
eikos,这是希腊修辞术实践的一个特色(可以想一下《颂辞》罗列了海伦做出私奔行为的各种 eikos,都是可以谅解的可能性)。这样,“如果他们做成过,那么他们就曾打算这样做”是假设的话,那就是合理的了(至少合理得像一个人希望的那样足以影响审判官)。所以我们应该承认:第二卷第十九章的程式“从实际发生的事情推导出其他(很有可能?)已经发生的事情”,这种说法至少有可能接近了无效说服的地步。

同理,这个程式也许让我们不太会相信亚里士多德能成功解决“浅显”问题:如果我们对知识的普遍欲求能被这样无聊的思辨“喂饱”,那么《高尔吉亚篇》的苏格拉底就会毫不动摇地把修辞术的说服贬斥为无知者迷惑无知者了。[40] 而且的确,在一段肯定是有意联系柏拉图这篇对话的文字中,亚里士多德也承认:“在俗众中无教养者比有教养者更有说服力。”(1395B27—28)[41]

所以,亚里士多德是不是令人不安地把所有苏格拉底想表达的看法都给出了呢?未必,有一个非常重要的理由。对于受柏拉图启发的知识精英来说,任何普通民众汇集到一起有可能都算“群氓”。但是,亚里士多德式的认识论乐观主义者也许有充分理由提出反驳:只有堕落的民众集合才应该被称为“群氓”——议会、法庭的情况通常要比这更好，可以放心。因此，基于上述解读，虽然 1395B27—28 承认了《高尔吉亚篇》的看法，但这并不严重：人们可以这样解释，“柏拉图的苏格拉底提出了一个观点，但是太夸大了；理智标准并没有完全降低”。最后，这就是为什么（或者像我提到的为亚里士多德辩护的人宣称的）“浅显”问题在根本上并未影响亚里士多德。从柏拉图的观点来看，喜爱节庆热闹场面的群众（《理想国》，V）比起无知的乌合之徒也许好不到哪去；但是，适度的亚里士多德的观点认为这是有利的，因为他们实际上更可以被视作典型的哲学家群体，他们是热爱真理的生物，有能力看到真
134 理，只是没那么精确，深度不够罢了。

激起情感

之前，我试着先不担心“亚里士多德在《修辞术》（I, 1）中警告人们不要操纵情感”这个说法与“他对待‘高尔吉亚 / 《高尔吉亚篇》问题’的态度”是不是不一致，但是我当时并没有判断他后面提出的“激起情感”的方法能在多大程度上是正当的。《修辞术》（III, 7）在“有效的措辞”和“演说对听众的情感施加的影响”之间建立了一种特殊的联系：

> 合适的措辞也能加强主题的可信性；因为一种情况是，灵魂能错误地推理，仿佛真理被说出，因为人们对于此类事情的态度使得他们认为事情就是演说者所说那般，即使不是；而另一种情况为，听众总是和动情演说的人同感（字面意思就是“有共同的情感”），即使他说的是空话。
>
> （1408A19—24）

这几乎就是原汁原味的高尔吉亚，他的修辞术心理学正是情感心理学，是一种阐述主动逻各斯控制被动灵魂的理论。既然这段文字提

到了情感变动导致的认识谬误,那么可以证实,它提供的法子正是全面的情感操纵,而它诉诸的情感还不仅仅是对真实逻各斯的补充。[42] 如果演说者的听众做出错误推理,[43] 那么这必然是因为他们设想的"这个演说者说真话"是虚假的;而演说者"合适的"措辞("合适"于欺骗)也就欺骗了听众。这个演说者纯粹而且绝对就是智术修辞家,在苏格拉底的最可怕的梦魇中,他是最为猖獗的代表(也是《海伦颂辞》中具有说服力的典范),而现在,他又复活了。想想亚里士多德最后令人泄气的观点:大多数演说家实际上都"大吵大闹,言而无物"。

在另一处(1418A12—17),亚里士多德尽可能禁止在激起情感时使用修辞演绎,理由就是,逻各斯和情感如同推动力,如果它们同时影响灵魂,那么必定会破坏它们以其他方式有可能产生的力量,往最好了说也会减弱这种力量。这也许是反常的说法;在《修辞术》的其他地方,亚里士多德从未表明自己认同这种心灵哲学中带有限制性的偏见,而高尔吉亚和柏拉图在《高尔吉亚篇》中都支持这一说法,他们假设:说服要么只表达逻各斯、排除情感,要么减弱逻各斯、塑造情感。但即使我们想把它扔到一边当作异常情况,我们也必定会得出这个结论:第三卷提 135
出的"刺激和控制情感"的建议有不祥之兆;倘若它们都被推广开来,那么我们当前的问题就不是认识论乐观主义,而是认识论悲观主义了。

是时候做个清算了,虽然我们还未像分析《论题篇》那样深入地衡量《修辞术》中未作定论的全部"无效论证"。在认识论乐观主义限定的条件内,修辞术的争斗能被证明是合理的吗?一开始,我就没考虑如何确定出这种乐观主义背后的最终的形而上学原理这个问题;相反,我们的困惑是,考虑到这种乐观态度,亚里士多德明显容忍的说服技巧的范围是否合理呢。对这个困惑的评价必定是暂时的,还需要体贴的判断。而应该清楚的是,原则上,对几乎一切说服模式的容忍(除了试图温和地操纵之外,甚至还有可能容忍最暴力的强迫)也许都要以鼓吹"真理的自然优势"这个理论为代价才能换来。假如这个理论如此之强以至于不论让人们认同虚假的诱惑多么有力，人们也几乎难以抗拒地相信真理，那么，既然欺骗"自然地"表现得几乎毫无说服力，所以在修辞术中随便怎么来都可以了；真理和正义的失败不仅仅"应该受到谴责"，而且还是难以原谅的耻辱。无需多言，这也许是一种付出了极高的代价换来的、几乎一文不值的胜利：亚里士多德的认识论乐观主义永远带有挑战性的哲学观点，因为它故弄玄虚地主张：**经过努力**，就会发现真理存在——真理还没有打谁的脸。

那么，我们发现了什么呢？我们选的一部分例子已经表明，亚里士多德显然赞同：可以将东西划分为若干部分、使之变得更大；展现式演说中可以肆无忌惮地虚饰；诉讼措辞中变换歧义可以有利于自己；从偶然的自然顺序中的一个部分能推导到另一个；还有令人忧虑的高尔吉亚式的情感心理学。对歧义和虚假推导的利用有可能巧妙地同坚实严肃的认识论乐观主义相融洽，而且很有可能，那种误导人的"划分"手段也跟它蛮协调的。它与展现式演说的虚饰或操纵情感的融洽关系也不是一点都不可信。用什么方式把这些内容跟我们对《工具论》中的"无效性"的研究做个比较呢？在后者中，亚里士多德似乎接受了："隐藏
136 结论"的招数；要两面派的自我反驳；拿公众常识威胁人；以看似而不真的方式解决智术；还有，有意使用在严格的逻辑意义上的虚假和无效。隐藏、自我反驳和使用虚假也许很容易会、也许又不会按照"苏格拉底的策略"指明的思路被证明是正确的；"因循常识"似乎表明了它是亚里士多德依靠意见的方法论中的阴暗面，而对意见的反驳体现出了亚里士多德知道：对于那种吸引眼球的运动，甚至是智力运动来说，假象有时特别重要。

要是没有别的理由，那么，我尽力强调我们罗列的内容并不全面（虽然我确实认为它们很有代表性）的说法恐怕就会阻止我们简单地做出总结和对比结果——因为这样做决定的方法无论如何都是愚蠢的。我原本就坚持我们应该反对那种懒惰的倾向，即，为了处理《修辞术》

中的主要的理论问题而把《修辞术》（I，1）贬低为对柏拉图主义者的迎合；但是，通情达理的读者也许会通过这一点感觉到，我本来有机会可以让他们相信：这部作品在思想上是一个雄心勃勃的统一体——但我没有这么做。为什么我从《修辞术》中挑选的一连串不当之处可以用来证明亚里士多德的计划中存在可以容许的张力呢？为什么它能作为（让人遗憾，但又确凿的）证据否定《修辞术》（I，1）和这部著作的主要结构是一个有机的统一体呢？我希望与之对应的、从《论题篇》中选出的一系列不当之处可以有说服力地回答这些问题：尽管我们也许会怀疑亚里士多德在《修辞术》中是不是意识到了而且回应了"高尔吉亚/《高尔吉亚篇》问题"，然而，这种怀疑态度实际上仅仅来自于这样一个未经反思的假设：无论怎么比较论辩术和修辞术的方法论，修辞术都必然更差。《论题篇》的材料已经以其他方式表明了我的看法。

亚里士多德是不是嘴上应承了《高尔吉亚篇》，但实际上跟高尔吉亚是同伙儿呢？关于这个问题，我对《修辞术》和其他文本中的"无效说服"的考察并未得出确定的答案。我的目的从来就不是提出这样一个令人沮丧而又简单的看法：如果《修辞术》的毫无道德让人震惊，那么无论如何，《论题篇》也好不到哪里去；相反，我们应该清楚：亚里士多德愿意容许的那些说服和论证技巧，它们带有的可疑的有效性，有时候也许会阻碍他对认识论乐观主义的追求。既然乐观主义本身既支持了他反击《高尔吉亚篇》而为修辞术做的大部分辩护，又支持了他依靠 137
意见、发展哲学理论的做法，那么，他确信的"真理在说服中占据优势地位"这个新巴门尼德式的看法能否站得住脚，就仍然带有严重的问题，但又至关重要。不过，正是这一点，使《修辞术》和《论题篇》让人（带有辩证法思想的人）产生了强烈的兴趣。既然修辞家（像争辩家一样）也企图获胜，那么毫不惊讶，真理就会碰壁；但尽管如此，亚里士多德并没有指望真理占据优势：因为一个惊人之处在于，他自己的论著一而再再而三地让真理听命于"获胜"。 138

结　语
哲学有性别吗？

> 最明智的你，你认为“对真理的意志”就是那驱动你并让你充满欲望的东西吗？
>
> （尼采，《查拉图斯特拉如是说》，II，12）

回到高尔吉亚、苏格拉底和海伦

有一种思路可以很快得出一个结论：哲学至少同情大部分女权主义的担忧。高尔吉亚利用了人们对女性的普遍又根深蒂固的文化成见（海伦的故事就体现了这一点，她就是一个典型），从而令人震惊地暗示了：我们全都是海伦，因为我们的灵魂都易于受到侵害。高尔吉亚让人恐惧的地方就在于：我们和海伦相仿；海伦就是一副很容易被动地受到伤害的模样。女人有可能被奸污。而在希腊社会中，男性同样会成为性欲对象，尤其是青年，他们的身体也会轻易遭到侵犯。强奸也是一种污辱男性的方式，就像在今日，尤其是战时：“性”主要是受到贬低他人的欲望、而非享乐的欲望驱动。关键一点在于，要将看待“强奸”的观念（比如认为，所有少男少女都太美貌了——或太贞洁了——反而对自己不利）与实际的强奸行为（在这方面，身体的美貌通常无关紧要）区分开。无论受害者实际上多么容易受到伤害,正是强奸带来的耻辱才让高尔吉亚如此令人恐惧。

我们已经知道,高尔吉亚通过去除“引诱”和“强迫”的区别暗示了:只要处于专横的控制之中,我们身体的性征,我们灵魂的性别就全都是“女性”。《海伦颂辞》描绘了一幅令人生畏的世间景象,一群群驯服的女人生活在其中,她们或被强迫或被引诱(这两者没什么区别),而 139
去顺从唯一一个男人的意志,后者就是修辞术威力的操纵者。或者,我们听到的也许是具有挑战性的怂恿,它叫我们本人成为占据主动的演说家,从而鼓舞和提升自己的男性气概。总而言之,虽然《颂辞》本身并非关乎女人,但它本质上利用了很多歧视女性的设想,这些设想衍生的种种类似想法都成为了女权主义思潮反对的主要目标。由此,人们轻易就认为,既然哲学家发展了他们的“说服模式”来反对和对立于“修辞术引诱”的阴谋,故而,哲学家最起码也是女权主义者的天然同盟。

但是,最为迅速的推理往往失之迅速,上述这个也不是例外。哲学轻易就和女权主义站到了一队,因为哲学主张和实践的说服没有包含与高尔吉亚利用的那种惊人的说服相近或并列的“厌女态度”。此外,很容易就会觉得,即使这里有些问题,但它们还没到难以解决的地步。诚然,太多的哲学经典中都有一系列令人遗憾的、直接又隐晦的“厌女态度”,既有恶意攻击,也有不屑一顾;而且毫无疑问,大多数哲学家的职业行为都明确流露出了在他们的社会中存在的、赤裸裸的性别歧视,一直如此。但尽管是这样,人们也许会分辩说,所有这些地方,即使应该谴责,但充其量仅仅在表面上与“高尔吉亚/《高尔吉亚篇》问题”有关。我们主要关心的并不是哲学“说了什么”,而是它“如何说的,为何这么说”——也就是哲学使用的独特的说服方式,而不是这位或那位哲学家提出的实质性观点。因此,关键之处并不是广泛出现在伦理学、政治哲学等等方面的有性别歧视的理论,而是这样一个方法论问题,即:哲学独特的诉诸理性的方法是不是立足于那种会引起反对的性别态度。很明显,认为实质和形式这两方面理应存在着严格的区分,这说不通。另外,如果真能证明出,特别厌恶女性的哲学所使用的方法在资格上无可指摘,那么上面这个辩解一下子就站不住脚了;但是,这样关键的怀疑却毫无根据,因为哲学工作在论证上的瑕疵通常都再明显不过了。[1]

与之前一样,恢复信心的手段并非难以寻觅。虽然明确地说出哲学的充分定义是困难的,但很幸运,这正是因为:尽管哲学活动过往和
140 现在都企图将远为丰富的多样性统摄在整齐划一的模式中加以展示,但最终徒劳无功。哲学信条,当被展现成种种标准,用来把一切值得认识的事情等同于真正的哲学时,它们仅仅成为了毫无价值的挑起论战的武器。但是,如果就此推断我们怎么做都行,那就是大错特错了。所有哲学家都是巴门尼德的孩子。我的信条表明了,我们全都拥护"独一无二的逻各斯"这个理想:这种逻各斯致力于那种论证性、批判性、坚定的自我批判的探究。作为哲学家,我们需要对所说的话提出解释,我们坚定不移地寻求合理的证明,而且反过来,这些证明还必须加以考察。之所以这个信条一点也不像个确定的定义,其明显的原因在于:论证必须是什么样的以及它必须怎么样才能看起来是合理的,这些都是哲学家必须表达的核心问题,因为哲学家的事业必然具有自我反思性。最佳有效的回答只能是以这种或那种方式存在的试探的、暂时的、依语境而定的回答:教条式的绝对主义看起来难以与批判性的适中相一致。但是,如果除了这些重要的限制之外,还存在一些特殊的东西可以叫作"哲学"的话,那么这种哲学似乎就不会厌恶女性了。离哲学家们不算太远的、他们共同的祖先就是苏格拉底。既然我们之前在阅读《高尔吉亚篇》时获得的重要思想就是:真正的论辩术争论并不是为了巩固个人而牺牲他人的工具,那么哲学何以会有性别呢?性别,确实联系了对逻各斯进行解释或考察的"个人"而非逻各斯本身。而且苏格拉底教导我们说:我们从事论辩术就是为了而且仅仅是为了逻各斯。

但是，我们会发现，有些杰出的女权主义思想家恰恰认为：逻各斯，也就是哲学推理本身，无论它在哲学传统中如何改头换面，它几乎都是绝对有害的，原因恰恰在于：它厌恶女性的态度就藏匿于错误的“非个人性”所具有的、误导他人的意识形态之下。最终，这个“非个人性”就成了哲学家难以洗清的指控：首要原因就是，女权主义不可能被无视，其次因为，尽管女权主义按照自己的主张提出的挑战相当重要，但它立刻就会被笼统地视为一种针对一切哲学主张的、有可能带有致命性的反对意见。[2] 我们已经反复提到了“高尔吉亚 /《高尔吉亚篇》问题”的政治内涵。修辞术，作为获得政治利益的捷径，它看起来极难与民主协商适应的环境相协调；而针对对话者，苏格拉底所采取的立场似乎表明了存在一种半隐秘的暗示手段和同他人进行批判性的交流。但是，当 141
今复杂老练的女权主义有一个共识原则，即：造成女性处于从属地位的社会结构与众多压制其他社会群体的机制交织在一起。所以，如果哲学的“非个人性”这件“外衣”表明了性别偏见，那么同理，绝对有理由可以怀疑：通过对不相干的“种属”或“类别”的特殊性进行抽象，它能不能促成真正平等的话语。高尔吉亚式的演说家让我们所有人成为“女人”；而苏格拉底式的哲学家掩盖了自己对完全带有偏见的“合理性”的喜爱之情，这种合理性披着“不偏不倚”的外衣，用欺骗的手段强卖给单纯幼稚的人。从这个角度，哲学对修辞术的攻击恰恰就是一种修辞术，而“高尔吉亚 /《高尔吉亚篇》问题”也无非是在争夺男性权力的人当中展开的局部争端罢了。

想当然①

人们有一个假设：“女性”哲学或“女权主义”哲学恰恰或也许理应

① 原文为 begging the question，指女权主义者的一个逻辑错误，即强行把哲学与性别问题联系在一起，但忽视了哲学是不是真有性别这一点。

看重个人间相互依存的关系，而且与情感有关的主张（这相反于理性的主张，反感攻击性的论证）都是许多研究哲学的女权主义作品的标准特征。看重“相互依存”这一点被视为言过其实的男性个人主义的解药，而且有时，它还被归因于女性具有的“承认生活经验复杂”的性格，这相反于男性喜好“简单抽象”的倾向。哲学思想的主要特色不就是“抽象”吗？如果是这样，它会不会因此表现出性别偏见呢？这些都是我们会重新谈到的问题；情感和攻击是我们已经多加处理的主题，在后边，我们也会直接关注它们。

在一开始，我们应该先搁置现代女权主义复杂运动中的大部分思潮，它们与我们的问题是否有关，完全成疑。然后，很容易就可以把女权主义传统大致区别为自由主义或平等主义、新马克思主义派和精神分析派。第一种女权主义并不想质疑哲学推理的“非个人”特征，因为它提倡消除性别歧视，在这方面，它不觉得女人和男人之间存在着跟自己的主题有关的差异。既然这种女权主义同阻碍“机会平等”的因素做斗争，而不是在机会本身中审视错误，那么，当阻止女性充分参与哲
142 学之中的不公平的障碍一经去除，它就不可能认为哲学活动本身对女人来说是有问题的。第二种则愿意摒弃“理性客观性”的主张，它认为这是优势性别和优势阶级在意识形态上强加给它们利用的性别和阶级的东西。第三种则建议把哲学的“合理性”仅仅分析为“理性化的文饰过程”①。自由主义女权主义者倾向于忽视我们的问题。[3] 恪守自己原则的新马克思主义女权主义者会把哲学草率处理为位于外围的意识形态，它所相对的中心就是男性利用的女性在生理、家庭、工业方面的生产力；在这一派人的眼中，解决我们的问题的方法总是再明显不过了。精神分析派的女权主义者以还原的方式把哲学归为男性儿童与女性儿

① 与之前作者引用的尼采的看法相同，这里作为了精神分析学的术语，指在事后对之前的行为和意识进行理性化，从而掩盖一些内容，比如没吃着葡萄，然后理性化为葡萄酸的“酸葡萄心理”，从而掩盖自己没有能力得到葡萄的窘迫。

童教育实践分化的结果；在他们看来，这里根本没有问题，因为他们认识不到，哲学思想也许实际上与特定性别的幼儿成长毫无关系。[4]

但是，甚至特别中肯的著作也经常会对“哲学有性别吗？”这个问题提出肯定回答，同时还把这一回答当作无可置疑的出发点，而不是作为待证实的可能性。[5]有一部频繁被引用、颇有影响的文选，其编者曾随口表达过这样的意见：“也许，在任何地方都不会有**人类的**行动表现出来或有**人类的**思想产生，因为行动和思想必须在‘性／性别系统’划定的差别各异的机会和限制中出现”：[6]这就好比是说，贫民窟里的一次扣篮，它表现出了“黑人的”行动而非“人类的”行动，因为存在着“‘种族／阶级系统’划定的差别各异的机会和限制”。有一些纲领性的导论通常都把这一观点讲得特别直白：

> 性别由对立确定。是男性就不会是女性。女性不是男性。在男女两分的任何一端中表现出的特征都是极为多样的。例如，不论男性是好战，爱读书，还是争强好胜，协同合作，是个人主义者，还是适应不同角色，这些都因时因地而定。但是，当男性和这些特点中的任何一个相联系时，女性就会与对立面联系在一起；女性被压制，就被认为是更低等的。哲学，就它表达了概念、两难推理以及对文化的解释和抽象而言，它仅仅只是半个哲学，除非两种性别都能平等地有助于它。[7]

这段文字意在证明：在哲学中确实存在（或应该存在）一种独特的女权主义“视角”。问题在于，无论哲学的定义必然会有多么丰富开放， 143
女权主义视角都不可能成立。诚然，应该承认，就哲学在干一件“表达或阐明”的工作而言，它对任何社会群体的无视或排斥都是严重的缺陷。但是，哲学首要的功能在于批判和论证，我们说不出什么话可以证明：有可能（遑论应该）从性别的视角来承担这一工作。尽管人们会欣然承认，有很多非常重要的女性“叙事”在翘首以盼能进行“哲学表达”；但这不能得出：无论是女性争论者还是男性争论者，当他们将论辩术用到这种叙述上时，应该或有可能出现两种性别对立的论辩术。[8]

另一个相似的导论坚称：

> 在女权主义理论计划中的一个原理就是：质问自由主义者的一个幻象，即，尽管其他人仅仅从他们的不同的特殊视角（也就是以有偏见或偏袒的方式）来谈论，但既然他是一位纯粹而简单的思想家，就不会被自己任何的“视角”妨碍，因此，他自己的贡献会自然而然地有资格占据思想舞台的中心。[9]

显然，言过其实的自由主义有不少种，它们太轻易地就假设自己占据了中立，而且还假设自己的中立性比自己有权设想的程度还要广泛和深刻。但是话说回来，上述这种视角主义的表述并不清晰。没有人是“一位纯粹而简单的思想家”。有时，我们尽力思考，排除其他一切内容。但我们当然并不因此就完全不管我们的理智限度：如果能做到的话，精神努力的强化能有助于澄清这些限度。这样，就自由主义把它们的理智条件想象得几近无拘无束、全知全晓而言，它们应该受到嘲讽。但是，这里假定的、从某个视角说出的言论，它真的就更具有必然性吗？比如这样认为呢：伦理争论中的各种各样的参与者为共同的讨论成功地贡献了不同的经验——即从一个**共享的**论辩术视角？[10] 但是，这种模式却预设了：既然哲学研究相反于它所反思的内容，因而，它在性别上是中性的。[11]

对于“哲学有性别”[12] 这个命题，热奈维耶夫·萝伊德的看法被广泛征引，她的著作《理性的男人》恰恰讨论了这个问题。[13] 基于一系列对理性和女人的形象或两者在哲学中的形象的历史个案研究，她得出
144 一个结论：

> 尽管许多哲学家都怀有相反的憧憬和抱负,但我们对理性的种种理想事实上仍然是男性的;而且如果存在一种理性,它真真正正地为所有人普遍拥有,那么这也是将来才能获得的,在过去却并不知名。过往的对理性的理想,虽然均未超出性别差异,但却有助于构建上面说的那种理性。[14]

但是稍加考察,可以看出,她收集的文本并没有体现出上面说的情况。她从经典哲学家中整理出来了种种有助于理性进步的措施和去除阻碍因素的规定。毫无疑问,退一步说,在任何这样的思想家盛行的历史时期里,女人的实际和可知的社会地位都会伤害女人有可能怀有的哲学抱负。但是,这不能证明:哲学对合理性的任何理想在本质上都像萝伊德不合理的推断说的一样是男性的。[15]纵观历史,厌恶女性者通常都坚称:女性的理智天资显然低于男性,而且,相当多的哲学家都狂热地煽动,甚至助长这样的偏见。这个事实令人沮丧,但它并不能得出,“合理性”本身的特征(甚至厌恶女性者嘴里说出的合理性)就带有厌恶女性的色彩。(反犹者控诉犹太人吝啬:这就意味着犹太人慷慨的行为会迫使顽固分子不仅改变自己对犹太人的评价,还会改变他对慷慨的理解吗?)罗列史实不会解决这个问题;由迫切需要“与女人的需求和经验有关的哲学”错误地转到“女性哲学”上来,这肯定是不可取的。到此为止,下面这些关键的问题依然悬而未决:目前来说,女人与情感的关系难以避免而且持续不绝,那么这种关系的效果是什么呢?如果强调女性从事具体和“个人性”是正确的,那么哲学的抽象性与“非个人性”,其内涵又是什么呢?而且,既然女人总是成为身体虐待和精神虐待的受害者,那么,无论她们受没受过训练,又该如何提防哲学的攻击呢?

其他人

许多最近出现的对伦理学及其他领域的女权主义式的思考都从对卡萝尔·吉利根的《不同的声音》的反思中获得了灵感。吉利根犀利
145 地批判了劳伦斯·克伯格支持的道德培养计划；后者表明了一种明显带有康德色彩的观点，即，随着构想并应用那些越来越抽象和近乎普遍之原则的能力的提升，这种道德培养也逐步发展。据称，克伯格进行的测验揭示了性别差异，因为女性得到的分数始终说明了她们的不太成熟。吉利根则强调康德的抽象主义完全不足以作为道德立场，由此，她瓦解了克伯格的结论。另外，她还重新阐释了克伯格的结果（除了她自己的观点外，还有新的材料）并且表达了一种独特的女性“声音”，这种声音表现出了对情况复杂性的更高程度的敏感，这些复杂性包括了其他人的权利和利益。吉利根猜测，这种“声音”确实是女性的，但恰恰是（当代）儿童教育实践的结果，而非仅仅与生物学有关。为了回应这部著作[16]，有一种广泛公认的观点已经出现，即：女人典型地（而且理所应当地）关注“特殊性”，其方式完全不同于传统男性对“抽象和非个人原则”的偏爱。[17]

这样的著作是不是证明了：对于女人来说，承认当今通行的哲学，这个代价太高昂了、难以接受呢？这等于是要牺牲个人和情感方面的事情——所以与之相反，在革新过的女权主义哲学中，这两者应该受到尊重。如果我们有所了解的话，那么就会知道，“情感性”及其与“合理性”的联系，这两个问题都并不简单。在《颂辞》中，高尔吉亚很顺利地实现了自己的意图，他把灵魂表现为一种全都一样、完全可塑的东西，其女性的情感被外在的、男性的逻各斯控制。《高尔吉亚篇》中的论述则表明了一个截然不同的模式，据此，逻各斯被内化，它表现出了经过培养后形成的理性的自主，而情感并未恢复原有的地位。但是在亚里士多德这里，我们遇到了下面这样的看法：情感的反应是正确的道德习惯的必要条件，而且至少来说，就某些情感带有了理性诉求而且随之改变

而言,它们都是理性的。

诚然,那些倾向于把情感贬低为毫无理性的感觉的哲学家也容易会批评女人感情夸张,他们要么直接这么做,要么就将情感与身体联系在一起,并且进一步假定:女性受制于她们的生物条件。但是我们已经考察过了,这样的立场并非铁板一块,其中的差异表明了,上面这种联系并不是必然的。令人吃惊的是,"情感"这个范畴恰恰是哲学概念的变体(后来成为了心理学概念),尽管其结构中的恒定因素始终都是"被动的反应性"而不同于理性。这样,任何偏爱理性主义的哲学家(也就 146
是说几乎所有哲学家)都必然会认识到情感需要理性的正确培养:但是,只有极端人士会坚持铲除情感。哲学家们当然也全都会设想:当我们从事哲学时,我们有可能就在利用我们的情感经验,只不过,对这些经验的反思应该以理性的而且与之保持一定距离的方式来进行。在这里,坚定的无理性主义者会被排除,因为无论如何,他们在哲学活动中遇到的都只有挫折。[18]

另外,什么是非个人的抽象呢?在这一点上,我们必须小心行事,细细区分。一开始,我们曾考虑过"非个人性"观念,在那时,我们考察了苏格拉底坚持的一个看法:论辩术,相反于修辞术,以逻各斯为目的,在这里,至少有两方面的意思:第一,不要以我们说的"个人方式"来理解针对对话者的陈述所做的批评:我们后面会稍微评价一下这种"否认"说法。但是第二,陈述由某一个人而非另一个人做出,这个简单的事实却无关紧要:一切都与逻各斯的论证性资格,而非逻各斯的个人来源有关。各种抽象的非个人性都的确如此,没有人能反对——无论如何,没有人反对得了专制式的故弄玄虚。如果我们是至交,你关注与个人有关的事实(比如,我提出了一个错误的论证),这就合理又必需:错误推理是缺陷,有时还很严重,友情会督促你为了我来纠正我。但是,以"非个人的"方式关注我,这就完全合乎了参与论辩术活动时所处的条件:当身为哲学家的你检查我的论证时,个人感受与之完全无关。

还有没有其他有可能会引起反对的抽象模式呢？我们已经论述过，人们可以有充分的理由预料到：论辩术的不同参与者会把各种各样的经验带入讨论中。有时候，事实就是：这些经验并非共识；偶尔，其他（一些）人也基本上难以理解这些经验。[19]这就导致了：我们在鲁莽地进行抽象，将自己置于危险之中：哲学家承担不起高居现实复杂性之上，顺利进行理论活动的那份奢侈，因为复杂性在哲学家的考虑中不应当被忽视。"应该避免不合理的抽象"，没有什么比这条规则更不言而
147 喻了；但是，像许多类似的不言而喻的话一样，人们更容易赞同它们，而不是尊崇它们。对于无根无据的抽象结果，人们则会感到厌恶，这很明智，但却不应该扩大为谴责抽象本身：人们之所以为普遍真理付出了过多的努力，这恰恰是因为普遍真理太罕见，太有力了。[20]

尽管如此，在另一种意义上，哲学不仅容忍而且还积极要求一种特殊类型的"个人参与"。当卡里克勒斯拒绝合作时，苏格拉底没有陷入独白：他必须始终进行对话，尽管是跟自己。论辩术总是以批判的方式同其他有才智的人交流。巴门尼德的诗篇就叙述了女神如何把真理给予巴门尼德让他进行检验，而反过来，他也在接受我们的批判性考察。苏格拉底如果不让其他人的观念接受检验，他就不能认识自己——柏拉图描述的苏格拉底就是这样，在他的曲折和有意迷惑人的对话中的那些最为复杂的篇章里，他告诉读者的正是这一点。虽然笛卡尔的《沉思集》展现了一个仅仅依靠内在源泉的封闭心灵的自我描绘，但即使是《沉思集》的读者也会不断被要求重新开始这段从"怀疑"到"确信"再到"证实所提出的理论"的旅程。所有哲学思想必然要承担批判和被批判，因此，它们不可能被还原为一种孤独的活动。哲学家也许会独自安坐，写作研究，但是最起码来讲，他们必须要想象自己的读者通过论证做出的回应。也就是总要想象有人在回答自己。

被净化的进攻?

最后,我们回到了我们之前一再碰到却从未得出结论的地方。而
这本书也不会有什么定论:“高尔吉亚/《高尔吉亚篇》问题”需要不
断地彻底思考,但它不会得到解决,不会被一劳永逸地处理清楚。当哲
学家向你保证,虽然他们破坏了你偏爱的立场,但这始终都是非个人性
的,有时还是友善的行为,那么,我们有什么理由相信他们呢?如果他
们带着明显的满足感、建构了难以反驳的论证,如果所有起源于希腊的
哲学都具有了浓浓的争强好斗的特征,那么有什么理由认为他们专门
从事的“进攻”是干干净净的呢?[21] 为什么要承认,他们的攻击在类型
上完全不同于高尔吉亚式的“争胜”呢?一个简短的回答就是,别总相
信他们。恰如哲学为了让人接受论证就需要重新界定自己的标准,论
辩术也不会抛弃促使它混淆于争辩术的“歧义”——关于争辩术,《欧 148
绪德谟篇》和《论题篇》说得很清楚了。有时候,这两者又不会混淆,因
为驳倒我们的论辩术的论证是伤人的武器,尽管哲学家会有一番辩解。
但这仅仅是“有时候”才会出现的情况。还有一个不太简短的回答,即:
就算论证是为了真实高尚的理由才看起来像争辩,但两种性别的所有
爱真理者都别无选择。除非我们已经有智慧了,我们才可以平安地扔
掉论证,连同它引起的种种危险。爱正义者会容忍“抗辩制”法律体系
中暴露出来的丑恶,因为他坚信,平素自私自利或心怀恶意的代理人之
间的冲突所得出的真理仅仅像我们的无知获得的真理一样。爱哲学真
理的人在传统上会被说成在从事智术,是活跃在同类人中的智者,但他
们会忍受这样的指责,因为他们相信只有自己的吊诡式的争辩才有机
会产生知识。如果承担了这个有风险的任务的哲学家能被允许进行严
格的“个人”反思,那么苏格拉底坚信的“一个有能力的论辩家对他人
的纠正既非一文不值,也非令人不快”就是正确的。

读者,我静候你们的反驳。 149

注　释

第一章　无事空忙：高尔吉亚的《论无》

1. 高尔吉亚的希腊文残篇和提及他的希腊文和拉丁文文献，我会以布海姆 1989 为标准材料；这个辑本不仅最为全面，而且布海姆明断的文本考订使其增益不少。德语译文也上佳，解释性的注释颇为有用。

2. 蒂尔斯（1884）是现代时期第一位从“发展”的角度提出假设的学者，他认为高尔吉亚经历了从“自然学家”到“争辩家”再到“修辞家”的发展；贡佩兹对他有所质疑，前者坚称（译注：下面的引文，原文为德文）：“高尔吉亚的‘哲学虚无主义’可以从哲学史上抹去了。他的这篇论‘自然’的诙谐演说，在修辞术的历史中才有一席之地。”（贡佩兹 1912，p.35）没有什么内容能合理地证明高尔吉亚对正统思想家发起了持续的挑战——我们会看到：《海伦颂辞》也会受到轻视，被当成毫无意义的玩笑。这种轻视的看法在一些更新的评论中相当典型：

> 即使承认《论无，或论自然》这篇作品体现了高尔吉亚是哲学家，但重要的是，必须记住，这是早期著作，时间为公元前 444 年—前 441 年（奥林匹奥多罗斯，《论柏拉图的〈高尔吉亚篇〉》，“绪言”，9）。毫无证据表明，在他的人生后期，他还对不同于修辞术的哲学保持着兴趣——除非我们自认为能在他的《海伦颂辞》中找到这样的证据。
>
> （麦克道威尔 1982，p.11）

一般来说,后期新柏拉图主义的评注,对于出现在一千年前的思想发展的年代谱系来说,并不是最可靠的线索。不管怎么样,既然麦克道威尔相信:我们能很容易地说出什么是“不同于修辞术的哲学”,那么这就表明了编辑高尔吉亚著作并不能保证人们可以从他身上学到东西。

3. 对于赫拉克利特说的“philosophoi 必定是对众多事情的探询者”(《残篇》,35),最稳妥的翻译应该遵循词源,即,“爱智慧者必定是对众多事情的探询者”。第欧根尼 · 拉尔修有个著名的断言:“毕达哥拉斯是第一个称哲学为‘哲学’、称自己为‘哲学家’的人。”(1.12)如果我们出于自己的目的使用这个说法,就会产生一个问题:毕达哥拉斯的“哲学”身份并不是那么可靠;一部知名的权威著作在论述毕达哥拉斯的一章结尾的确就是这么说的:他“之所以是哲学家,仅仅是因为他‘有智慧’”(基尔克,拉文和肖菲尔德 1983,p.238)。科尔 1991 着重强调了他主张的“修辞术”一词起源于公元前 4 世纪,而且特别与哲学有关(如,有充分的证据表明“修辞术一词是柏拉图的发明”,p.2)。他富有启发性地论证了下面这个命题:修辞术本身(不仅仅是“修辞术”这个词)是柏拉图和亚里士多德构想的。但是,由于他忽视了我对哲学和“爱智慧”提出的那种看法,故而这套逻辑完全无效。我们后面还会看到,他的观点并没有公正地对待高尔吉亚。

4. 考克松 1986 是最新出版的全面并且细心编辑而成的巴门尼德残篇集,也收有提及巴门尼德的文献;他还提供了审慎的英译文,但他的阐释令人失望。另外,虽然欧文 1986a 中的许多看法遭到了强烈的质疑,但它仍然是当代巴门尼德研究的经典,必须着重参考。我也应该提醒读者,巴门尼德的文本中,甚至是在非常确定的地方,翻译起来仍然颇有争议;虽然我一直尝试给出客观中立的译文,但其他学者也许会以有别于我的方式翻译文本。

5. 我不同意考克松 1986,p.168。

6. 比较,出处同上,p.191。

7. 这种承认是不是跟巴门尼德的形而上学原则相吻合,这也许是在巴门尼德哲学的阐释中争论最激烈的问题。麦肯济 1982 做出了特别有促进作用的回应,即使难免有猜测性。

8. 确实,把修辞术华而不实的危险比喻成“化妆”的这种说法最终成为了常用的说法,例如在蒙田激烈地反对修辞术的散文《论言词之虚夸》中,他说:

> 那些把女人藏匿在化妆面具之后的人并无害,因为看不到女人的本来

> 面目倒没什么，但修辞家引以为豪的并不是欺骗我们的双眼而是蒙骗我们的判断，他们使原本的事物堕落和腐坏。
>
> （蒙田 1991，p.341）

9. 巴门尼德在什么意义上认为他的错误的宇宙论优于“争辩”呢，这依然是难以解决的问题，更不用说他有什么权利可以这样主张（见注释 7）：显然，他的欺骗之所以表现得“更好”，一层意义是因为它“更好地欺骗了我们”，但是，这里会不会也有第二层意义，即，它尽可能少地偏离了真理呢？如果是这样，这就是它在第一种意义上“更好”的理由吗？考克松猜想，巴门尼德实际上赞同后面的宇宙论（考克松，1986，p.218）；更详细的分析，见朗 1963。

10. 笛卡尔的通信中，类似的文字差不多有好几个版本；它们的关系和日期都有争议。我译自拉丁文，见亚当和丹纳利 1964—1976，第 4 卷，pp.174—175。

11. 卡恩 1979 给这些复杂问题提供了最佳指引。

12. 内维格 1973 反对科佛德（他试图融合这两个版本），主张 *MXG* 是真正的高尔吉亚，而塞克斯都非常糟糕、大部分偏离了原本。科佛德调和式的观点在科佛德 1982 中论述得最为出色，虽然他承认至少在最后一段中，即论不可交流性的一段中，文字极为不同，但是他又认为，这两处都保留了部分真实的高尔吉亚：

> 我想主张，在第三段，至少很大程度上，我们看到了两组十分不同的论证，一组在塞克斯都那里，另一组在 *MXG* 中，我的结论是，如果我们想复原高尔吉亚原始的论证，那么这两组必须处理为互补的。
>
> （科佛德 1982，p.215）

但很遗憾，有不容置疑的证据证明希腊化时期的哲学家进行过很大程度的重构，而他并没有对此加以处理；例如，当读到 *MXG* 时，他说，“我们可以认为，高尔吉亚有可能使用了普罗泰戈拉的“人—尺度”原则去主张，一个人的“感觉—知觉”不会与另一个人的“感觉—知觉”相同”（p.220），这个说法似乎依靠了 *M* 从学案的角度记录的高尔吉亚和普罗泰戈拉的联系——所以完全是想当然的。一般的规矩就是，雄心勃勃地“复原高尔吉亚原始的论证”是自讨苦吃。

13. 1985 年，剑桥古代哲学小组得出了一个看法，*M*，7 中，高尔吉亚恰恰也是反独断论历史里的一环，我感谢所有参与那学期课程的人帮助我理解了塞克斯都的论证。

14. 这个问题的研究可以借助曼斯菲尔德 1988。

15. 塞德里很有说服力地认为：

> 有充分理由相信，第一段［论那些声称否认任何标准的人（*M*, 7.49—88）］是爱尼悉得摩斯（公元前 1 世纪新皮浪主义怀疑论哲学的创立者）本人的作品。这尤其能从他对阿纳卡西斯和高尔吉亚的处理中推断出；这两人都被改头换面、赋予了带有爱尼悉得摩斯怀疑论特征的严格的两难论证形式。
>
> （塞德里 1992, p.25）

这段归为爱尼悉得摩斯，也许有助于解释那个被划归高尔吉亚却完全不相称的地方（65—87）。塞德里赞同下面这个看法：*MXG* 让我们更接近高尔吉亚，但是，对于反复出现在 *M* 中的一个相当重要的形式特征，他也提出了颇具洞察力的观点，尽管 *M* 完全从怀疑论的角度进行了改写：

> 在两个版本中始终存在的一个方面就是全部论证的让步结构：p，而即使非 p，则 q，而即使非 q，则 r。爱尼悉得摩斯的怀疑论直接继承了高尔吉亚的这个方法，并且普遍加以使用（据我所知，从高尔吉亚到爱尼悉得摩斯，除了柏拉图的《卡尔米德斯》之外，还没有哪个严肃的哲学家利用过它）。
>
> （注释 8, pp.25—26）

但是，除了“严肃的”哲学家以外，这类让步结构在修辞术传统中相当丰富（如，“我没想去杀他；但就算我做了，我也没有手段……”），而且，在修辞术手册对“论点”（stasis）理论的讨论中，我们也能找到这样的例子，例如昆体良《演说家教育》, III, 6.5, 10。所以，我们再次发现，高尔吉亚又在这两种话语模式之间进行了转换，而其他人却急切地尽力区分两者。

16. 基尔克，拉文和肖菲尔德的建议提醒我们：“所谓的（麦里梭那部作品的）标题有可能像通常的情况一样也不是作者本人的题目”（1983, p.391），他们还专门针对高尔吉亚提出了一个警告：

> 有时候可以看出，是高尔吉亚本人给自己的这部作品起了《论自然，或论无》这个标题来戏仿麦里梭的题目。但是给散文著作加标题的做法，似乎仅仅是在智者时期才开始的……所以，我们充其量只能稳妥地猜测：高尔吉亚知道麦里梭的这部著作，而且当时标明的就是521和522页记录的那个题目。
>
> （注释1，p.392；比较注释1，p.102）

注意，虽然他们正确地怀疑了麦里梭曾给自己的著作命名，但他们还是很愿意接受下面这个带有猜测性的可能：高尔吉亚在戏弄那个加在麦里梭作品上的题目；对我们来说，有这一点就足够了。

17. 关于巴门尼德，读者可以参考欧文1986a；埃文斯1982是一部非常出色、所以相应也就很有难度的现代作品。

18. 相反，科佛德在解释《论无》第三段时，承认了表象，但否定了它的效果：

> 高尔吉亚在逻各斯和其指称的事物之间引入了绝对的鸿沟。一旦理解了这道鸿沟，我们就能很容易地明白每个逻各斯在什么意义上歪曲了它指称的事物——按照高尔吉亚的意思，它似乎难以"在自身之中"成功再现那个无法弥补的处于自身之外的现实。就逻各斯自称能忠实再现现实而言，它只不过是在欺骗或蒙人。
>
> （科佛德1981，p.81）

有一点我还是不明白，"处于自身之外"这个问题怎么就会被认为是个问题，但不管怎样，既然它的文本根据存在于*M*的版本而非*MXG*，故而这种认为高尔吉亚通过"非表象性的逻各斯"来构建理由的解读方法就更没有吸引力了。

19. 我翻译的文本补充了一些猜测，但"psophos"这个词肯定是存在的。

20. 比较（译注：下面一段引文，原文为法文）：

> 如果人们一开始就把一种很夸张的定义给予这些语言力量：这种定义会把那种传达语言所命名的"事物本身"及其全部具体性质的能力归给它，那么，可以举行一次美妙的聚会来证明：语言不能完成人们期待它会做

出的这种表现。但是,又有谁会认为人们靠读菜单就能喂饱自己呢?

（布伦施威奇 1971,p.81）

21. 帕斯摩尔 1961,第四章,出色地分析了自我反驳的逻辑。

22. 罗宾森看不到高尔吉亚身上的任何有趣的地方（遑论严肃的地方了）:“它们（那部论自然的作品的第三部分）并不深刻,仅仅令人尴尬而已。”（罗宾森 1973, p.58）他也断定（但毫无根据）:“柏拉图似乎既不把高尔吉亚视作严肃的思想家,也不认为他有什么主张值得重视。柏拉图仅仅将其看作一个精明的演说者。”（p.49）下面的第三章会以另一种方式表明这一点。我们应该把罗宾森解读为一个冷冰冰的传统派,引以为戒。

23. 极为相似的不确定性遮蔽了对柏拉图《巴门尼德》第二部分的阐释（事实上,考察这部对话让我有可能以直截了当的方式解读《论无》)。《巴门尼德》的第二部分包含了层出不穷的自相矛盾,这些都是具有严重逻辑缺陷的命题,其中明显出现了形式矛盾,却又是以看似严肃的态度提出的。和《论无》的情况一样,无论主题被歪曲与否,都当然是巴门尼德式的;恰如《论无》被贬低成一个恶劣的笑话,所以一些困惑的学者也以同样的思路处理《巴门尼德》。但是其他哲学家以“直截了当的”解读精神表明:此处,柏拉图心知肚明,他所展示的内容在逻辑上是不可接受的——对话的第二部分满是这样深刻的“错误”,但它们对我们的研究很有帮助（参见欧文 1970,他对这样的方法做出了精妙的阐释和批评）。再有,人们也许会推断:《巴门尼德》中使用的那些反巴门尼德的命题（如“是着的‘一’并不是”）可以让人完全想起高尔吉亚在《论无》中使用的材料,而这足以表明,《论无》和对话第二部分之间的类似并非巧合:也许,高尔吉亚这个例子（按照“直截了当的”方式解读）启发了柏拉图,促使他写出了这部对话。

24. 罗森梅耶尔写道:“首先,可以清楚地认识到:言语并不是对事物的反思,也不仅仅是用来描述的工具或仆役,相反,它是它自己的主人”（罗森梅耶尔 1955,p.231）,而西格尔却认为,“高尔吉亚否认真实的‘存在’是可以交流的,这不一定会阻碍他的实际活动……他也不太可能将自己隔绝于实际生活,因为他能以推论（三段论）的方式证明:无物存在”（西格尔 1962, p.102）。这些学者是不是都忘了:如果他们仅仅从表面上来看这部著作,以至于脱离了最后一部分的结论,他们才必然会一成不变地用同一种方式处理之前的几个部分呢?但是,如果无物存在,那么言语不会加以反思的任何事物还是不存在;而且,如果西格尔认为(诚实的)虚无主义“证明”(不管是不是在实际中)都不会产生破坏作用,那么我会怀疑他在使用一种相当反常的论证概念。《论无》吸引人的地方并不是高尔吉亚在理论上证明了什么,而是他开玩笑地拒不交代自己是不是在证明什么东西。即便是很仔细地从我们的文本中节选一些内容,也看不出这里面体现出了非描述性语言的自律性。既然高尔吉亚宣称无物存在,那么这就好像是在说,无物可以言说。内维格也同样令人失望,因为他试图把高尔吉亚描述成一个温和有趣、还有相对主义倾向的哲学家。甚至布伦施威奇以另一种方式做出的深刻研究也掉进了“理论”还原的陷阱(译注:以下两处原文为法文):“高尔吉亚,因其《论无》而成为了第一个论证‘交流之不可能性’的理论家。”(p.79)他以接近罗森梅耶尔的口气做出结论:“高尔吉亚这个修辞术思想家,以这种方式让语言摆脱了它的‘信息功能’,从而更加释放出了它的‘影响功能’。”(p.83)

第二章 赞扬堕落的女人:高尔吉亚的《海伦颂辞》

1. 斯蒂凡妮·韦斯特对《奥德赛》IV 的评注最为新近,在论述刻画这次模仿的第 279 行时,她说:“虽然事实上据记载,阿里斯塔尔科斯并不认为这一行是伪作,但是,‘古注’却强调这句荒唐无稽,而且指出阿里斯塔尔科斯确实这样认为……这一行表达粗陋,内容不经。”(霍贝克,韦斯特和海因斯华斯 1988, p.211)她没有解释这一行的表达哪里有毛病;而且,她后面论述“这种离奇的把戏”(出处同上)时的说法都表明了她不恰当地按照“史实”来衡量荷马。但她又承认“这个令人好奇的细节也许尚有奥妙未曾察觉”(出处同上, p.212),这就说明她自己还是有点犹豫;或许她多少也清楚,这段对海伦力量的突出而且重要的描述不应当从文本中删去。

2. 虽然麦克道威尔没有提到伊索克拉底的名字,但麦氏却颇为热切但有点肤浅地赞同伊索克拉底:“他(高尔吉亚)所做的事实上并不是赞扬海伦,而是为她辩护使之免于批评;实际上,《海伦辩护辞》才是更恰当的题目。”(麦克道威尔, 1982, p.12)

3. 勒霍 1981 首先认识到了一类极为重要的展现式演说,即葬礼演说的多层意义[虽然她提醒我们别把葬礼演说等同于亚里士多德的那种展现式演说(pp.227—229)]。

4. 有些人不想承认它有多大价值,甚至会说出如此严格苛刻的话:例如,“他的文本采取了有说服力的演说会用到的各种形式,包含了……一个毫不相干的导论，而且为了炫技、故意离题”（科尔，1991，p.76）；但是，科尔的一个主张（即，充分发展的修辞术在一开始出现时，仅仅是公元前4世纪哲学的后代）让他对高尔吉亚的解读完全误入歧途；他否认高尔吉亚具有自我反思的复杂性，这证明了科尔的这种“发展”观点是错误的。

5. 戈德希尔 1990 极为令人信服地论证了这个结论。

6. 麦克道威尔译为“行动的 kosmos 在于德性”，而且评注说：“也许可以认为，aretē 仅仅意味着‘优点’，这实际上等同于 kosmos。但是按照这个词的古代用法，可以认为它首先被用来描述行动。”（麦克道威尔，1982，p.33）这种说法不正确。虽然，“pragma”的确能表示“行动”，但是这证明不了一般意义上的“aretē”专属于行动。相反，有充分的段落证明：“aretē”的用法等同于“andreia”，即“勇敢”（见多佛，1974，pp.164—167），因此，人们也完全可以这样翻译。我的另一个译法是把“pragma”等同于最广泛可行的意义上的“事情”，由此，高尔吉亚用这个短语泛指任何事物，不论是优良的猎犬，还是制作精致、调配和谐的竖琴。

7. 比如在“铜和铁的 kosmos”（§16）中，“kosmos”指作战队列的方阵。

8. 麦克道威尔对“kosmos”做出了如下解释：它是“‘善’‘优点’，能带来名望的东西，是城邦成为好城邦、身体成为好身体的合适条件等等（在这里，它不是‘装饰’，因为它是事物本身的良好秩序，不是外部的附加物……）”（麦克道威尔 1982，p.33）。无条件地排除“装饰”这个意思，这就完全误入歧途了。虽然 §1 的批评暗示了一个可靠的模式：“（仅仅）赞扬应该赞扬的事情，（仅仅）责备应该责备的事情”，而且这个模式确实一度排除了欺骗性的 kosmos，但是，高尔吉亚精心的策略恰恰引起了我们的怀疑，虽然之后（暂时）打消了它，但最终又明确证实了这种怀疑。因此，读者在回应 §1 时，最不应该做的就是让自己一上来意识不到 kosmos 的全部含义。

9. 麦克道威尔读为 elechthē（译注：这个词原型即“legein”，即说、认为或选择，此处为被动态，不定过去时第三人称单数）而不是 ēlenchthē（译注：这个词原型即“elenchein”，意为反驳、申斥和证明，语法形式与前者相同），译为“另一个人曾被认为是，因为他曾说他是”；麦氏对 elechthē 评注说：“晚出抄本中的读法也许仅仅是中世纪人的猜测，但它必定比最古的抄本中的‘ēlenchthē’更可选，因为后者说不通。”（麦克道威尔 1982，p.34）为什么说不通？在另一个地方，他解释道：

ēlenchthē 被蒂尔斯—克兰茨译为“die Fama trog”(名声曾欺骗了),但意思不可能是这样。如果这种读法是正确的,那么它的意思也必然是“他曾被证明不是,因为他曾宣称他是”云云;但“dia”似乎讲不通。[译注:dia 是希腊语前缀,dialegein(论辩)和 dielenchein(反驳,证明,可见《高尔吉亚篇》,457e)这两个动词相近。]

(麦克道威尔 1961, p.121)

其实并非讲不通,只要人们认识到,这个惊人的表达是“吊诡法”的核心例子:海伦之美的神性如此明显,以至于廷达罗斯的说法实际上自相“反驳”。布海姆正确地否认了麦克道威尔的论证,他翻译为(译注:下面引文原文为德文):“另一个人,因为他曾假称自己是,却被暴露了。”(布海姆 1989, p.5)而伊索克拉底对忒修斯出身的描述[“据说他是埃勾斯的子嗣,却为波塞冬所生”《海伦》,18)]则把他老师的妙喻简化为了稀松平常之言。

10. 我们无法知道,《颂辞》一开始是公开朗诵用的脚本,还是私人阅读的文本(虽然在古代语境中,这两种情况的差别不像现代那么明显,因为我们有理由相信,通常来说,“私人”阅读有可能总是需要大声朗诵,而且是当众进行)。但是在我们的解释中,没有任何地方会涉及“表演/阅读”这个问题。

11. 经典的研究当然是“阿伽门农的申辩”(多茨 1951, pp.1—27)。虽然在他的讨论中,有许多方面遭人质疑,但是高尔吉亚的神学假设也许仍然是有争议的,这种可能性丝毫不会受到影响。在《奥德赛》中,海伦忏悔说,她“后悔自己的鲁莽愚蠢(atē),这是阿佛洛狄忒造成的,她把我从挚爱的家乡带到了那里”(IV, 261—262)。显然,这里联系了从多重因素决定的角度对人类行动的解释;韦斯特贴切地评论了 atē,它“是超自然作用下的精神失常,是愚蠢,痴迷……海伦并没说她对自己的行动不用负责;她的意思是,她的行为受到了难以抗拒的激情的影响,毫无理性,也没有经过计算”(霍贝克,韦斯特和海因斯华斯 1988, p.210)。和韦斯特不同,我不太确信海伦的“意思”明确就是指某一点,而不是其他;但是,这一段的确体现出了一种与高尔吉亚的那个简便的假设并不一致的神学。

12. 维尔德纽斯敏锐地注意到了这种“连接”情况中存在的一个最令人不安的暗示:

有一个“反差”(Verfremdung)存在于下面这个事实中:高尔吉亚在《颂

辞》里加了一节带有理论性的文字，其中，他建议把欺骗当作说服形式，而且实际上还把两者等同起来。这也许向读者表明了：为海伦的辩护也是有欺骗性的，它跟演说开头宣称的“会揭示真理”截然相反（§2）。

（维尔德纽斯 1981，p.125）

当然，他错误地夸大其词了：虽然高尔吉亚暗示了说服和欺骗的趋同，但他并没有明确将两者等同，他也没有直截了当地“建议”欺骗。但是维尔德纽斯正确地让我们注意到了这里暗示出来的威胁。

13. 科尔对《残篇》（23）的解读符合他完全错误的阐释：

如果在缪斯的庇护下的史诗叙述让诗人亲眼目睹了他实际中不可能看到或听到的事情，那么戏剧就起到了相同的转换作用，但这作用于观众而非作者……由此，戏剧家承诺会尽其所能地欺骗观众，使之（在演出期间）认为自己正在目睹和耳闻他们从未能看到或听到的内容；而观众同样要承诺不去抗拒这种努力欺骗的做法。显然，这就是高尔吉亚那句著名论断背后的推理。

（科尔 1991，p.38）

在这里，科尔打算描绘“口头诗歌和口头演说”在前修辞术时期的情形；但是，这个描绘并不自洽，无论如何也不能用于高尔吉亚的那句论断。这种不自洽就源于他声称的诗人与戏剧家之间的、令人匪夷所思的类比关系，即，如果受缪斯启发的诗人与戏剧家的观众相类比，那么诗人自己也必须要被骗。但事实相反，按照人们的预料，缪斯传授给诗人的是一种既启迪又欺骗观众的能力（赫西俄德，《神谱》，27 暗示了这层意思）。而科尔引用这段残篇来例证古代对诗歌功能的态度，但可以认为，这种态度要早于修辞术的革新。他之所以会这么说，因为他忽视了高尔吉亚在“真理”和“（欺骗中的？）快乐”之间制造的新颖的张力。

14. 阿特金斯尤为敏锐地评论说：

词源上说，dynastēs，仅仅意味着“能者”；而高尔吉亚说逻各斯“能”（dynatai）做到的事情都是毫无争议的，而且立足于经验观察。但是，既然这个“因为”从句是对 dynastēs 的解释而且还放在后面，所以不细心的读

> 者也许会猜测,高尔吉亚是在说明自己按照"有权力者"(potentate)这个意义使用这个词是正确的;读者的确会这样阐释,既然 dynastēs 并未以词源含义的方式出现。
>
> (阿特金斯 1983, pp.109—110)

15. 科尔坚称:"但是,没有什么地方可以表明,如一些批评家认为的,高尔吉亚打算用这种对逻各斯能力的分析来间接赞扬自己的职业"(科尔 1991, p.146),但是,他并没有给予 §8 这样的段落以它们应有的重视。

16. 欧里庇得斯有一段通常被人引用来类比《颂辞》(也许这一段体现出了高尔吉亚对他的影响),在这一段里,他描述的不是逻各斯,而是像**暴君**一样的说服力(《赫库芭》, 816 以下)。

17. 严格来讲,我的说法恰恰适合于后克莱斯蒂尼的雅典;如果仅限于公元前 462 年厄斐阿尔特斯削弱了战神山法庭的权力、保证了议事会和公民大会可以毫无约束地控制公共事务(他的改革产生的这个实际结果依然令人不解)之后的时期,那么我的说法也许就没有争议了。

18. 例如柏拉图《申辩》(17B),或伊索克拉底的主张,他认为自己的敌手都谴责他的逻各斯具有的"威力"(《论互换诉讼》, 4)。

19. 见"修辞术教育之恶:智者和谄媚者"一段,欧贝尔 1990, pp.170—174。

20. 虽然欧贝尔承认:"很可能大部分雅典人(甚至那些定期参加公民大会的人)在那里从未行使过演说的权利"(欧贝尔 1990, p.79),但他仍然主张:

> Isēgoria 改变了公民大会群体经验的本性,从被动地赞同(或反对)提出的措施到主动地倾听和判断复杂的利益、争论观点。公共演说的技巧成为了日益重要的领导技能,因为所有重大事务的决策都立足于公民大会上做出的演说。公民的政治生活更为加强,对于个人也更有意义,他不得不考虑并选择摆在他面前的种种可选的政策。
>
> (出处同上)

也许如此吧;欧贝尔当然勾勒了一幅振奋人心的激进的"参与式民主"的情景,但唯一的代价却是,他忽视了某些他亲口提过的证据(见注释 19)。他的描述未能充分概括高尔吉亚提出的"逻各斯是一个强大的主宰"所带来的威胁。

欧贝尔主张，公民大会的民众不再是“被动的”：而高尔吉亚表明，只有说服者才是主动地发挥作用。欧贝尔认为听众不仅仅是在听，他们也判断“观点”：而《颂辞》后面的段落含蓄地否认了灵魂拥有任何主动的理性能力来做出这样的评判（本书下一章表明，尽管柏拉图最为鲜明地反驳这种心理学，但他也否认这种能力可以在民主制争论中加以运用）。欧贝尔说的“不得不考虑并选择”，这本身就是一个很好的吊诡法的例子，因为可以认为，按照他的描述，民主环境下的“强迫”因素与“不受强迫地”运用选择权恰好相得益彰，非常妥帖。

21. 阿特金斯批评说：“逻各斯是说服的手段，但是它们似乎仅仅以一个介词短语的方式出现。对这种逻各斯的‘感知’是必要的；但是对于‘感知’却只字未提。”（阿特金斯，1983，p.110）这看起来过于严厉了，他竭尽全力想要揭示他的标题所说的“不自洽和无效的论证”。这个介词短语已经非常充分地指出了手段。

22. 比较这个说法，“这些［诗学要素］并非仅仅是演说的修饰，而且还有实用性：它可以增强倾听的快乐，使听众更容易接受说服手法”（维尔德纽斯，1981，p.119）；还有：

> 这样，格律（逻各斯的形式方面）似乎在引起那种说服所依靠的情感反应方面起到了重要的作用；而且因此，有意识的“形式主义”自然就在精致工整的对仗、有节奏的分句、计算好的音响效果、带有高尔吉亚本人风格的格律程式等方面十分重要了。
>
> （西格尔 1962，p.127）

23. 西格尔断定：

> §7……描述了一个纯粹物理上的情感，一种客观活动，它唤起了怜悯；但是在 §9，当那里论述灵魂及其情感时，同一个词在另一种不同的语境中用到了灵魂身上，这有助于我们把一种客观的、物理上的实在性赋予这种主观的情感。
>
> （西格尔 1962，p.105）

阿特金斯反对说：“语言是生动的；但我不能认同：当情感形容词和描述物理的名词联系起来（或反过来）时，这个联系能让高尔吉亚建立独特的哲学或心理学理论。”（阿特金斯，1983，p.110）我在第一章末曾批评过将高尔吉亚视为理论家、哲学家等等的看法，按照那里的意思，我基本上同意阿特金斯的结论，但是不同意他对此的理由。他把高尔吉亚看作一个传统理解的贬义上的、有技巧的“智者”，就是说，他够不上理论家，与之相反，我主张，高尔吉亚带有挑战味道，他是“反理论的”而不是“在理论之下”。我之所以批评西格尔，因为我确信：认为高尔吉亚在主观和客观、“心理或情感”和“物理”之间做出了难以改变的（而且无论如何都是站不住脚的）区分，这是错误的；但西格尔就让人难以置信地这样认为：“尽管从另一个方面来讲，高尔吉亚有可能并不是按照德谟克利特那样的彻底的唯物论来思考灵魂，但是如此一来，灵魂也就完全不是精神化的或去物质化的存在了，也就不再是柏拉图认为的那样了。”（西格尔 1962，p.106）

24. 德・萝米莉提出，这一段紧密联系了前人：

> 难道没有可能推出这样的结论吗：这些意在使听众屈服并使其灵魂产生这样或那样感情的手法（对仗，双关，文字游戏，节奏）都来自于那种奇妙的力量，它们在有魔力的歌声中获得了这种力量，而且一些诗人已经用令人兴奋、使人印象深刻的效果模仿出了这种力量？
>
> （德・萝米莉 1975，pp.18—19）

麦克道威尔反对说：“魔法像诗歌一样，产生了情感效果。但是，这不等于说，诗歌是一种魔法，反之也不成立；它们的联系有点被 J. 德・萝米莉的《魔法和修辞术》第一章夸大了。”（麦克道威尔 1982，p.37）然而，麦克道威尔本人恰恰也夸大了自己的事实：真正的问题或应该讨论的问题并不是高尔吉亚是不是区分了这两者，而是他认为这种区分在哪里。布海姆很有效地评述说，高尔吉亚的语言，有可能让逻各斯具有了“工具性”的特征，而不是让它仅仅成为一种传达“在其他地方产生的能力”的渠道（译注：以下引文原文为德文）：“应该考虑的问题是，如此一来，这是不是不仅意味着，按照表达的语法所规定的，咒语出自言语，或由言语传达，而且还意味着：它们直接通过言语的措辞而具有了实际的神性特征”（布海姆 1989，p.166）。

25. 麦克道威尔评注说：“psychēs hamartēmata 和 doxēs apatēmata（译注：‘灵魂的错谬’和‘对意见的欺骗’。麦克道威尔按照高尔吉亚的对仗方式，认为这两个短语，前一个是主体属格，后一个是客体属格。但有的学者也认为前一个短语仍然是客体属格，即使灵魂犯错。）构成了高尔吉亚喜欢的那种有韵律的对仗，而且在他看来，这一点足以成为将这两个短语并列在一起的理由。”（麦克道威尔 1982, pp.37—38）这种说法显然愚昧。麦克道威尔忽视了两个非常重要的地方。首先，“hamartēmata”联系了§1 中的“hamartia”（错谬）。在那里，“错谬”在于，赞扬了应该谴责的或谴责了应该赞扬的东西；但是在这里，就在这个魔法的例子中，我们知道，（有些）逻各斯通过操纵情感可以起到诱人犯错的效果，当然，这不是必然的，因为我们已经得知了诗歌方面的情况。这让我们在面对高尔吉亚的“内部逻辑”时遇到了更大的麻烦（但这也令人快乐）。第二，这里说的错谬和欺骗是技艺：就逻各斯是工具而言，各种技艺能让逻各斯固有的能力发挥作用（这是《高尔吉亚篇》会争论的另一个问题）。

26. 我把这种解释归功于阿特金斯：

> 他现在用到的事实就是：逻各斯是阳性的，灵魂是阴性的。他写道：ho men oun peisas（译注：peithein 的主动态，不定过去时，阳性分词主格，因此既可以指男人，也可以指阳性名词“逻各斯”），“一个说服着的（事物或人）”，这也许不是指帕里斯就是指逻各斯，而 hē peistheisa（译注：peithein 的被动态，不定过去时，阴性分词主格，指海伦或阴性名词“灵魂”），“一个被说服的（事物或人）”，这既可以指海伦，也可以指灵魂。既然，并不是海伦的灵魂，而是海伦本人受到了谴责，那么听者很有可能把第二个分词解释为指海伦，第一个指帕里斯，因此可以看出，海伦被将逻各斯用作工具的帕里斯强迫：乍一看，这个提法不如另一个提法“她的**灵魂**被**逻各斯**强迫”那么容易接受。而在 peithesthai（译为服从）（译注：peithein 的中动或被动现在时不定式）一词中也存在着用词的灵活。既然它是 peithein 的被动态，故而，如果 A 说服（peithei）B，那么 B 被说服（peithetai）；但是 peithesthai 随与格的用法范围还可以扩展到“被说服，服从，信任”等含义：这个词也许表明了，逻各斯强迫海伦不仅仅被说服，而且还信任，服从所说的话。
>
> （阿特金斯 1983, p.113）

27. 多佛的概述很正确：“在希腊人描述女人的所有说法中，有一点是非常普遍的：女人无力抵抗恐惧，欲望或冲动”（多佛 1974）；女性不仅是毫无抵抗力的对象，她也很典型地易于在情感上屈服，《颂辞》的读者会预料到这一点的。

28.

同性爱人无需隐瞒自己的欲望，他也可以向他的朋友夸耀自己的成就（柏拉图，《斐德若篇》，232A），但他追求的少年却被认为应该抵抗诱惑，而且，如果他的抵抗遭到克制、被人知晓，他还得忍受责备。似乎看起来，屈从的少年把自己混同于姘头（爱思基讷斯，1.111，131，167，185），他将来的角色是城邦的战士，但现在变得轻贱，在同诱惑者的抗争中，他已然被击败了。

（多佛 1974，p.215）

虽然多佛 1978 的一些有争议的观点受到了严厉的批评，但它仍然具有权威性。它论述了同性关系中被动的一方有可能等同于女人和其他低贱之人的情况（《主导和从属的角色》，pp.100—109），高尔吉亚的研究者会对这些说法充满兴趣，特别是其中论及“hybris”（侵犯）的部分（译注：hybris 是希腊伦理学、法学的重要概念，程度由轻到重，有多重含义：傲慢，轻慢，狂傲，慢待和羞辱他人，从精神到身体攻击和侵凌他人，亵渎神圣等，法学上一般作为“城邦公法”来处理，此时相对于 aikia，后者是民事上的攻击和侵犯），这是阿提卡法律术语，可以专门指“性攻击”：

之所以屈服的男性放弃了自己作为男性公民的地位，这不仅是因为他在性行为中把自己等同于女人，还因为他有意选择成为 hybris 中的受害者，即使受害者并不情愿。阿提卡法律对于 hybris 有重法加以制裁：凡作案者“羞辱”其受害者，使之丧失了法律上的公民地位，那么为了恢复该地位，只能提起诉讼，这种诉讼事实上要号召整个共同体来改变受害人的处境，镇压作案者。凡选择成为其他公民的支配对象，那么这就丧失了自己的公民地位。

（多佛 1978，pp.103—104）

29. “裴妬（Peithō）在这个时期并不是阿佛洛狄忒的名字……而是一位以爱欲为主要功能的独立的女神”（M.L. 韦斯特 1978，p.161）。爱欲和说服的联系当然对高尔吉亚是有利的：

萨福曾唤裴妬是阿佛洛狄忒的女儿（90.7 f.=200，比较 96.26—29 和

1.18);帕里斯曾用爱欲说服(peith'erō)海伦的心(Alc.283.9);科林斯的娼妓就是 amphipoloi Peithous(裴妬的侍女)(Pind.fr.122.1—2),等等……因此爱人能被认为既由众优雅女神(Charites),也由裴妬塑造而成:伊比科斯(Ibycus)288……比较 Th.349n。裴妬和众优雅女神相伴,也见 Pind. fr.123.14,而在赫默西亚纳科斯(Hermesianax)11 那里,前者成为了后者中的一员。

(出处同上,p.162)

30. "Meteōrologoi" 可以包含我们所谓的 "气象学家" "天文学家" 和 "星相学家"。

31. "逻各斯的强迫力就这样直接作用于灵魂,逻各斯给灵魂施加了直接而且几乎是物理性的影响。"(西格尔 1962,p.105)

32. 可以很合理地假设:高尔吉亚想让人们认为他的这种说法重构了那句著名的论断:"opsis tōn adēlōn ta phainomena(现象就是所看到的未显现之物)":见沃迪 1988,那里解释了阿那克萨格拉和德谟克利特对这句话的正确解释的争论。

33. 科尔急于削弱这一段的重要性:"它指的是有技巧的演说能采取的那种非常特殊的形式,而不是特别大众的形式(即用于诉讼演说或展现式演说)"(科尔,1991,p.148)。鉴于争辩是 "必然的",那么这里不可能指展现式演说;科尔(不认同高尔吉亚)怎么就会知道这些逻各斯 "不是特别大众的" 呢?

34. 本书第三章会讨论 "ochlos(俗众)" 这个词在用法上的含义,当苏格拉底攻击高尔吉亚的时候,柏拉图有意地再次使用了 "俗众" 这个词。

35. 麦克道威尔偏爱(a)"处于强迫中" 这个译法,而不是(b)"强迫的和有说服力的",其理由如下:

之所以反对 b,因为高尔吉亚认为科学家和哲学家的话语也是有说服力的,由此,如果按这个方式来解释 "anagkaious" 一词,它就没能将庭审演说和这句话其他部分提到的几种演说区分开。

(麦克道威尔 1982,pp.39—40)

但是没有理由认为高尔吉亚在寻找一种绝对独特的特征;虽然 a 表明了辩护人既在说服又**被强迫**,由此产生了很好的反讽效果,但是 b 也把强迫、说服和快乐这几种主题融合在了一起。

36. 比较，帕拉墨德如何向阿开亚诸王保证的：只有“在大众中”辩护时，陈腐的假意恭维才有用，而且在向他们发言时，他运用的只是事实，他“教授真理，毫无欺诈”，不像大无赖奥德修斯（高尔吉亚，《为帕拉墨德辩护》33）。

37. 这样的论辩术如何具有合理性，本书第三章和第五章会处理这个问题。

38. 在 §19，它指的则是骚动的“爱的斗争”——海伦的双眼被帕里斯的容貌打动把这种斗争传达给了自己的灵魂。

39. 比较，“再一次，高尔吉亚试图把 peithein 等同于一个因果序列，因为药物的结果并不取决于病人的选择：治疗或死亡这两种结果都与病人的意愿无关。”（阿特金斯，1983，p.114）

40. 西格尔得出一个结论：

> 灵魂的各种过程就这样被处理为具有近似物理性的实在性，也许更重要的是，还容易经受理性行动者的控制和操纵，就如身体经受医生的药物的控制和操纵一样。
>
> （西格尔 1962，p.104）

这种解读的问题在于，它没有考虑到这个事实，即魔法问题：女巫或男巫是“理性行动者”吗？德·萝米莉意识到了这个难点，但试图绕过它（译注：以下引文原文为法文）：

> 诚然，这总是和药物（pharmakōn，epharmakesan），甚至和迷人（exegoēteusan）的话语有关，但希波克拉底才应该关心体液的排出……而显然，高尔吉亚打算把两种可以比较的科学并列在一起，由此，一个科学相关于身体，一个相关于灵魂，它们就是医学和修辞术。他想要弄出一门与言辞的魔法有关的科学。
>
> （德·萝米莉 1973，p.162）

她在后来的研究中又详细说明了这个解释：

> 他在方法上对药物做了分类，为了针对人们有可能思考到的各种可能

性,发展出一套清晰的观念。这引导我们从魔法和魔咒的层次转入到了经验医学的层次。但是,这也将两个长久以来结合在一起的观念分离开来;因为,虽然高尔吉亚从灵感之诗和现实魔法出发,但是他的修辞术并没有依靠灵感之类的东西。

(德・萝米莉 1975, p.21)

她的论证经不起推敲。希波克拉底式的医生就极为迫切地让自己远离传统的治疗者和魔法师[如罗伊德,在他的"批判魔法,探询自然"一章中决定性地证明了这一点,(G.E.R. 罗伊德 1979,尤其是 pp.37—49]——但高尔吉亚却把魔法和医学混在了一起。所以,认为"高尔吉亚促成了魔法向科学的转换"这个看法是站不住脚的,因为这"两个观念"并没有"分离开来"。相反,如阿特金斯所主张的,这两个观念被有意混淆了:

在 §14 中的 pharmaka(译注:药物)紧密联系了"体液(chymoi)",这是一个科学术语,明显体现出了科学性的医学;但是,和 pharmaka 范围相同的 pharmakeuein(译注:用药或施以法术惑人),当它与 goēteuein(译注:迷惑,施以法术)以及 pharmaka 的早期用法联系起来时,这就很容易让人想起它的全部用法,而且它还把 §14 的论证和 §10 的结合在一起,在后一个地方,按照高尔吉亚的希望,因果序列已经得到了承认。

(阿特金斯 1983, p.114)

总之,高尔吉亚的药物让人想起海伦的改变性情的 pharmaka,这些药物"有许多很精良,有许多又有害",它们都在"医生"(肯定不是"经验医学"的从业者)的技艺范围中(《奥德赛》IV, 220—232)。

41. 德・萝米莉曾找到过一些细小的证据来证明这种合理化趋势(见注释 40),如果有的话,这里就可以看到。

42. "Eisoikizein"(译注: oikia 即家庭, oikion 即房屋,因此这个词直译就是在某处安家)指渗透入灵魂,对于柏拉图来说,这个比喻是一个非常重要的先例。柏拉图就对灵魂堡垒屈服于敌方的"殖入"或围攻做了出色的描绘,如"hē paranomia...eisoikisamenē(无法律……将自己安家)",《理想国》, 424D。

43. 这是按照麦克道威尔的意思读为"ameleia",而不是按照布海姆的意思读为"alētheia";《颂辞》后面的部分非常棘手,但越往后,布海姆对文本的判断力就有点减弱。

44. 也许，柏拉图《斐勒布》39A—B 的灵魂模式就源于这里。但是，即便如此，柏拉图带来的复杂性要更吸引人。他对高尔吉亚的改动并不仅仅在于他在灵魂中设定了写作者和绘画者；相反，他坚定地同高尔吉亚的心理学保持了距离，因为柏拉图坚持“主动”“被动”过程、知觉、记忆、想象以及最重要的判断力等因素的多样性。

45. 巴克山德尔 1971 证明了：古典修辞术遗产虽然有助于人文主义文艺批评的出现，但其中存在了很多严重的局限。

46. 麦克道威尔否认这个联系：“是欧里庇得斯回答了高尔吉亚呢，还是高尔吉亚回答了欧里庇得斯呢？很可能都不是。两处的细节其实毫无相似之处；没有充分理由能把高尔吉亚对海伦的讨论与其他任何人联系在一起。”（麦克道威尔 1982，p.12）注释 47 对巴罗的引用可以充分回答他。

47.

> 这是另一个反讽——墨涅拉奥斯屈从于海伦的美，就像海伦曾屈从于帕里斯的美。高尔吉亚在《海伦颂辞》（16—19）中如此强调 opsis（容貌），这里也是如此，而且理由充分的精神确证和对此展开行动的能力之间存在着难以逾越的鸿沟，如此之大，它让整个场景都变得反讽起来。这个结果使得争辩对于赫库芭来说毫无用处。欧里庇得斯表明了有说服力的言辞能够说服，但产生不了持之以恒的行动，由此，他也许意识到了高尔吉亚在《海伦颂辞》（10—14）中对言辞的明显的高估，所以指出了一种不同的看法。
>
> （巴罗 1986，pp.207—208）

关于《特洛伊妇女》，我特别受益于西蒙·戈德希尔为我们共同开设的剑桥修辞术课程做出的贡献。

48. “有人也许会想象高尔吉亚正目光闪烁，因为就在这最后一个词上，高尔吉亚表明了，他把整部吊诡的作品当成了戏作。”（麦克道威尔 1982，p.43）的确，有人也许会这么想。

第三章 为理性辩护：柏拉图的《高尔吉亚篇》

1. 显然，我研究柏拉图的方法是，一上来就反对把（早期）对话理解为几乎是在转述真实的苏格拉底的对话;我的苏格拉底是个虚构角色,不是对历史人物的再现。但是这个方法又可以毫无困难地接受下面这个推测:被柏拉图归到苏格拉底这个人物身上的诸多首要问题或特殊论证,在历史上也都被真实的苏格拉底表明和阐述过,即使拥护这一推测的人按照传统的学术做法,将柏拉图作为苏格拉底历史信息的资源进行开采时有可能收获较少、损失颇多。

2. 因为多茨忽视了间接哲学交流的可能性,所以他对这篇对话的处理,尽管精义披纷,但基本上是有缺陷的:"对于现代读者来说,他们对《高尔吉亚篇》的首要兴趣并不在于其形式上的'论辩术'论证,这种论证的逻辑并非完全令人信服,有时还明显有误。"(多茨 1959, p.30)

3. 对于这两篇对话的关系,威廉斯有一个毫无根据、不太公平的意见,但他有力地点出了《高尔吉亚篇》中的至少一个方面,正是这个方面让这篇对话给哲学家们带来了持久的吸引力:

> 在哲学史里,至少有一次,无道德主义者被具体地表现成了一个令人担忧的形象,那就是柏拉图的对话《高尔吉亚篇》中出现的卡里克勒斯这个人物。按照柏拉图对话的习惯,卡里克勒斯确实参与了理性的对话,在那里被苏格拉底的论证(事实上是一套让人难以信服的论证,柏拉图后来又不得不写一部《理想国》来提升它)打败。尽管如此,柏拉图还是展示出了卡里克勒斯身上的一些让人紧张之处,这也就是对话的主题:他对于哲学本身有着鲜明的轻视,他之所以留下来听完所有的哲学论证,仅仅是由于屈尊纡贵或是自己图个乐罢了。
>
> (威廉斯 1985, p.22)

4. 埃尔文提供了一个有用的对话结构图:

> 既然看起来前两个对话者中的每一个都需要一个极端的后继者来支持自己,那么卡里克勒斯的反驳也就暗示了他前面那个人的反驳(508A—C)。概言之,结构如下(用首字母表示三个对话人的位置,G 为高尔吉亚,P 为波路斯,C 为卡里克勒斯):
>
> (1)若 G,则 P。
>
> (2)若 P,则 C。
>
> (3)但非 C。
>
> (4)故非 P。

（5）故非 G。

（埃尔文 1979，p.9）

这种推论关系的存在证明了：任何试图将“高尔吉亚部分”与其之后内容割裂开的阐释都必然会误解这部分里的许多论证的真实地位，因为它忽视了在波路斯和卡里克勒斯部分中出现的与之有关的变化。我希望避免这种错误，同时又能给予第一部分它应得的却没有获得的关注。例如，多茨在否认了高尔吉亚并非本义上的“智者”或“原创哲学思想家”之后宣称：以现存的高尔吉亚的作品为例，它们“给人留下了明显不诚实的印象，这种不诚实又表现得很天真（除了在葬礼演说中），弄成一副无辜的样子”（多茨 1959，p.8）。他对真实的高尔吉亚的态度优越感十足，所以很遗憾，这决定了他对柏拉图的高尔吉亚的处理有严重缺陷。

5. 多茨在注释中认为 dynamis 的意思是“要点”或“功能”（拉丁语即 vis）（多茨 1959，p.190）；尽管理解得很好，但他对高尔吉亚的成就摆出了一副高高在上、漠不关心的态度（见注释 4），所以当柏拉图很认真地借苏格拉底之口说出这个词的时候，多茨没有发现其中的深刻含义。

6. 埃尔文一向把“legein”译为“说”而非“意味着”，如“你怎么说？”，“你不明白我怎么说的吗？”，这种译法只会让不懂希腊文的读者一头雾水。

7. 古代评注者奥林匹奥多罗斯曾经小题大做地批评这种对话原则（奥林匹奥多罗斯，2，10）实属吹毛求疵，但他的直觉还是有价值的。有一点他看得很清楚而且点了出来：虽然苏格拉底在鼓励凯瑞丰去理解所问的内容（2，8），但波路斯作为他老师教出来的学生，却过于急切地想要自我“展示”一番。

8. 科尔评注说：

> 正是在哲学文本中，我们第一次听到了这个科目（指修辞术）；而“rhetoric”一词本身完全表明了它是柏拉图发明的。在《高尔吉亚篇》出现这个词（449A5）之前，希腊语中根本没有它。在这里，这位著名的智者——在犹豫之后，（很可能）也在苏格拉底三番五次的催促之下（448D9）——决定称呼他所教授的技艺为“rhetorly”，即，“rhētōr（演说家）的”或“演说家的”“art”（即 rhētorikē technē，与修辞有关的技艺）。
>
> （科尔 1991，p.2）

标准意义上的“rhetoric”一词是公元前4世纪发明的，这个说法（支持了科尔的主要观点）根本站不住脚。这里并没有标明“rhetoric”一词是柏拉图的发明，相反，这里把它描述为“所谓的”（科尔忽视或忽略了这个描述），它有力地暗示了，“rhetoric”一词在柏拉图著作之外已经流行开来，而且早在它之前就存在了（与马尔康姆·肖菲尔德的交流让我明白了这一点）。在科尔看来，柏拉图和亚里士多德“既是哲学，也是修辞术的真正建立者”（p.29）。他坚称修辞术的起源模式是“革命性的”而非“发展性的”（p.28），这无非是认可这样一个还原式的方案：将其他一切事情都涵盖在所设想的柏拉图和亚里士多德的影响之下。这样，一方面，在哲学中，他完全没有认识到本书第一章已经解释过的、巴门尼德的中心地位［毫不掩饰地说，科尔论述巴门尼德的篇幅只有一段（p.59）］；另一方面，在修辞术中，按照他一贯的主张，科尔也难以领会高尔吉亚对哲学家的挑战，以及对其他所有反对掌握说服力的人的挑战。

9. 威克斯1989这部著作可以命名为《反柏拉图而为修辞术一辩》：

> 我一直以来都认为在《高尔吉亚篇》中对修辞术和政治学的解释是带有暴力色彩地歪曲这两门学科，但我现在不这样看了：当我着手针对这部作品的第二章和第三章（一部分）进行研究时，我才认识到，柏拉图是如何全盘曲解了证据和论证而为自己的理由所用。
>
> （p.vii）

因此，威克斯的“辩护”开始将（修辞术的）自由演说与民主制的兴起和维系联系在一起。他引用了《高尔吉亚篇》452D—E并且评论说：

> 当然，对于柏拉图而言，他感到可悲的是，应该具有这种能力的人居然是修辞家，而不是哲学家，但对于文艺复兴之前的大多数修辞术研究者来说，它的巨大吸引力恰恰在于它让城邦生活的繁荣变得大有希望同时又支持了自由。
>
> （p.7）

这样从一开始，他就无动于衷地忽视了“修辞家的自由”与“控制本邦公民”之间的密切联系，所以看起来，威克斯令人失望地（往好了说也不过如此）几乎没有看到问题所在。再往后，他还试图克服修辞术在政治上的不良影响：

柏拉图

把论证弄得粗糙不堪，因为传统上归于修辞术的威力并不是一个既为暴君独裁者，又是荒淫之人肆无忌惮地使用的权力（power），而是在公共会议上影响决策的能力（power）。它实际上是民主的标志——但柏拉图深恶痛绝——却被柏拉图转变成了暴政的属性。

（p.99）

关于逻各斯这位伟大的主宰，他就说了这么多。尽管（或由于？）威克斯对《高尔吉亚篇》愤怒不已，但他明显没有意识到真实的高尔吉亚在历史上和理论上的意义，他也没意识到《高尔吉亚篇》回应高尔吉亚的方式（比如他说，高尔吉亚成了"论辩家的傀儡"，p.95）。他不感兴趣论辩术究竟是什么（p.125以下可以看出，他几乎完全误解了"驳诘法"的逻辑），也不感兴趣它如何与修辞术展开竞争；雅典的修辞术和政治学在实际中同时出现，对于这种"巧合"，他也并不理解（比如他说，"政治学和哲学提出了［与修辞术］竞争的说法，宣称自己代表好的生活"（p.103），当考虑这种主张时，就会"脱离"修辞术这个主题本身）。他天真地认为智者就是政治理论家，他们拥护自由民主的共识，波普式的极权主义怪兽（也就是柏拉图）对他们恨之入骨（译注：指卡尔·波普在《开放社会及其敌人》中错误地把柏拉图批判为极权主义源头的观点）。这种在分析以及学理上的粗谬之处比比皆是，不可胜数。

10. 多茨评论此处：

这个含混、夸大的短语可以比较高尔吉亚门徒伊索克拉底的主张：语言技艺在人性的一切事情中是促成至善的原因（《尼刻克勒斯》，5，也比较《庆典演说》，3—4）。

（多茨，1959，p.208；他不承认自己的解释与奥林匹奥多罗斯完全相同，5，1）

但是，既然应该考虑到习语的实用性，那么不管这个短语的语气如何，它的表达一点也不"含混"；相反，苏格拉底这位"幼稚的"哲学家才会拒绝理解高尔吉亚所说的话。

11.

> 逻各斯在这个过程中会起到的作用让它可以被叫作“能力的运用者”(《海伦》, 8),但是,未必可以称之为技艺者(苏格拉底用的词,不是高尔吉亚说的,见《高尔吉亚篇》, 453A2)。虽然后来的作家们能把修辞术称为某种形式的能力(dynamis),或说它拥有属于自己的能力,但是,技艺和能力完全不同,所以,有时候(比较亚里士多德,《修辞术》, I, 2, 1356A32—34; I, 4, 1359B12—14;昆体良, 2, 15, 2)能力明显相反于精确的知识,而后者通常伴随着技艺。
>
> (科尔 1991, p.148)

诚然,苏格拉底对“专长”很感兴趣,这确定无疑;而且显而易见,他与众不同地按照柏拉图的方式设想了什么东西算是(或不如说,应该算是)技艺,这种技艺观在《高尔吉亚篇》中发挥着作用。然而,不能因此就不相信高尔吉亚也提供了教育,就不相信这样的教育的首要目的就是把说服力传授给他的学生。

12. 这种对哲学过程不加批判的描绘有可能让读者感到不安,我认为理应如此。在对哲学活动的非个人模式的批判和企图为之辩护的做法中涉及的值得关注的(即使通常来说非常棘手的)问题,我们在结语部分会加以论述。

13.

> 在《斐德若篇》261CD,苏格拉底更确切地说:诉讼修辞术与正当和不正当有关,但是议政修辞术与好处和坏处有关,这个领域更广泛,既涉及了正当问题,也包含了利益问题;他也认识到(261AB)修辞术能被私人加以运用,而且还可以用在琐事(展现式演说)上。
>
> (多茨 1959, p.205)

是多茨认为存在着毫无价值的赞扬和责备,而且所有展现式演说都是琐事,苏格拉底可没有这么说。在这里,《高尔吉亚篇》和《斐德若篇》之间的区别并不是“确切”:高尔吉亚之所以这么说,是因为在他看来,修辞术控制的各种公共领域之间没有什么重要的分别,相反,《斐德若篇》的苏格拉底致力于将一种驯服又纯净的说服保持在它的恰当的位置。

14. Ochlos 带有强烈的贬义:如, ochlos mallon ē stratos,“一伙乌合之众而非军队”,见希罗狄安努斯 6.71; hoi toioutoi ochloi(这般俗众),见修昔底德 4.126(相反于 7.8 的 dēmos)。在色诺芬那里,卡尔米德斯详细描述了“私人论辩术”和“‘在大众面前’争辩”的差别,他认为天生的羞耻和恐惧更容易“在大众”

面前而非在私人集会中显露出来(《回忆苏格拉底》3.4—5)。关于那些通常用来指称雅典公民群体的词,见欧贝尔 1990, p.11,比较“它[修辞术]是一种工具,发明它是为了操纵和鼓动群氓与共同体、使之陷入无法无天的境地”[蒙田 1991, p.342,见《论言词之虚夸》:“群氓”译为“une tourbe”(暴民、贱民和乌合之众]。多茨提供了一个柏拉图的例子,很有用:

> 在柏拉图和其他人那里,这个词通常带有一种轻蔑的色彩;而好的民主派人士很少在这个意义上使用它。但是,在这一点上,苏格拉底和高尔吉亚并无分歧:在《欧绪德谟篇》290A3,那里就让苏格拉底也使用了相同的说法:“诉讼和公民大会以及其他俗众之地的迷惑力。”
>
> (多茨 1959, p.205)

但是,多茨忽视了一点:这两段文字的联系有可能要更为紧密。与之不同,科尔就立足于魔法的比喻指出了《欧绪德谟篇》289E4—290A4“几乎肯定”联系了《颂辞》;不过,由于他多提醒了一句,因此这个深刻的看法反而被严重破坏了:“但是,这有可能代表了后来人对传统材料的‘修辞化’。”(科尔 1991, p.148)

15. 关于《泰阿泰德篇》(171D—177C)中(苏格拉底把“哲学的闲暇”与“法庭的忙忙碌碌的束缚”对比)对“离题”的讨论,见本耶特 1990, pp.31—39。

16. 人们也许同时会注意到:雅典悲剧家曾被认为在“教导”整个城邦集体,而且评价其作品的人是按照平等原则选出的评判者;既然《高尔吉亚篇》认为连教导大众都是不可行的,因此,对于我们视之为彻底民主制胜利标志之一的雅典制度来说,这种否定看法有效地剥夺了它的全部合法性。确实,在对话后面的大部分内容中,苏格拉底极为明确地表达了这一点。他利用了《颂辞》中对诗歌的定义——“有格律的逻各斯”,从而设法让卡里克勒斯同意:悲剧的逻各斯指向“俗众”;所以悲剧家们也都是修辞家,因此也在谄媚形形色色的群众(502B1—D9)。这种轻视绝难与我们眼中的大部分现存希腊悲剧具有的挑战性特征相吻合;多茨的辩护让人没法同意:

> 虽然欧里庇得斯有时会断然主张令人不快的真理(如在《特洛伊妇女》中),但是在他的某些戏剧中仍然有一些段落,我们不得不怀疑他在“哗众取宠”;而且,如果他那种级别的诗人有时也禁不起这种诱惑,那么比他水平更低的诗人很可能会更频繁、更十足地没有底线。

（多茨 1959，p.321）

17. 见第四章，“普罗泰戈拉和伊索克拉底：逃避的智慧”。
18. 这是奥林匹奥多罗斯的阐释（7，1）。
19.

> 柏拉图也许会让我们相信：既然按照柏拉图的理解，在专业技能无法使用的情况下，高尔吉亚式的话语才能发挥作用，因此，这种天真又进一步转变为洋洋自得地拔高自己对主题的“无知”的阐述，使之超过专家的“博学”的阐述（《高尔吉亚篇》，452E1—8，456C2—6，459C3—5）；但是，这种想法颇为可疑。
>
> （科尔 1991，p.152）

这些说法立足的前提都是所谓的高尔吉亚“宣称的怀疑论”（p.150），这种怀疑论主要是在《论无》中体现出来的，因为这部作品被解读为明确主张“怀疑论式的”认识论；而这种怀疑论又立即被它的作者忽视了，如：

> 在这一点上，如果接受柏拉图的孤证，那就是把后来修辞术的假设和方法放进了带有公元前5世纪特征的现象中。高尔吉亚的怀疑论与普罗泰戈拉的相对主义一样，都明显代表了修辞家对人们交流中的有问题的特征的认识。但是，虽然这两人认识到了这个问题，他们总的来说却都选择了回避它，而非沿着修辞术的线索寻求解决方法。
>
> （p.152）

20. 真实的高尔吉亚当然没有采取那种柏拉图归于他笔下人物“高尔吉亚”的立场，而且事情也不是源于科尔举出的那个原因。他猜测，“高尔吉亚式的话语”在发挥作用时会受若干不确定性的局限；事实上，被高尔吉亚赞颂的逻各斯并不知道什么局限，它运用的是统一的强迫力。

“责备学生，而非老师”这种辩护方法很快就成为了修辞术传统中的一个论题，比如，在伊索克拉底的《论互换诉讼》（251—253）中就出现了（虽然那里没有承认，但这是不是受《高尔吉亚篇》的影响呢？）。

21. 如果一些美国“枪支游说团”的代表们抗议说，热衷武器的人只要有责任心就并无危害，那么看起来，他们不但可以从宪法中，而且还能在《高尔吉亚篇》里找到宝贵的支持。

22. 这里按照埃尔文 1979, p.25。里德尔、斯科特和琼斯的释义"反驳"不可取;苏格拉底在犹豫,因为他预见到了"驳诘"会导致反驳,但是他并没有说:他在干的事情完全而且纯粹是反驳。但是,多茨和埃尔文都没有充分处理"针对问题本身"这一点,所以,他们也都没有发觉苏格拉底立场的微妙之处。

23.

> 按照海德兰姆的建议, Philonikounta(争强好胜之人)[E4]不应该被删去:因为苏格拉底没有否认, legei pros Gorgian(在反驳高尔吉亚):他否认的是, legei philonikōn pros Gorgian(他在争强好胜地反驳高尔吉亚)。这跟 D4 实际上并没有什么不一致,在 D4 中,我们可以很自然地通过 philonikountas 来理解 pros allēlous(反对彼此)。
>
> (多茨 1959, p.214)

如果再加上一点就好了:苏格拉底肯定的是 legei philonikōn tou kataphanes genesthai(他争强好胜地论说是为了澄清问题)。苏格拉底反对逻各斯的"含混不明";即使这不可避免地导致了反对高尔吉亚,但苏格拉底所说的"不顾一切、发现真理"这个意图仍然不会必然实现。第五章讨论亚里士多德论论辩术的部分和结语会进一步研究这些问题。

24. 埃尔文中肯地评论道:

> 高尔吉亚主张过,在非专家和无知者中,修辞家比专家还要有说服力。但现在,苏格拉底认为,修辞家让自己显得比专家知道得更多,而到目前为止,高尔吉亚并没有承认这一点。苏格拉底肯定假设:修辞家之所以能说服听众,仅仅是因为他们显得比专家知道得更多。但是这个假设是可疑的。为什么修辞家不能让自己显得知道**有关的**事实呢,即使一般来说,专家对主题知道得更多?或者,为什么修辞家不能通过更生动有力地激起听众的情感从而更有说服力呢?……另一方面,修辞术的成功仅限于"非专家",这倒是怀疑他们的好理由。但如果修辞家能宣称自己掌握了客观合理的理由,那为什么他不应该针对这一主题说服专家呢?
>
> (埃尔文 1979, pp.123—124)

25. 在格里高利·弗拉斯托斯的"苏格拉底的驳诘:方法就是一切"一章中,

他设法处理了一个深刻的问题：苏格拉底如何能合法地将论辩术视为发现真理的工具（就像他本人所做的一样），既然从表面来看，他的方法只能在逻辑上让对话者的种种信念出现不一致。一致性没有真理也能获得。弗拉斯托斯推测：答案就在他所谓的“一个重大的假设”之中：“无论是谁，只要他有了错误的信念，他就总是同时具有了否定错误信念的真实信念。”（弗拉斯托斯 1994, p.25）对弗拉斯托斯这个问题的思考并不在本书的范围之内，尽管我们谈到了它而且后面还会回到与这个问题紧密相关的内容上来。此处完全可以指出，虽然我们拥有了这样假设性的、无处不在的真实道德信念，但它不会同我使用的、苏格拉底式的“道德白痴”概念相抵触，因为我们并不是按照真实的信念，而是从欠缺知识的角度来定义这样的“白痴”（这一点，弗拉斯托斯不会有异议）。

26. 这个“充分性”问题是个悖论，随着柏拉图心理学的发展，他会逐渐反对这个问题，而且由此，他在《斐德若篇》中也会修正自己将修辞术贬斥为不正当地操纵无知者情感的激烈看法。

27. 这就是为什么埃尔文的批评不得要领：

> 高尔吉亚没有承诺他“教导德性”是为了让人们成为有德性之人……他仅仅承诺要把那种正当和不正当的事情告诉自己的学生罢了。在高尔吉亚和大多数人看来，“学习到这一点”与“正当行动或成为正当的人”是两件不同的事情。
>
> （埃尔文 1979, p.126）

文本并未包含“让”和“告诉”这样的区分；即便有，当高尔吉亚试图利用这种区分时，他会损失惨重。

28. 奥林匹奥多罗斯说，“他称证明性确证为‘必然性’”（19, 9）；多茨在注释中认为 ou...anankazeis 的意思就是“用逻辑论证”（多茨 1959, p.245）。比较 475A5, 475B2, 475B8。

29. “并非‘我不和民众交谈’——因为苏格拉底对各种各样的人全都提问（《申辩》22A—D）——而是‘我不会跟一大群人讨论，试都不会试’。”（多茨 1959, p.248）

30. 奥林匹奥多罗斯（20, 2）很清楚地看到了这一点（“每个人都有不同的意见”），虽然他对众多“倾听证明”的人的理解不同于苏格拉底。

31. 当卡里克勒斯本人最终被苏格拉底击败时，前者批评后者使用论辩术而如此“粗暴”（biaios）（505D4—5：埃尔文的翻译不太准确，他译为“你如此固执，苏格拉底”（埃尔文 1979，p.83）；多茨的解释更佳（“你这个残暴的家伙”，多茨 1959，p.332）。

32. 在解释苏格拉底助产术这方面并不是一点问题也没有：可参本耶特 1990。

33. 比较：

> 有些人抱怨说，他们不能抵挡他，或者，他们在和他讨论之后不知道自己处于什么样的位置上，这些人仅仅是被从头到尾的分析产生的力量给弄迷糊了……智者们的魔法致力于产生假象，与之相反，苏格拉底的魔法则依靠固执地破除一切假象。这是毫不妥协的真理的魔法……

还有，

> 高尔吉亚代表了风格，或论证的挑选和安排产生的欺骗力，它能随意制造任何类型的情感。苏格拉底致力于探求真理，代表了推理和谈论的激发力。但这两种情况中的“力量”都是令人迷惑、惊愕并且充满魔力的。
>
> （德·萝米莉 1975，pp.36—37，37）

34. 实际上，阿尔基比亚德演说中将苏格拉底和厄洛斯等同的文字要比我说的还要完整和鲜明，因为阿尔基比亚德描述的更深刻的特征都让人明显想起了其他人说过的内容：例如，关于波提狄亚战役期间苏格拉底坚忍不拔的故事就能让我们想起苏格拉底描述的狄俄媞玛教授“爱欲”的若干情节。

35.

> 我们不仅看到了卡里克勒斯的个人价值与他的享乐主义理论的平均倾向（译注：指所有快乐的差异都没有了，挠痒和娈童的快乐等同于成为政治精英的快乐，这是卡里克勒斯不能接受的）之间的主观矛盾——这对应了他精英式的信念与他作为雅典民众的友人和谄媚者的政治角色之间的冲突；而且就娈童的情况而言，在这种快乐形式和对雅典政治事业的追求之间，我们也看到了客观的不相容。
>
> （卡恩 1983，p.107）

36. 补充一下另一段很有意思的文本：

阿加通：苏格拉底，我不能反驳你；就让事情像你说的那样吧。

苏格拉底：亲爱的阿加通，你不能反对的是真理，因为无论如何，反驳苏格拉底并不难。

（《会饮篇》，201C6—9）

37. 卡恩漏过了这个基本问题，因为他说："这项研究的中心问题是：所有三个论证从深层次来说都进行了人身攻击：反对的是那个人而不是专门反对他的陈述。"（卡恩 1983，pp.75—76）他认为"能够始终如一地表达出一种超越道德的修辞术观"，这非常对；但是，他相信恰恰是"公众的敌意和严重的个人风险"造成的威胁会让高尔吉亚表达不出来这种修辞术观（p.84）。文本方面没有证据能支持这个判断；卡恩为什么如此轻率地指责高尔吉亚虚伪呢？他承认，在对波路斯的反驳中，他发现的**故意的**谬误推理并不能支持苏格拉底正面的观点——即《高尔吉亚篇》赞同的苏格拉底的悖论（pp.110—111）。如果稍加转换，这种批评同样适用于卡恩对苏格拉底反驳高尔吉亚和卡里克勒斯的分析，因为卡恩也宣称在那里发现了人身攻击的谬误推理。假如卡恩是对的，《高尔吉亚篇》最终就会事与愿违地为高尔吉亚做出了辩护（西塞罗就是这样设想的：见第四章，"西塞罗：理想的演说家"）。按照他的重新解释，"修辞术"与"展示"的重要对立恰恰成了一个欺骗性的"上层建筑"，它隐瞒了作用于柏拉图的读者的基本的说服过程，因为这些读者都容易在感情上受到苏格拉底生活形象的感染，而不是被他的论证的理性力量影响。

38. 我前面提到过，弗拉斯托斯坚持认为（注释 25）：苏格拉底并不满足于"一致性"，而且（有时候）宣称要获得真理；他提出了一个"重大的假设"，认为它可以解决这个困境，即：所有对话者都具有了苏格拉底因反驳的目的所需而鼓吹的真实的道德信念。弗拉斯托斯的这个解决方法很吸引人，有挑战性，而且论证有力，但是我不敢苟同，尽管我自己也是犹疑重重。弗拉斯托斯承认，有利于自己阐释的证据很少；他使用了苏格拉底的"认识论上的纯真"来解释这一点——这种纯真在《高尔吉亚篇》中开始破裂，这部对话体现出了一种新的方法论意识并且明确主张了给弗拉斯托斯留下深刻印象的"确定性"。总的来说，我发现这条思路并不合理，因为维护那个"重大的假设"至少会引出一堆与它要解决的问题同样多的棘手的问题——弗拉斯托斯并没有正确面对这种反对意见。所以我更愿意设想:苏格拉底的"认识论上的纯真"仍然是清白的,因为本就留有疑难的对话完全开放,允许怀疑者进行怀疑性的解释,而且《高尔吉亚篇》中闪现的独断倾向还需要借助《美诺篇》(弗拉斯托斯也提到了《美诺篇》,他完全认为这部对话紧跟在《高尔吉亚篇》不稳定的认识论之后)中的先验心理学才能被证明是合理的。

也许,我和弗拉斯托斯分歧的更为重要的根源在于:什么应该视作理所应当的,什么不应该视作如此。弗拉斯托斯完全关注如何从一致性转向真理这个问题。但是,弗拉斯托斯的解释把下面三点都当成了理所应当的:(1)存在这样一种客观真理;(2)合作进行的论辩术和一争高下的争辩术之间存在着理由充分的差别;而且(3)对话者通常能真诚地从事论辩术活动。弗拉斯托斯没有告诉他的读者:《高尔吉亚篇》专门与修辞术有关,因为人们从弗拉斯托斯那里知道的仅仅是:对话包含了种种与重要的伦理问题有关的驳诘,而且这些驳诘都配有了引起强烈争议的方法论规定。这样,他就把这个难题视为了哲学内部的认识论困境,一使用他的元驳诘原则就会遇到困境。我的整个解读与他截然不同。我不会认为那三点是理所应当的;按照我的阐释,柏拉图在《高尔吉亚篇》里主要关心的是:针对真实的高尔吉亚的作品带来的威胁,探求这三点的可行性。在弗拉斯托斯看来,逻各斯明显意味着"(演绎的)论证";而在我看来,论辩术的逻各斯才肯定是论证性的;既然它的说服性的"强迫"源自它本身具有的"合理性",那么这就与高尔吉亚针锋相对。由此,弗拉斯托斯的解读一下子就过于严格了,因为它是从特殊的逻辑性的角度来阐述这个问题,但这种逻辑性毫无根据;同时也过于自满,因为它想当然地认为上面三点正是有争议的哲学成为可能的条件。他的《高尔吉亚篇》在本质上只是针对"哲学如何进行才能寻求真理"这个问题提出了一组临时的认识论方面的主张;我的《高尔吉亚篇》本质上则是一场围绕着"哲学能否进行"这个问题展开的、与修辞术的激战。《高尔吉亚篇》瞄准了其他那些对哲学话语充满敌意的话语,它并没有在可以选择的不同模式的哲学话语中提出一些选项。有一点,读者不会注意不到:不管我与弗拉斯托斯的分歧多么巨大,只有他的解释会极大地激发我,从而引出一段如此之长的回应。

39. 多茨没有认真对待对话性独白这个手法:"虽然这很机智、很成功,但它表明了苏格拉底式的'戏剧家'柏拉图和哲学家柏拉图之间的紧张关系。"(多茨 1959, p.331)他似乎忽视了作为探究技术的"问答"所具有的哲学(而非"戏剧")意义。

40. 多茨错误地解释了卡里克勒斯的看法，认为他的意思是，他"发现苏格拉底的论证与其说令人信服，不如说更有逻辑性"（多茨 1959, p.352）。埃尔文发现了这个错误，他（未作论证地）赞同我列举的第三个选项：

> 虽然卡里克勒斯一直没有完全信服，但苏格拉底并未表明（与多茨相反）卡里克勒斯不能被理性论证教导。尽管苏格拉底之前表明了：卡里克勒斯的欲望是混乱无序的（505C），而且此处也提到了是毫无引导的"爱欲"（见 481D）在阻止他信服，但是，他仍然坚信合理的说服能让卡里克勒斯重新引导自己的欲望。
>
> （埃尔文 1979, p.233）

41. 奥林匹奥多罗斯说"不断使用好的逻各斯，这就是用法术征服情感，也许还会去除它们"（39, 8），这里说的似乎是高尔吉亚的魔法而非苏格拉底的论辩术。事实上，他认为，我们解读对话的重点是"去掉情感"（40, 4）。奥林匹奥多罗斯认为这个"去除"是对话的逻各斯的结果，虽然他也承认，苏格拉底的论证有时是"简练的"（enthymematic, anakephalaiōdōs，译注：沃迪的英译来自另一个希腊文"修辞演绎"，是修辞术使用的推论形式，奥林匹奥多罗斯用的希腊文词源不同，但也指这种推论，这暗示了苏格拉底并未使用正规的哲学论证。），有时是"分散的"。

42.

> 苏格拉底对这些事件的描述回避了那些在某些情况下非常紧要的重大政策问题，回避了人们反对这些政治家的措施的坚实理由。按照我们对历史情况的了解，他的叙述是颠覆性的。
>
> （埃尔文 1979, p.235）

43. 如我一开始所述，我的意图并不是要全面评论这部对话，甚至也不是追寻高尔吉亚和《高尔吉亚篇》之间的、每一个合理的联系：既然柏拉图的回应如此敏锐、丰富和精心，那么，即便是明显更有限度的研究也会迅速扩大为全方位的评论。到此，熟悉这部对话的读者应该已经准备好使用全新的方式理解我们充分研究过的文本了：比如结尾的末世论部分，它讲到灵魂从身体中抽离，从所有美化的秩序（cosmetic kosmos，译注，见《高尔吉亚篇》523e，沃迪用 cosmetic 为了突出它与kosmos同源）中抽离，它描述了一个欺骗在其中绝对不可能存在、审判在其中永远正确的、神话般的世界。换言之,高尔吉亚在这个世界中也不可能存在。

第四章 后世

1. 见太 1995,她颇具创新却又有争议地把伊索克拉底的真正原创性重新评价为修辞术式的自我建构。

2. 勒霍精妙地论述了公元前 5 世纪的雅典人,说他们是(译注:下面引文原文为法文)"一道在过去的泛希腊时期和当前的霸权时期之间的裂隙"(勒霍 1981, p.71);在公元前 4 世纪,邦国间的种种事件迫使雅典意识形态退回到了过去的状态。

3. 似乎这与哲学争论中、至少是"争辩"中使用的语气和手法也不同,因为那些都是负面的东西,伊索克拉底通常认为"哲学"(这是我们理解的那种哲学,与他理解的哲学不同)就属于其中,而且嗤之以鼻、不屑一顾:他告诫亚历山大远离"争辩",因为不该容忍本邦公民"辩驳"的君主并不适合做这种事情(《致亚历山大》, 3)。在这里,伊索克拉底竟然还一再称那些被禁止有任何机会提出不同意见的人为"本邦公民",他看起来一点也不觉得别扭。

4. 维克斯指出,伊索克拉底重新肯定了"一个柏拉图试图消除的基本区分",即,说服和强迫之间的区分(维克斯 1989, pp.155—156)。由此,他没有理解:是高尔吉亚从根本上,以挑战的方式瓦解了这个二元对立,他也没有理解,在一些例子中,柏拉图就在回应高尔吉亚的这个挑战,而不是"试图消除"这个区分。但是,还有一点,维克斯对《高尔吉亚篇》的整个讨论又表明,他严重忽略了一个关键情况:逻辑性的强迫有可能未必就是暴力行为。

5. 有可能在这种全新的环境中,所有修辞术(包括他自己的)都成为了荒唐无稽的细枝末节,对于这种风险,伊索克拉底似乎并没有简单地忽视它。在陈述有人"中伤"腓力(很可能是德谟斯蒂尼的中伤)这个问题之前,伊索克拉底坚称,他应该"以习惯性的坦诚来表达自己的意见"(《致腓力》72)。接着,他又代表自己的那些友人发言,他们因为伊索克拉底要冒昧地向腓力提议而感到震惊,于是反对说:腓力会认为伊索克拉底"在他的逻各斯及其思想上都有严重的欺瞒"(21—22)。但是(我们可以平平静静地放心)伊索克拉底向他们朗读的内容无与伦比、卓越深刻,这会使他们大为心动,从而谦恭地收回之前的不同意见。

6. 除了特别说明之外,译文均取自哈巴德和卡尔诺夫斯基 1982。

7. “kekēlēmenoi”：比较 “kekēlēmenos”（“他着迷了”，哈巴德和卡尔诺夫斯基），伟大的逻各斯在苏格拉底身上就起到了这种效果（328D4—5）。但是通常来说，苏格拉底抱怨自己“茫然无语”，却透着一股反讽的味道，后面就直接表明了这一点：“然而，当我意识到他实际上讲完了，我就恢复了心灵的存在，尽管这有点艰难……”好的逻各斯使人们的判断力复原、具有活力，而非使之消散。苏格拉底在暗示，如果普罗泰戈拉的谈话有深刻的效果，那么这并不是借助它的理性力量——由此，法术这一形象又出现了。

8. 见第一章，“高尔吉亚何人？”，p.7。伊索克拉底是从柏拉图那里借用并改造了这种智术式的特殊论题“诽谤”呢，还是说，它在公元前4世纪已经被普遍使用了呢，我们并不能确定。

9. 见第三章，“修辞术的盛宴，哲学的家常饭？”，pp.52—58。

10. 此处，我没有采取哈巴德和卡尔诺夫斯基的错误译法：“因此，如果你能给我们一个更清楚的**证明**，证明德性可以教导，那么请不要对我们吝惜，给出这个**证明**吧”（强调字体为笔者所加）。无论如何都应该去除“证明”一词中的几何学/逻辑学含义。不过，哈巴德和卡尔诺夫斯基却也正确地把317C7中出现的“endeixasthai”译为“展示”。虽然在这一段（320B8—C1）中，苏格拉底没有粗鲁地说“请展示一下吧”；但柏拉图再次选用这个词，却有助于让“如何讲话”这个问题继续下去。当然，众所周知，这篇对话正是用苏格拉底偏爱的“简言”（论辩术问—答）的方法来反对普罗泰戈拉的“长篇大论”（“伟大的逻各斯”本身就最为明显地代表了这种“长篇大论”）。

11. 这个翻译不同于哈巴德和卡尔诺夫斯基。对于普罗泰戈拉的信条“伟大的逻各斯”的真实性，学界争议激烈，尚无定论，既有人确信它是普罗泰戈拉本人的原话，稍有改动而已；也有人的立场是认为：它是柏拉图有意编造的，纯粹是觉得对话需要它。由此，甚至有可能出现这样的看法：我后面会描述到，伊索克拉底对柏拉图文本的改动实际上恰恰证明了伊氏恪守的才是**真实的**、已经失传的普罗泰戈拉的“伟大的逻各斯”。虽然我对这种毫无结果的猜测不感兴趣，但这并不影响我对伊索克拉底的阐释，因为我针对的是伊氏对高尔吉亚、《高尔吉亚篇》以及史实中的而非柏拉图的普罗泰戈拉的回应，我可以从这个全新的角度组织我的所有观点。

12. 这个翻译不同于哈巴德和卡尔诺夫斯基。

13. 这个翻译不同于哈巴德和卡尔诺夫斯基。

14. 按诺林的翻译。

15. 按诺林的翻译，但是保留了“logos”这个转写，没有采取他的译法“言语”，这个译法有严重的歧义，即使可以理解。

16. 这个指向是有意的，克拉苏后面回应斯盖沃拉的话可以进一步证实这一点：他说，当他在雅典时，修辞术自诩能够掌握政权，能够得到知识，因此受到了哲学家四面八方的攻击，甚至还有柏拉图，他是这场争议的发起者，克拉苏还曾勤读过他的《高尔吉亚篇》，但即便如此，克氏本人毫不动摇；他在结尾反倒讲起了修辞术的繁盛，其中有一句正是本章的题词之一：柏拉图“对他们表示一连串的蔑视时，他绝对像个演说家”（I 45—47）。

17. 见第一章，“高尔吉亚何人？”，页边码 p.6。

18. 同样，支持这一点的证据也可以在克拉苏反击哲学家的话中找到。他首先阐述了连修辞术的对手也必须承认的一点，就是，想要在法庭或元老院做出“连篇累牍”的演说，渊博的学问必不可少，这要吸收与公共事务、民风道德、法律人性有关的各种知识。在结尾，他对那些充满敌意的哲学家提出了下面这个“修辞问句”：

> 但是，如果演说家的能力仅仅是那种以组织精巧、装饰美观和长篇大论的方式演说的能力，那么我要问了，如果他没有知识，你也没有赋予他，他如何能达到这样的效果呢？因为，如果说出事情的人并不知道他所说的事情，那么演说的能力就不会产生。
>
> （I.11.48）

19. 很快，斯盖沃拉对伊索克拉底的这种赞颂言辞力量的说法提出了异议：

> 有谁会同意你这样的看法呢：起初散居山林的人类之所以围城立国，并不是因为明智者的建议迫使他们这样做，而是因为演说怂恿而为；其他有利于城邦的建立和维系的手段也不是由睿智和强健之人而是由雄辩美言之人所确立？
>
> （I, 36—37）

他下面列举了一组文化人物，这些都证实了我们的一个印象：某种程度上，通过斯盖沃拉，西塞罗只不过表现出了直率的罗马人的某种保守态度：他们反对希腊人有阴柔气的灵性。如果原初之时颇为艰难，人们就会在强大智慧的强迫下，而不是在听从的哄骗下走上正轨。但是事情比表面上看起来的还要复杂。首先，西塞罗反讽地让斯盖沃拉按照希腊文化的范畴"'智慧 / 说服'对'雄辩 / 引诱'"来反对克拉苏认为的"说服至高无上"的观点。其次，斯盖沃拉也必须从希腊哲学中借来那个把修辞术严格联系谄媚的策略。第三，他的因循传统的怀疑倾向则以雄辩和藻饰的风格表达出来。

20. 事实上，克拉苏支持的就是罗马式的、柏拉图《斐德若篇》中描述的哲学监督修辞术的方案。《斐德若篇》不在本书讨论范围之内，但是读者应该十分清楚，《斐德若篇》中规划的情感"科学"提供了一个具有历史意义的重要契机，它使得哲学和重新净化过的修辞术达成和解。与这里一样，这种解决方案也可以跟伊索克拉底的逃避策略相联系。

21. 译文来自拜耳洛布版，有些地方做了改动。

22. 勒霍 1981 精妙地论述了阿里斯提德的《泛雅典娜节演说》如何是一部虽然表面上可以媲美古典时期的泛雅典娜节演说，对城邦却毫无意义的作品（pp.260—265）。

23. 在其他地方（200 以下），他主张，如果修辞术的确如柏拉图所想，是"制作说服的工匠"，那么事实上，它不可能屈从于听众的"先入之见"，因为他认为，按照定义，"说服"就是克服相反的意见，即好像所有攻击都迎面扑来一样。

24. 维克斯对阿里斯提德的热情想必非常强烈，因为他重新使用了阿里斯提德的题目（《为修辞术一辩》），而且他还用了同样很长的篇幅、同样很激烈的言辞斥责《高尔吉亚篇》，但我完全不理解他如何能得出这样一个结论："像伊索克拉底一样，阿里斯提德让强迫和说服回到了它们正确的位置，也就是彼此对立。"（维克尔 1989，p.173）

第五章 亚里士多德的《修辞术》：强大的真理，它会占上风吗？

1. 我并没有质疑学界普遍假设的一个看法：《修辞术》看重《斐德若篇》；仅举《修辞术》受到的一个也许最为明显和公认的影响为例，亚里士多德为了在品性分类的范围内安排各种情感倾向、提出了各种模式，推动这些模式形成的源头的的确确就是这篇对话发展的"科学"心理学观。我关心的并不是不考虑《斐德若篇》，不如说是确保《高尔吉亚篇》对亚里士多德观点形成的影响得到应有的关注。

2. 这段文字的标准译文尚有争议；格里马尔蒂 1980，p.27 可以支持我的解释，那里有证明。另一种译法为（寇普 1877，pp.22—23 支持这种译法）：“必然地，他们（即失利的一方）因为自己的错误被击败。”但是，既然与我的论证相关的只是亚里士多德主张的：真理和正当享有自然的优势，那么这句后一部分的两种译法，我都能接受。

3. 泰勒·布尔奇主张他所谓的“接受原则”：“一个人有权接受某件被展现为真的事情为真，这对于他是合理的，除非还有更强的理由让他不这样做”（布尔奇 1993，p.467）。但是当今许多哲学家会发现这样的原则明显有争议；布尔奇以下面这种方式规定这个原则，他与亚里士多德截然相反：

> 在诸如政治这样的领域中，合作不是规则，真理毫无结果；而在哲学领域，探问和信念一样，都是有争议的，我们从事的工作就是针对我们是否应该接受所见所闻而展开复杂的推理。合理的质疑是常规。但是这些情况都不是典型的。它们“寄生于”更通常的情况中，在那里，接受是常规。
>
> （p.484）

4. 科尔说得非常清楚：

> 修辞术是所有自觉进行计算的交流活动的一部分，它满足不了哲学家的精确性、自洽性和一致性标准，但如果交流完全成功，它就总是必要的。修辞术话语不是哲学话语的对立面，相反，在大多数情况下，它是与哲学互补的另一面；只有将之作为哲学的恰当的对应者，修辞术的话语才能被认识和研究。
>
> （科尔 1991，p.13）

5. 对于“什么样的论证支持亚氏，使他相信进行探究活动的人可以（最终）认识真理”这个问题，当今亚里士多德研究界，有不同的解释；乔纳丹·里尔的观念论阐释，泰伦斯·埃尔文的康德式解释（里尔 1988；埃尔文 1988）都卓有成效。我本人的解释可见“亚里士多德及其前人论混合物”（收入沃迪 1990）：亚里士多德把论辩术方法用作发现绝对真理的工具，我把他对这一用途的信心归于哲学生理学。

6. 亚里士多德论辩术方法的经典论题始终是“摆现象”（欧文 1986b）；这之后，有很多人对欧文的解读进行了修正，其中最重要的大都是扩大了这种方法维度之内的材料范围（如见“拯救亚里士多德的显像”，收入纳斯鲍姆 1986）。

研究成果虽丰,但值得注意的是,只有丹耶尔把《修辞术》里的材料与文献中频繁出现的标准的“哲学”文字放到了一起(见《我们追求真理的自然天赋》,丹耶尔 1991, pp.183—185)。

7. 有人也许会反对说:既然第一卷第一章如此明显地与《修辞术》余下的部分冲突,那么我的问题只不过是一个伪问题;没有一致性,也就没什么可研究的了,因为文本不统一导致了理论上的系统性没有了:

> 现在被当作第一卷第一章的文字显然原本是传授给那些已经完成论辩术研究(比如《论题篇》中的论辩术)的学生,他们没有修辞术方面的知识,虽然他们有可能知道存在着与这个主题有关的手册。亚里士多德为他们解释了他们知道的论辩术与亚氏理解的修辞术之间的相似性,但他并未论述其差别。本章整体上是柏拉图式的,包含了一些对柏拉图几部对话的回应。
>
> (肯尼迪 1991, p.26)

当然,我同意,《修辞术》(I, 1)中柏拉图的特征非常明显;但是我把这一点归结于亚里士多德认真地对待“高尔吉亚 /《高尔吉亚篇》问题”,而不是归结于这部作品的源头或目的。肯尼迪正确地指出“第一章给这部著作的统一带来了很多严重的问题”(p.27);但他的结论说:

> 尽管有其他可能的阐释,但也许我们坦白承认下面几点比较好:首先,第一章与后面内容不一致;第二,它的语气比起亚氏对修辞术的一贯看法来说,显得更为严格;最后,这个差别源于表达对象的不同,也源于他试图把论辩术研究和修辞术联系起来的做法。
>
> (p.28)

这未免草率。我认为“高尔吉亚 /《高尔吉亚篇》问题”才是核心主题,如果这种说法是对的,那么,所谓的“试图把论辩术研究和修辞术联系起来”的想法必定是异想天开:在这种情况中,亚里士多德(有可能会)陷入的不一致的程度也许能衡量他为了针对“高尔吉亚 /《高尔吉亚篇》问题”,维持自己独特立场而屈服的压力。

8. 的确,在《辩谬篇》中,亚里士多德也列出了这个局限,连带着还有其他缺点，它们有助于反驳他人：冗长的论证很有用，“因为人们难于立刻统观众多事情”（174A17—18）。

9. 但是斯多亚派就会赞同这样的计划，而且在大多数情况下，他们还提倡偏激一些。苏格拉底则不会放弃那种只是“有教益的”修辞术：见阿瑟顿 1988。

10. 可以合理地认为，有一个后世普遍采用的“三种说服”的模式就与这里有联系：

> 而且，如我在许多场合中说过的，因为我们以三种方式引导人们接受我们的意见：要么通过教导，要么靠说服赢得他们的支持，要么打动他们，所以，我们必须公开展现这三种方法中的一个使得看起来我们想要做的全部事情都是“教导”；而余下两种应该掺入我们的整篇演说，就像血在身体中一样。
>
> （西塞罗，《论演说家》，II，310）

但是在这里，说这番话的安东尼却成了一个大胆拥护高尔吉亚的信徒。他的演说家是一个虚伪的智者，用教导当幌子哄骗我们，目的是更顺利地让我们无法抵抗他在情感上耍的把戏；他的功夫在情感上，而不是与类似哲学逻各斯那样的东西合作，他把自己藏在诉诸理性的特洛伊木马中。

11. 比较西塞罗的“那些演说简练或平静的人，能够教导裁决者，但却不能打动他”（《论演说家》II 215）。亚里士多德不会提出反对，虽然他有可能不会同意加上“每件事都可以这么做”这个限定语。

12. 肯尼迪评论说：“这个原则回应了柏拉图，尽管非常重要，但仅仅出现在插入的论述里，它在作品的规定性部分中并没有再次出现”（肯尼迪 1991，p.34）。这不太对。虽然他的译文参照了现代校勘本，其中把“因为人们断不可说服人使之相信错误的事情”放入了括号中，但是，原文的并列结构决定了这一句不应该放在次要的位置。另外，尽管它没有再次出现，但这并不重要，除非人们认为《修辞术》（I，1）不是“规定性的”。

13. 对这种保守论调的最有名的解释，就是阿里斯托芬《云》中正当逻各斯和不正当逻各斯的争斗。

14. 这种说法在用于城邦政策时似乎不如用于人际伦理中更有说服力；但是，正如《尼各马可伦理学》中他没有怀疑自己的道德理论的正确性，《政治学》也没有流露出他对自己政治科学的有效性的怀疑。他对理想城邦的描绘似乎保证了:按照他的意思,政治领域中的修辞家必定能避开帝国主义政策。

15. 当然,他能知道的事情也无非是通过"概率性"(这个词要在不精确的、前统计学的意义上来理解,不要出现"时代颠倒"的错误)知道的,而这种"知识"与呈分布状态、让最杰出的预言家也无法确定实际上会发生什么事情的"概率"是完全兼容的。但是,这样的不确定性无法支持下面这个论点:用说服让政策出现冲突的能力有助于我们看到"事情是如何存在的"(或"也许是如何存在的")。

16. 格里马尔蒂认为,"既能看出什么可信,又能看出什么看似可信,这均为同一种技艺的特性,恰如论辩术既能看出推论,又能看出看似推论"这个说法(1355B15—17),是亚里士多德对人们担忧修辞术的道德立场的又一个回应:

> 亚里士多德提到了论辩术和看似推论,这清楚地指向了《辩谬篇》……而且,正如我们当前这段主张的:修辞技艺让一个人既能看到使人相信真理的事情,也能看到使人相信虚假的事情,虽然它的目标是尽可能地达到真理。
>
> (格里马尔蒂 1980, p.33)

但是,他认为这指向了《辩谬篇》,由此可以看出,他的解释并不合理:如果一个"看似推论"是一个仅仅表面有效的推理,那么"看似可信的话"必定是一些看似有说服力,却并不会说服我们,而且其中包含谬误的话语。这种表面的可信当然瞒得过不专业的演说家,但瞒不过有可能成为他听众的人,因为,如果听众发现它可信而且被它说服,它就真得可信了。虽然亚里士多德主张认识论乐观主义,故而以他的看法来讲,"脱离真理会导致某些修辞术仅仅'看似可信'"这种情况肯定会发生,而且会频繁出现;但是,这不会改变一个事实:亚里士多德在这里说的仅仅是"有说服力"或"看似有说服力"的事情,而不是格里马尔蒂说的那种"使人相信真理或相信虚假"的事情。

17. 比较《辩谬篇》12:人们说,他们"恰恰因为想要认识,所以才提出问题"——由此,他们不会明确地说出他们想要(看似)证明/反驳的内容(172B21—24)。

18. 有人认为这种理论是在建议按照《后分析篇》的思路,用证明性推论做出解释,有人认为它只是在建议以非推论的方式解释所表达出的"为何如此的原因"。但无论是哪种看法,我的论证都不会受到影响。

19. 另一段文字也许会让我们首先感到吃惊，见《辩谬篇》33："强的逻各斯就是让我们彻底困惑的逻各斯"（182B32 以下）；但是在我们这个地方，他区分了真的推论和诡辩推论，前者并不说明是哪个公认的意见被反驳掉了；后者恰恰让我们扪心自问"我要怎么回答？""我刚才怎么就陷入了这个困境？"（也比较 171B10 以下）

20. 但是，苏格拉底针对个人的典型的"驳诘"在《辩谬篇》172B35 以下被简化为：让某人具有的表面上的、被社会认可的信念和欲望自相矛盾。

21. 我不是主张，智者的谬误推理和《欧绪德谟篇》中苏格拉底的（某些）论证毫无差别；我只是认为，这两者有一些地方相同；而且，如果伊索克拉底这样的傻瓜与《欧绪德谟篇》结尾的那个爱挑刺的匿名者是一类人，那么，并不是只有他们这种人才会轻易地混淆论辩术和争辩术。《欧绪德谟篇》中反复出现的情节就是：作为受害者的智者因为自己的谬误感到"震惊"（如 276D3）；但是《美诺篇》中的那个著名人物之所以惊讶得呆若木鸡，却是因为苏格拉底的论辩术，它很容易地却又合情合理地让他的受害者感到不满。

22. 在《修辞术》（Ⅲ，7）有部分相似的文字：一个人责备自己夸夸其谈——因为这样一来，人们会认为他是真诚的（1408B2 以下）。同样，亚里士多德在（Ⅲ，2）也提倡谈吐"自然"的技巧（1404B18 以下），他还说我们不能"太过火"（Ⅲ，7，1408B4 以下）。

23. 这样的常识不可能总是完备的，因为否则的话，亚里士多德式的哲学家回应的意见中出现的看似或实在的冲突所产生的"疑难"就不会出现了；但是，有一个威胁仍然存在：他的诉诸常识的方法也许很容易会被因循守旧地滥用。

24. 也许在《论题篇》（Ⅲ，2，101A30—34）中含蓄地表达了这一点；比较《修辞术》（Ⅲ，7，1408A34—36）。最终，在《辩谬篇》174B19 以下，他清楚地对比了修辞术和驳诘法。

25. 比较《辩谬篇》170A12 以下，提到了纯粹的关联性的"针对某人"：如果没错的话，那么智术反驳**仅仅**是"关联性的"反驳。

26. 156B18—20 强调了营造一种论证公平的表象，但可以说，它并没有打消下面这种担忧：这样的表象仅仅是表面假象。如果"不惜任何代价"的竞争性是"争辩式论辩术"具有的典型特点，那么，也许其他种类的论辩术并不会完全陷入那种藏在公平外表之下、不受约束的不公平之中；但是，承认这一点却不能让人安心。（在这个例子中，我们假设，特殊的"争辩式"论辩术排除了其他所有论辩术，这就证明了一个"属"及其从属的一个"种"共用一个名称；如果以此为普遍条件,那么“争辩式”这个称号并不意味着,其他种类的论辩术就不会“争辩”。)

27. 注意,亚里士多德很小心地把“维护名誉”列为第三个从事智术的动机——显然跟哲学无关(175A12—16)。

28. 我用这个限定条件来维护我的主张,理由就是:既然众所周知,“双重效应说”问题不小,所以我会认定:各种论辩术之间的界限比起亚氏通常愿意承认的程度要更为松散[虽然在其他地方,他会随口承认:现实中的论辩术情况非常多变;例如,“那些操作者难以放弃争辩式的论辩术”(164B13—15)]。

29. 乍一看,这种否定似乎与认识论乐观主义毫不相容。但是稍加思考,我们可以看出,亚里士多德的意思肯定是:这个或那个“个人”抗拒认识论乐观主义的倾向。另外,在明确描述检验式论证(即那种由不成熟、无知的个人操作的论证)的语境中,这种解决方法可以得到支持。

30. 注意《辩谬篇》171B3 以下,172A21 以下做出的谨慎区分。

31.《辩谬篇》171B3 以下可以(在某种程度上)证明这两种情况的相似关系,在那里,亚里士多德仔细比较了“争辩性”论证与错误的科学推理。以几何学家身份在论证的几何学家,他这样做就“符合他的主题”,即使他出错了;也就是说,他始终没有离开自己的专业。论辩家也如此,虽然他没有特殊的主题。因此,以某种方式,做出错误科学推理的人也类似使用争辩术的人——虽然不完全如此。既然亚里士多德必须让“普遍事务”成为论辩家的领域,那么他就出现了严重的问题。而且他要求在论辩术中明确区分“符合他的主题”和“不符合他的主题”,这样的做法太含糊了——这也让修辞家处于相同的境地。

32. 注意《辩谬篇》174B19 以下,那里也对比了修辞术——没有提到“合作”。

33. 在特惠、担保方面也有类似的例子,如:一份担保凡十二个月(满所有月数),不是(区区)一年。但是你能缩减时限,每月以二十八天计算(不是一整月)。

34. 紧接着这一段,亚里士多德引用了《墨勒阿格耳》里的内容,其中或许表明:亚里士多德在思考“质上”而非“量上”的划分——墨勒阿格耳描述了劫掠城邦时“有什么样”的罪恶,而非“有多少”罪恶。由此,亚里士多德看起来并没有充分区分“量”的部分和“质”的部分;尽管如此,他对当前这个例子的抽象描述肯定与“量”有关。

35. 此外,在亚里士多德建议“修饰”的说法中存在的、有可能极富争议的影响并不仅限于展现式演说（尽管这些影响本身具有危害），因为他说，看起来聪明、有德、仁慈的人（1378A6 以下）往往会取得胜利——故而可以说，演说者在任何情况下都在“赞颂”自己。

36. 关于如何处理“歧义”，亚里士多德让我们参考《论题篇》（1419A20 以下）。

37. 洛布版编者诺林相当自信而简短地评论了最后一句引文：“这肯定是反讽的。”（vol.II, p.520）

38. 最后，伊索克拉底全力进行道德说教，他宣称，他赞许那些偏爱教育胜过展现式演说，偏爱指向真理的演说胜过试图搅乱意见的演说，偏爱责备和谴责的演说胜过以快乐和愉悦为目的的演说的听众（§271）。

39. 在后来的修辞术对歧义（作为法庭争论的讼因）的处理中，“诉诸高贵或低贱的动机”和“诉诸日常用语”这两种方法逐渐结合在了一起：见《给赫伦尼尤斯的修辞术》，II, 16；西塞罗，《论构思立意》，II, 116—118。

40. 比较 III, 14 讨论各种吸引人们关注的事情（1415B1 以下）——只字不提真理。

41. 但是，要注意亚里士多德的理由：他非常认可地引用了欧里庇得斯（“他们以更有教养的方式来说”），因为俗众说他们知道的事情和明摆着的事情，但有教养者会唠叨那些“一般性和原则”。这决定了应该使用什么样的“公认的意见”——包括那些仅仅“在大多数情况下为真的”意见。我们还要注意，议政演说比诉讼演说更少恶意，这恰恰是因为，它处理“一般性”（1354B 以下）。

42. “同感”这个概念引出了一些更深的问题，安东尼在西塞罗《论演说家》中的说法是这方面最佳的例子：既然，

> 除非演说家想要在裁决者身上产生的所有情感都明显刻印或铭印在了演说家本人身上，否则，听众就不可能感到痛苦、憎恨，不可能怀有恶意，不可能对什么事情感到恐惧，也不可能流下怜悯之泪。
>
> （II, 189）

而且虚假的情感达不到这种效果，那么：“如果想让心灵欣然接受演说家的威力，由此点燃起来，那么想办法达到这一目的的演说家，他应该先点亮自己、燃烧自己。”（II 190）既然有效的演说需要情感，而情感不可能（像所说的一样）令人信服却又虚假，那么成功的演说家通常会处在情感的漩涡中。从亚里士多德的观点看，这种“推理链”似乎开启了可怕的前景：演说家不仅会在理智上糊

弄听众,还会时不时地承受不实的情感以能在情感上操纵他们。但出路还是有一条。在亚里士多德一派人看来,情感本身并无可指摘之处,除非造成了认知错误或感情不当。但是,既然所设想的情况是一种欺骗,那么西塞罗为演说设定的"真诚条件"就很奇怪地需要演说家自欺欺人;自欺欺人倒是可以接受的想法和主意,但知道自欺欺人却并非如此(不包括无关紧要的细微差异)。因此,无论有多少可信性,西塞罗式的条件似乎是一种仅当欺骗性的演说不在考虑范围之内时的选择[安东尼通过亲身经验主张真诚(II 189—190)就流露出了这方面的意思]。但是最终,这留给我们的却是一些可以构建"同感"的两难处境的素材。如果演说者总是正直的,那么,既然他的真诚情感仍然会蒙蔽判决,于是,他就会把错误的情感传达给听众,从而无辜地误导他们。但另一种情况却是,如果虚假的情感能够(不像安东尼说的那样)赢得信服,那么演说家就是一个不动如山的(正如他不会混乱一样)操纵者,而且苏格拉底最黑暗的质疑也会成为现实。当然,"认识论乐观主义"和"真诚条件"结合到一起,也许会消除这个两难,但如果这样做,就只能与"不可信"混合在一起。

43. 在 1404A1 以下,亚里士多德认为不需要使用精妙的表演迎合听众的劣性,他谴责了这种做法;在 1415B4 以下,精妙的绪论"与论证无关"而且"迎合了低俗的听众"。所以,修辞家就可以拿他听众的堕落和愚蠢当作借口吗?我们也必须考虑亚里士多德下面这个建议:辩护演说中的叙述应该有选择性地陈述过去的事实——只要能在听众中激起"怜悯或愤慨",即使它们**没有**发生(1417A8 以下)。再有,在 1419B24 以下,结语的一部分目的就是激起情感;这项任务不要与"事实是什么、有多重要"这部分放在一起,要放在它的后面,这就弄得好像理智和情感可以分开一样——或者说,可以被心怀不轨的演说家分开(1377B31 以下也可以这样解释,仍然令人不安)。

结语 哲学有性别吗?

1. 例如,尚不清楚亚里士多德对奴隶和女人的著名说法与其自然哲学的基础有关,还是跟他的论辩术方法的基本原则有关。里尔 1988(pp.197—208)和 G.E.R. 罗伊德 1983(pp.94—105)巧妙地解释了这个问题,尤其是里尔,他令人信服地主张:亚里士多德有不一致的错误。

2. 米歇莱·勒·道夫解释了为什么她的那部作品的绝妙的标题必须在结尾加上"等等"(etc.,也许没必要),此处的想法就与她的这个解释有关。(译注:指道夫的《希帕尔基亚的选择:相关女人、哲学等等的论文》一书,书名结尾有

etc. 一词。）

3. 关于女人和逻辑这个问题，简奈特·拉德克利夫·理查兹觉得有必要说的话，差不多都在下面：

> 没有逻辑并不等于有强烈的情感，或有复杂的情感，或想法来回改变，也不等于不能表达事情、证明事情等等。它意味着，不相容的两个命题可以同时为真，而且在这种情况下，它什么看法也说不出，因为做出没有逻辑的陈述就是什么都陈述不出来。但既然如此，既然语言的目的是传达信息，那么只要使用语言就是依靠逻辑。
>
> （拉德克利夫·理查兹 1982，pp.37—38）

如上所述，这是对某些传统亚里士多德式学说的比较合理的解释，但是它的假设“语言（主要是？）为了传达信息”往好了说也是太过简单——即使这样说很方便。问题在于，它理解得还不够。怀疑的女权主义有可能承认“矛盾律”是善意的，但尽管如此，这种女权主义仍然觉得那些被哲学界接受的、吸收而非消除绝对“不一致”的逻辑经典存在着严重问题。我不是要反对拉德克利夫·理查兹针对情感等等表达的看法：相反，我想批评的是，她对“逻辑”和“无逻辑”的过分狭隘的观念让她看不到那些围绕着哲学女权主义的真正的难点。

4. 后两种思潮未必没有联系。下面一段话就是典型的“精神分析式的还原论”站在“新马克思主义”立场上发表的看法：

> 因为男童的问题在于：将自己区别于母亲并且自我保护避免她给自己的身份，给自己的斗争和反抗的努力造成威胁，这些做法均会导致严格的自我边界的形成……这样，男童的自我建构相反于“和母亲的统一”，他的身份建构就是“区别于母亲”，这就在男性建构的共同体和男性用来理解自己生活的男性主义视角的核心之处放置了一种有敌意和斗争性的二元关系。
>
> （哈特索克 1983，p.296）

正如有人所预见的：

> 女性以相对于他人的方式进行的自我建构走上了相反的方向——相

反于在具体价值评估、日常生活、对种种与他人和自然世界的联系性和持续性的理解之中的任何一种二元论。

（出处同上，p.298）

倡导这种方法的人通常都坚持他们的方案不是还原式的；但是，这和他们的那些不主张女权主义的擅长分析的同行的说法一样，都不可信。

5. 洛朗·科德是这种独断式方法的代表：

既然从事这个方案（即，“重新测量认识领域”）的特殊原因是下面这种信念：必须把性别当作首要的分析范畴，故而，我首先假设：处于标准认识论中心的“性别中性”这个假定难以维系：它假定了性别和知识无关、心灵没有性别、所有人理性相同而且男人“接受”女人。

（科德 1993，p.20）

6. 哈丁 1983，p.312。

7. 格里菲斯和维特福特 1988，p.6。

8. 由此，格里菲斯和维特福特力主：

既然女权主义视角必定是批判性的，那么女权主义哲学就不是一种表达与男性经验对应的女性经验的方法：它不是一种相对主义。这是特别重要的观点。女权主义视角使我们理解的内容对于每个人都是有效的。

（格里菲斯和维特福特 1988，pp.7—8）

我觉得这很难理解，因为事实上，普遍有效的事情并不是固有地与某个视角有关，即使人们有可能站在某个立场来理解它。诚然，他们的观点很重要（女性经验为哲学研究提供了丰富却被忽视的材料），但却不利于他们说的“这样的工作在建构女性主义视角下的哲学”的主张——这其实不是女权主义者希望出现的那种哲学。

9. 弗雷泽、霍恩斯比和罗维邦德，1992，p.11。

10. 考虑勒·道夫的“启发式原则”：

我们对文化的要求恰恰在于：它应该教导我们分析所说的内容，尤其是阐释人们“转达”他人思想或并非本人的思想的方式。因为，事情被言说的方式主要由"转达"构成(每本书都包含了一个图书馆),我们也需要能阅读这个"转达"。

(勒・道夫 1991, p.66)

11. 我不能确定弗雷泽、霍恩斯比和罗维邦德是不是都反对这个结论。他们的合著与格里菲斯和维特福特不同,是专门研究伦理学的。比如,既然罗尔斯代表的那种新契约论自由主义存在着一些显而易见的难解之处:因为罗尔斯在这种主义中反倒加了很多观点质疑"非视角性的"伦理学和政治学考虑是否可行,因此,他们也许仅仅是立足于专门与伦理有关的客观主义主张提出的自由主义"幻象"。在这种情况里,他们有限度的视角主义无可辩驳;但是,他们却让自己的讨论范围含混不清。

12. 例如,洛朗・科德这样写道:

在整个西方哲学史中曾引导并激发知识理论家的合理性和客观性之理想已经通过如下的过程被建立起来,这个过程排除了与女性和底层社会普遍联系的属性和经验,如:情感、联想、实践性、感觉性和特质。

(科德 1993, p.21)

她又加了个注释解释说:萝伊德的著作提供了支持这一主张的证明。

13. 虽然萝伊德也热衷让自己远离相对主义:"'理性是男性的'这个主张推不出要对真理采取'性别相对主义',也不能表明:对男性有效的逻辑思想原则就不适合于女性推理者。"(G. 萝伊德 1984, p.109)科德表明了一个异常的态度:"不同的社会立场得出了对现实的多变的解释,它们对世界采取了不同的视角"(科德 1993, p.39),这种信念显然是相对主义的,但是这种相对主义被认为是"温和的":

我支持的立场就是:知识总是**相对于**指定的情境(如,知识是针对这一情境的视角或立场)。因此,它只能信奉实在论和经验论的立场,按照它们的意思,搞清楚这些情境才是行动有效的关键。也许,这看起来是个想当然的立场,因为它恰恰假设了:情境可知,而且它特别依赖实用标准来让假设成立。

(出处同上, p.40)

这话说得是温和。说真的，她的立场并没有想当然：因为它要么逻辑不一致，要么“恶劣地”搞起了相对主义。如果“情境可知”这个观点成立的条件十分牢固足以完成这项任务，那么它就弄巧成拙地越出了它本打算支持的视角主义。但是，如果它的条件只能始终如一地从特殊的观点来决定，不论这一观点有多歪曲，那么，对“有效行动”的所有可行的实用性判断也是如此。科德对经验论和实在论的信奉（她有权利这么做）一点也不坚定。

14. G. 萝伊德，1984，pp.107—108。

15. 她并没打算把（至少某些）她笔下的哲学家描绘成恶棍：

> 排斥女性并非男性哲学家的阴谋所致。我们已经看到，在一些情况中，尽管男性作者清醒地意识到自己的意图，但这种现象仍然会发生。当它在文本中明确显露出来时，它往往都是主要目的的偶然产物；而且通常，它仅仅出现于文本与周围社会结构的关联之处——这种结构通常只有靠“回顾”才能看出。
>
> （G. 萝伊德 1984，pp.108—109）

在任何情况下，只要一个人用文本联系社会结构，那么这个结论就会得出。但是，当文本就其自身来理解时——至少当文本出于诸如柏拉图、亚里士多德或笛卡尔这般大哲学家之手（萨特是另一码事，不过我会主张，他作为哲学家的地位是可疑的，遑论什么大哲学家了）——这个结论怎么也得不出。本书不适合追寻并且评价萝伊德解释的种种细节。既然她的观点立足于个案研究所得出的细致结论，那么我的读者就必须要研读《理性的男人》方能做出有见识的判断：我只能写下我自己的评议：当排斥女性成为关键问题时，它确实**仅仅**出现在与周围社会结构的关联之处，但不是“通常”，而是“一贯”如此。

16. 不能不加批判就接受吉利根的方法：她完全没有认识到，其理论赖以为根基的儿童教育实践的社会政治特殊性已经遭到了猛烈的攻击，而她在自己的阐释中所使用的女权主义心理学也遇到了同样的情况。

17. 科德就是一个好例子：“如果从吉利根的所作所为进行推断，我们就有可能理解现实里的、历史中的、性别化的认识论主体和道德主体如何认识并回应现实的复杂经验。”（科德 1988，p.198）

18. 甚至这种一贯表达无理性主义的说法都是棘手的事情，勒·道夫举的故事很明白地揭示出了这一点。她说，她发现在怀疑哲学的女权主义圈子里，由于它们无休止地一再挑战哲学的合法性，因此女权主义的政治诉求常常陷入瘫痪。但是

> 在其他女性群体中，我听说：理性是男人的事情，因此，试图让自己从父权的殖民控制中解放出来的女人应该赶紧而且彻底把理性扔到垃圾箱里去。这些话说得太滥了，让我很反感。我曾尝试过几次告诉她们，得多么走大运，她们才会发现问题如此简单：因为有如此之多的形式各异的理性，它们取决于人们思考哪个领域，这样，有时候，我们很难发现一个普遍的核心。如果我们不能精确地决定理性从何处开始，那么思想一下子就无边无际，这对于反思来说可不是小问题。于是，如果认为：女人必须拒斥理性，因为它是男性的事情，那么这个看法也总要像理性论证一样推演，而且无疑，它也在试图将事情“理性地文饰”，因为它的前提很容易受到反驳。但我得到的回答却是：我再一次证明了，我从骨子里都被男人殖民了。
>
> （勒·道夫 1991，p.23）

> 19.
>
> 对于是否存在本质上的“女性”和“男性”认识方式这个问题，虽然我们悬而不决，但是，如果认为存在着一些这样的经验：它们不能以每个认识者都具有的类似的，从而能在不同性别主体中产生“普遍”知识的方式被认识，那么这种看法仍然是合理的。如果男人和女人不可能以差不多“相同的”方式认识自身，那么就这一点而言，取决于自然生理差别（存在于性、双亲以及某些身体和情感因素等方面）的经验对于女人和男人来说就是不同的。
>
> （科德 1988，p.198）

毫无疑问，存在着不能被其他性别经验到的经验——约翰·厄普代克在《东镇女巫》中靠自己的想象描写了一个女人小便；这传达出的意思更多的是厄普代克先生自己的想法（和他的轻信？）而不是撒尿对女人来说是怎么一回事（我很确定撒尿是怎么一回事）。但是科德说话有些草率。如果存在我不能经验的某事，那么我们也许会说，我不能知道它；但是，这并不等于说我没有能力认识它，也否定不了：如果我对这种完全难以理解的经验采取充分的哲学反

思的方式,达到哲学反思的程度,那么我也许就能认识它。平心而论,我应该指出,通过上面引用的那段话,她恰恰在否认:专门维系某种"性态"或"性别"的经验也许会顺利地作为基础,用来建立一门可供选择的伦理学或伦理理论。(马克思主义有个命题:某些专断的特权式的观点,由于接近"生产现实",所以它们只是从受压迫者的视角来说才是有效的;女权主义也以自己的方式表达了这种看法,见哈特索克 1983。)

20.

> 为了认真对待这种叙述(以第一人称讲述经验),我曾专门做过辩解……我已经表明了,对理应适合这种叙述的认识论方面和道德方面的事务的反思也许能与那种通常消失在形式化和抽象—理论化结构之中的人类生活建立一种联系。
>
> (科德 1988, p.200)

我由衷赞同。但是,我们似乎能很容易地把科德为经验有效性做出的辩解理解为:科德在苛责她所谓的"男性主流"哲学欣然接受的那种简单化的、过度一般化的做法。

21. 简尼斯·慕尔顿处理了我们首要关注的内容,但偏离了问题的核心:

> 哲学事业被看作是一种在正反双方展开的不动情的争论,双方试图为自己的观点辩护,反驳对方的例子,提出反例主张相反的观点。用来建立某一主张的推理以及该主张与其他信念和观念体系建立联系的方式,只要它们不是演绎的,就都被认为无关于哲学推理。我会把这个称为对辩范式。
>
> [慕尔顿 1983, p.153:再往下可以看出,她很奇怪地把"演绎的"和"理性的"等同在一起(p.157)]

她解释说:她之所以反对这种方法,因为它是范式,更何况"怀有敌意的状态不可能引出最佳的推理"(p.153)。我支持合理地怀疑"哲学攻击已然被净化"这个主张能否站得住脚;但慕尔顿没有看到:最起码来说,哲学攻击并未把自己表现成一副彬彬有礼实则恃强凌弱的样子。奇怪的是,她的苏格拉底并不是一个有威胁的反对者的形象:

> 对辩范式中的受害者通常被认为是对辩推理的缩影：苏格拉底式的方法，即驳诘法，通常被译为“反驳”，但这有误导性，因为它的成功取决于说服他人，而不是让其他人看到自己的观点是错误的。
>
> （p.156）

的确，人们是在直接和对话者争论；但尽管如此，当面反驳还是反驳，苏格拉底的对手最多会相信：他们不知道自认为知道的事情，但苏格拉底所有安慰人的说法（慕尔顿对其中的反讽毫无察觉），仍然存在着“反驳的攻击性”这个问题。

参考文献

亚当，C. 和丹纳利，P.，《笛卡尔著作集》（12 卷），巴黎，1964—1976。
阿特金斯，A. W. H.，《高尔吉亚〈海伦〉和〈帕拉墨德〉的内容和形式——希腊思想家中的修辞术、哲学以及不一致和无效的论证》，载《古希腊哲学论文集》，第 2 卷，J.P. 安东和 A. 普琉斯编辑，奥尔巴尼，1983。
阿里斯提德（C.A. 贝尔编辑），《著作集》（第 1 卷），伦敦，1973。
亚里士多德（W.D. 罗斯编辑），《修辞术》，牛津，1975。
阿瑟顿，C.，《轻松快捷：斯多亚派修辞术的失败》，载《古典季刊》，38（1988），392—427。
巴罗，S.，《欧里庇得斯的〈特洛伊妇女〉译注》，沃明斯特，1986。
巴克森德尔，M.，《乔托和演说家：意大利绘画的人文主义观察者和对图画作品的探索 1350—1450》，牛津，1971。
布伦施威奇，J.，《高尔吉亚和不可交流性》，载《交流：法语哲学协会第十五次会议论文汇编》，第 1 卷，1971，蒙特利尔，79—84。
布海姆，T.，《莱昂蒂尼的高尔吉亚、演说、残篇和文献证明之译注》，汉堡，1989。
布尔奇，T.，《内容保存》，载《哲学评论》102（1993），457—488。

本耶特，M.，《柏拉图的〈泰阿泰德篇〉》，M.J. 勒维特翻译，印第安纳波利斯，1990。
西塞罗（萨顿和莱克汉姆编辑），《论演说家》，第1、2卷，伦敦，1988。
科德，L.，《经验、知识与责任》，载《哲学的女权主义视角》，M. 格里菲斯和 M. 维特福特编辑，伦敦，1988。
——《考虑主体性》，载《女权主义认识论》，L. 奥尔科夫和 E. 波特编辑，伦敦，1993。
科尔，T.，《古希腊修辞术的起源》，伦敦，1991。
寇普，E.M.（J.E. 桑迪斯编辑），《亚里士多德〈修辞术〉评注》，剑桥，1877。
考克松，A.H.，《巴门尼德残篇，文本批评和导论，古代文献证明和译注》，阿森／马斯特里赫特，1986。
丹耶尔，N.，《古希腊哲学中的语言，思想和谬误》，伦敦，1991。
蒂尔斯，H.，《高尔吉亚和恩培多克勒》，载《普鲁士皇家科学院会议报告》，柏林，1884，343—368。
多茨，E.R.，《希腊人和无理性》，伯克利，1951。
——《柏拉图的〈高尔吉亚〉，修订本、导论加评注》，牛津，1959。
多佛，K.J.，《柏拉图和亚里士多德时期的希腊大众道德观》，牛津，1974。
——《希腊同性恋》，伦敦，1978。
伊万斯，G.，《指称种种》，牛津，1982。
弗雷泽，E.、霍恩斯比，J.和罗维邦德，S.，《伦理学：女权主义读本》，牛津，1992。
吉利根，C.，《不同的声音：心理学理论和女性的发展》，坎布里奇，麻省，1982。
戈德希尔，S.，《盛大狄俄尼索斯节和城邦意识形态》，载《与狄俄尼索斯无关吗？社会语境中的雅典戏剧》，J. 温克勒和 F. 蔡特林编辑，普林斯顿，1990。

贡佩兹,H.,《智术与修辞术,相对于公元前5世纪哲学的雄辩教育理想》,柏林,1912。
格里菲斯,M.和维特福特,M.编,《哲学中的女权主义视角》,伦敦,1988。
格里马尔蒂,W. M. A.,《亚里士多德〈修辞术〉第一卷评注》,纽约,1980。
哈丁,S.,《性态/性别体系为何只在当下变得明显》,载《发现现实,基于认识论、形而上学、方法论和科学哲学的女权主义视角》,S.哈丁和M.辛提卡编辑,多德雷赫特,1983。
哈特索克,N.,《女权主义立场:为一种特殊的女权主义历史唯物论寻找依据》,载《发现现实,基于认识论、形而上学、方法论和科学哲学的女权主义视角》,S.哈丁和M.辛提卡编辑,多德雷赫特,1983。
霍贝克,A.、韦斯特,S.和海因斯华斯,J.B.,《荷马〈奥德赛〉评注》,第1卷,牛津,1988。
哈巴德,B.A.F.和卡尔诺夫斯基,E.S.,《柏拉图〈普罗泰格拉篇〉:对苏格拉底的评注》,伦敦,1982。
埃尔文,T. H.,《柏拉图〈高尔吉亚篇〉译注》,牛津,1979。
——《亚里士多德的第一原则》,牛津,1988。
伊索克拉底(G.诺林编辑),《著作集》(第1、2卷),伦敦,1980,1982。
卡恩,C.H.,《赫拉克利特的技艺和思想》,剑桥,1979。
——《柏拉图〈高尔吉亚篇〉中的戏剧和辩证法》,载《牛津古典哲学研究》I(1983),75—121。
肯尼迪,G.A.,《亚里士多德的〈论修辞术〉,城邦演说理论》,牛津,1991。
科佛德,G.B.,《智者运动》,剑桥,1981。
——《意谓与指称,高尔吉亚以及语言和现实之关系》,载《智者运动》,K.乌都里斯编辑,雅典,1982。
基尔克,G.S.、拉文,J.E.和肖菲尔德,M.,《前苏格拉底哲学家》,第二版,剑桥，1983。
勒·道夫，M.（T. 瑟罗斯译），《希帕尔基亚的选择：相关女人、哲学等等的论文》，牛津，1991。
里尔，J.，《亚里士多德，理解的欲望》，剑桥，1988。
萝伊德，G.，《理性的男人：西方哲学中的“男性”和“女性”》，伦敦，1984。
罗伊德，G.E.R，《魔法、理性和经验，希腊科学的起源和发展之研究》，剑桥，1979。
——《科学、民俗学和意识形态，古希腊生命科学研究》，剑桥，1983。
朗，A.A.，《巴门尼德宇宙论的原则》，载《实践智慧》8（1963），90—107。
勒霍，N.，《雅典的创意，古代城邦的葬礼演说史》，巴黎，1981。
麦克道威尔，D.M.，《高尔吉亚、阿尔及达玛斯，以及克里普斯和帕拉丁抄本》，载《古典季刊》，11（1961），113—124。
——《高尔吉亚的〈海伦颂辞〉》，布里斯托尔，1982。
麦肯济，M.M.，《巴门尼德的两难推理》，载《实践智慧》27（1982），1—12。
曼斯菲尔德，J.，《〈合论麦里梭、色诺芬尼和高尔吉亚〉：皮浪派的亚里士多德主义》，《莱茵博物馆》121（1988），239—276。
蒙田，M. 德，（M.A. 斯奎齐译），《蒙田散文集》，伦敦，1991。
慕尔顿，J.，《哲学范式：对辩方法》，载《发现现实，基于认识论、形而上学、方法论和科学哲学的女权主义视角》，S. 哈丁和 M. 辛提卡编辑，多德雷赫特，1983。
内维格，H.-J.，《高尔吉亚著作〈论无〉研究》，柏林，1983。
纳斯鲍姆，M.C.，《善的脆弱性，古希腊悲剧和哲学中的运气与伦理》，剑桥，1986。
欧贝尔，J.，《民主制雅典的大众和精英，修辞术、意识形态和民众的权力》,普林斯顿,1990。

奥林匹奥多罗斯(L.G. 韦斯特灵克编辑),《论柏拉图的〈高尔吉亚篇〉》,莱比锡,1970。

欧文,G.E.L.,《对赖尔的柏拉图的注解》,载《赖尔,批评性文集》,O. 伍德和 G. 皮彻编辑,伦敦,1970。

——《埃利亚学派问题》,载《逻辑学、科学和辩证法,希腊哲学论文集》,M. 纳斯鲍姆编,伦敦,1986a。

——《摆现象》,载《逻辑学、科学和辩证法,希腊哲学论文集》,M. 纳斯鲍姆编,伦敦 1986b。

帕斯摩尔,J.,《哲学推理》,伦敦,1961。

普林尼(W.H.S. 琼斯编辑),《自然史》(第 8 卷),伦敦,1968。

昆体良(H.E. 巴特勒编辑),《演说家教育》,第 1—3 卷,伦敦,1980。

拉德克利夫·理查兹,J.,《怀疑式女权主义,哲学探询》,哈蒙德斯沃斯,1982。

罗宾森,J.M.,《论高尔吉亚》,载《解释与论证,古希腊哲学研究,献给格里高利·瓦拉斯托斯》,E.N. 李、A.P.D. 穆瑞那托斯和 R.M. 罗蒂编辑,《实践智慧》增刊,1,阿森,1973。

萝米莉,J. 德,《高尔吉亚和诗的力量》,《希腊研究期刊》93(1973),155—162。

——《古希腊的魔法和修辞术》,伦敦,1975。

罗森迈耶尔,T.G.,《高尔吉亚、埃斯库罗斯和阿帕忒》,载《美国语文学期刊》76(1955),225—260。

塞德里,D.N.,《塞克斯都·恩披里柯和原子论者的真理标准》,载《驳诘》13(1992),21—56。

西格尔,C.,《高尔吉亚和逻各斯的心理学》,载《哈佛古典语文学研究》(1962),99—155。

杜昀李(音译,Too,Yun Lee),《伊索克拉底的身份修辞术》,剑桥,

1995。
维尔德纽斯，W.J.，《高尔吉亚的欺骗学说》，载《智者及其遗产》，G.B. 科佛德编辑，《赫尔墨斯》论文集，44，1981。
威克斯，B.，《为修辞术一辩》，牛津，1989。
弗拉斯托斯，G.，《苏格拉底研究》，剑桥，1994。
沃迪，R.，《卢克莱修论原子之所不是》，载《古典语文学》83（1988），112—128。
——《变之链：亚里士多德〈物理学〉第七章研究》，剑桥，1990。
——《修辞术》，载《希腊知识》，J. 布伦施威奇和 G.E.R. 罗伊德编辑，巴黎，1996a。
——《强大的真理，它会占上风吗？》，载《论亚里士多德〈修辞术〉文集》，A. 罗蒂编辑，伯克利，1996b。
韦斯特，M.L.，《赫西俄德的〈劳作与时日〉，编订本，配有序言加评注》，牛津，1978。
威廉斯，B.，《伦理学，及哲学的限度》，伦敦，1985。

索　引

（条目后的数字为原书页码，见本书边码）

人文与社会译丛

第一批书目

1.《政治自由主义》(增订版),[美]J. 罗尔斯著,万俊人译 118.00 元

2.《文化的解释》,[美]C. 格尔茨著,韩莉译 89.00 元

3.《技术与时间: 1. 爱比米修斯的过失》,[法]B. 斯蒂格勒著,裴程译 62.00 元

4.《依附性积累与不发达》,[德]A. G. 弗兰克著,高铦等译 13.60 元

5.《身处欧美的波兰农民》,[美]F. 兹纳涅茨基、W. I. 托马斯著,张友云译 9.20 元

6.《现代性的后果》,[英]A. 吉登斯著,田禾译 45.00 元

7.《消费文化与后现代主义》,[英]M. 费瑟斯通著,刘精明译 14.20 元

8.《英国工人阶级的形成》(上、下册),[英]E. P. 汤普森著,钱乘旦等译 168.00 元

9.《知识人的社会角色》,[美]F. 兹纳涅茨基著,郏斌祥译 49.00 元

第二批书目

10.《文化生产:媒体与都市艺术》,[美]D. 克兰著,赵国新译 49.00 元

11.《现代社会中的法律》,[美]R. M. 昂格尔著,吴玉章等译 39.00 元

12.《后形而上学思想》,[德]J. 哈贝马斯著,曹卫东等译 58.00 元

13.《自由主义与正义的局限》,[美]M. 桑德尔著,万俊人等译 30.00 元

14.《临床医学的诞生》,[法]M. 福柯著,刘北成译 55.00 元
15.《农民的道义经济学》,[美]J. C. 斯科特著,程立显等译 42.00 元
16.《俄国思想家》,[英]I. 伯林著,彭淮栋译 35.00 元
17.《自我的根源:现代认同的形成》,[加]C. 泰勒著,韩震等译 128.00 元
18.《霍布斯的政治哲学》,[美]L. 施特劳斯著,申彤译 49.00 元
19.《现代性与大屠杀》,[英]Z. 鲍曼著,杨渝东等译 59.00 元

第三批书目

20.《新功能主义及其后》,[美]J. C. 亚历山大著,彭牧等译 15.80 元
21.《自由史论》,[英]J. 阿克顿著,胡传胜等译 89.00 元
22.《伯林谈话录》,[伊朗]R. 贾汉贝格鲁等著,杨祯钦译 48.00 元
23.《阶级斗争》,[法]R. 阿隆著,周以光译 13.50 元
24.《正义诸领域:为多元主义与平等一辩》,[美]M. 沃尔泽著,褚松燕等译 24.80 元
25.《大萧条的孩子们》,[美]G. H. 埃尔德著,田禾等译 27.30 元
26.《黑格尔》,[加]C. 泰勒著,张国清等译 135.00 元
27.《反潮流》,[英]I. 伯林著,冯克利译 48.00 元
28.《统治阶级》,[意]G. 莫斯卡著,贾鹤鹏译 98.00 元
29.《现代性的哲学话语》,[德]J. 哈贝马斯著,曹卫东等译 78.00 元

第四批书目

30.《自由论》(修订版),[英]I. 伯林著,胡传胜译 69.00 元
31.《保守主义》,[德]K. 曼海姆著,李朝晖、牟建君译 58.00 元
32.《科学的反革命》(修订版),[英]F. 哈耶克著,冯克利译 68.00 元

33.《实践感》,[法]P. 布迪厄著,蒋梓骅译 75.00元
34.《风险社会:新的现代性之路》,[德]U. 贝克著,张文杰等译 58.00元
35.《社会行动的结构》,[美]T. 帕森斯著,彭刚等译 80.00元
36.《个体的社会》,[德]N. 埃利亚斯著,翟三江、陆兴华译 15.30元
37.《传统的发明》,[英]E. 霍布斯鲍姆等著,顾杭、庞冠群译 68.00元
38.《关于马基雅维里的思考》,[美]L. 施特劳斯著,申彤译 78.00元
39.《追寻美德》,[美]A. 麦金太尔著,宋继杰译 68.00元

第五批书目

40.《现实感》,[英]I. 伯林著,潘荣荣、林茂、魏钊凌译 78.00元
41.《启蒙的时代》,[英]I. 伯林著,孙尚扬、杨深译 35.00元
42.《元史学》,[美]H. 怀特著,陈新译 89.00元
43.《意识形态与现代文化》,[英]J. B. 汤普森著,高铦等译 79.00元
44.《美国大城市的死与生》,[加]J. 雅各布斯著,金衡山译 78.00元
45.《社会理论和社会结构》,[美]R. K. 默顿著,唐少杰等译 128.00元
46.《黑皮肤,白面具》,[法]F. 法农著,万冰译 58.00元
47.《德国的历史观》,[美]G. 伊格尔斯著,彭刚、顾杭译 58.00元
48.《全世界受苦的人》,[法]F. 法农著,万冰译 17.80元
49.《知识分子的鸦片》,[法]R. 阿隆著,吕一民、顾杭译 59.00元

第六批书目

50.《驯化君主》,[美]H. C. 曼斯菲尔德著,冯克利译 88.00元
51.《黑格尔导读》,[法]A. 科耶夫著,姜志辉译 98.00元
52.《象征交换与死亡》,[法]J. 波德里亚著,车槿山译 68.00元
53.《自由及其背叛》,[英]I. 伯林著,赵国新译 48.00元

54.《启蒙的三个批评者》,[英]I. 伯林著,马寅卯、郑想译　48.00元

55.《运动中的力量》,[美]S. 塔罗著,吴庆宏译　23.50元

56.《斗争的动力》,[美]D. 麦克亚当、S. 塔罗、C. 蒂利著,李义中等译　31.50元

57.《善的脆弱性》,[美]M. 纳斯鲍姆著,徐向东、陆萌译　55.00元

58.《弱者的武器》,[美]J. C. 斯科特著,郑广怀等译　82.00元

59.《图绘》,[美]S. 弗里德曼著,陈丽译　49.00元

第七批书目

60.《现代悲剧》,[英]R. 威廉斯著,丁尔苏译　45.00元

61.《论革命》,[美]H. 阿伦特著,陈周旺译　59.00元

62.《美国精神的封闭》,[美]A. 布卢姆著,战旭英译,冯克利校　89.00元

63.《浪漫主义的根源》,[英]I. 伯林著,吕梁等译　49.00元

64.《扭曲的人性之材》,[英]I. 伯林著,岳秀坤译　69.00元

65.《民族主义思想与殖民地世界》,[美]P. 查特吉著,范慕尤、杨曦译　18.00元

66.《现代性社会学》,[法]D. 马尔图切利著,姜志辉译　32.00元

67.《社会政治理论的重构》,[美]R. J. 伯恩斯坦著,黄瑞祺译　72.00元

68.《以色列与启示》,[美]E. 沃格林著,霍伟岸、叶颖译　128.00元

69.《城邦的世界》,[美]E. 沃格林著,陈周旺译　85.00元

70.《历史主义的兴起》,[德]F. 梅尼克著,陆月宏译　48.00元

第八批书目

71.《环境与历史》,[英]W. 贝纳特、P. 科茨著,包茂红译　25.00元

72.《人类与自然世界》,[英]K. 托马斯著,宋丽丽译　35.00元

73.《卢梭问题》,[德]E. 卡西勒著,王春华译 39.00 元
74.《男性气概》,[美]H. C. 曼斯菲尔德著,刘玮译 28.00 元
75.《战争与和平的权利》,[美]R. 塔克著,罗炯等译 25.00 元
76.《谁统治美国》,[美]W. 多姆霍夫著,吕鹏、闻翔译 35.00 元
77.《健康与社会》,[法]M. 德吕勒著,王鲲译 35.00 元
78.《读柏拉图》,[德]T. A. 斯勒扎克著,程炜译 68.00 元
79.《苏联的心灵》,[英]I. 伯林著,潘永强、刘北成译 59.00 元
80.《个人印象》,[英]I. 伯林著,覃学岚译 88.00 元

第九批书目

81.《技术与时间:2. 迷失方向》,[法]B. 斯蒂格勒著,赵和平、印螺译 59.00 元
82.《抗争政治》,[美]C. 蒂利、S. 塔罗著,李义中译 28.00 元
83.《亚当·斯密的政治学》,[英]D. 温奇著,褚平译 21.00 元
84.《怀旧的未来》,[美]S. 博伊姆著,杨德友译 85.00 元
85.《妇女在经济发展中的角色》,[丹]E. 博斯拉普著,陈慧平译 30.00 元
86.《风景与认同》,[美]W. J. 达比著,张箭飞、赵红英译 79.00 元
87.《过去与未来之间》,[美]H. 阿伦特著,王寅丽、张立立译 58.00 元
88.《大西洋的跨越》,[美]D. T. 罗杰斯著,吴万伟译 108.00 元
89.《资本主义的新精神》,[法]L. 博尔坦斯基、E. 希亚佩洛著,高铦译 58.00 元
90.《比较的幽灵》,[美]B. 安德森著,甘会斌译 79.00 元

第十批书目

91.《灾异手记》,[美]E. 科尔伯特著,何恬译 25.00 元

92.《技术与时间:3. 电影的时间与存在之痛的问题》,
[法]B. 斯蒂格勒著,方尔平译 65.00 元
93.《马克思主义与历史学》,[英]S. H. 里格比著,吴英译 78.00 元
94.《学做工》,[英]P. 威利斯著,秘舒、凌旻华译 68.00 元
95.《哲学与治术:1572—1651》,[美]R. 塔克著,韩潮译 45.00 元
96.《认同伦理学》,[美]K. A. 阿皮亚著,张容南译 45.00 元
97.《风景与记忆》,[英]S. 沙玛著,胡淑陈、冯樨译 78.00 元
98.《马基雅维里时刻》,[英]J. G. A. 波考克著,冯克利、傅乾译 108.00 元
99.《未完的对话》,[英]I. 伯林、[波]B. P. -塞古尔斯卡著,
杨德友译 65.00 元
100.《后殖民理性批判》,[印]G. C. 斯皮瓦克著,严蓓雯译 79.00 元

第十一批书目

101.《现代社会想象》,[加]C. 泰勒著,林曼红译 45.00 元
102.《柏拉图与亚里士多德》,[美]E. 沃格林著,刘曙辉译 78.00 元
103.《论个体主义》,[法]L. 迪蒙著,桂裕芳译 30.00 元
104.《根本恶》,[美]R. J. 伯恩斯坦著,王钦、朱康译 78.00 元
105.《这受难的国度》,[美]D. G. 福斯特著,孙宏哲、张聚国译 39.00 元
106.《公民的激情》,[美]S. 克劳斯著,谭安奎译 49.00 元
107.《美国生活中的同化》,[美]M. M. 戈登著,马戎译 58.00 元
108.《风景与权力》,[美]W. J. T. 米切尔著,杨丽、万信琼译 78.00 元
109.《第二人称观点》,[美]S. 达沃尔著,章晟译 69.00 元
110.《性的起源》,[英] F. 达伯霍瓦拉著,杨朗译 85.00 元

第十二批书目

111.《希腊民主的问题》,[法]J. 罗米伊著,高煜译　48.00 元
112.《论人权》,[英]J. 格里芬著,徐向东、刘明译　75.00 元
113.《柏拉图的伦理学》,[英]T. 埃尔文著,陈玮、刘玮译　118.00 元
114.《自由主义与荣誉》,[美]S. 克劳斯著,林垚译　62.00 元
115.《法国大革命的文化起源》,[法]R. 夏蒂埃著,洪庆明译　38.00 元
116.《对知识的恐惧》,[美]P. 博格西昂著,刘鹏博译　38.00 元
117.《修辞术的诞生》,[英]R. 沃迪著,何博超译　59.00 元
118.《历史表现中的真理、意义和指称》,[荷]F. 安克斯密特著,周建漳译　58.00 元
119.《天下时代》,[美]E. 沃格林著,叶颖译　78.00 元
120.《求索秩序》,[美]E. 沃格林著,徐志跃译　48.00 元

第十三批书目

121.《美德伦理学》,[新西兰]R. 赫斯特豪斯著,李义天译　68.00 元
122.《同情的启蒙》,[美]M. 弗雷泽著,胡靖译　48.00 元
123.《图绘暹罗》,[美]T. 威尼差恭著,袁剑译　76.00 元
124.《道德的演化》,[新西兰]R. 乔伊斯著,刘鹏博、黄素珍译　65.00 元
125.《大屠杀与集体记忆》,[美]P. 诺维克著,王志华译　78.00 元
126.《帝国之眼》,[美]M. L. 普拉特著,方杰、方宸译　68.00 元
127.《帝国之河》,[美]D. 沃斯特著,侯深译　76.00 元
128.《从道德到美德》,[美]M. 斯洛特著,周亮译　58.00 元
129.《源自动机的道德》,[美]M. 斯洛特著,韩辰锴译　58.00 元
130.《理解海德格尔:范式的转变》,[美]T. 希恩著,邓定译　89.00 元

第十四批书目

131.《城邦与灵魂：费拉里〈理想国〉论集》，[美]G. R. F. 费拉里著，刘玮编译 69.00 元
132.《人民主权与德国宪法危机》，[美]P. C. 考威尔著，曹晗蓉、虞维华译 58.00 元
133.《16 和 17 世纪英格兰大众信仰研究》，[英]K. 托马斯著，芮传明、梅剑华译 168.00 元
134.《民族认同》，[英]A. D. 史密斯著，王娟译 55.00 元
135.《世俗主义之乐：我们当下如何生活》，[英]G. 莱文编，赵元译 58.00 元
136.《国王或人民》，[美]R. 本迪克斯著，褚平译(即出)
137.《自由意志、能动性与生命的意义》，[美] D. 佩里布姆著，张可译 69.00 元
138.《自由与多元论：以赛亚・伯林思想研究》，[英]G. 克劳德著，应奇等译 58.00 元
139.《暴力：思无所限》，[美]R. J. 伯恩斯坦著，李元来译 59.00 元
140.《中心与边缘：宏观社会学论集》，[美]E. 希尔斯著，甘会斌、余昕译 88.00 元

第十五批书目

141.《自足的世俗社会》，[美]P. 朱克曼著，杨靖译 58.00 元
142.《历史与记忆》，[英]G. 丘比特著，王晨凤译 59.00 元
143.《媒体、国家与民族》，[英]P. 施莱辛格著，林玮译 68.00 元
144.《道德错误论：历史、批判、辩护》，

[瑞典]J. 奥尔松著,周奕李译　　58.00 元

145.《废墟上的未来:联合国教科文组织、世界遗产与和平之梦》,[澳]L. 梅斯克尔著,王丹阳、胡牧译　　88.00 元

146.《为历史而战》,[法]L. 费弗尔著,高煜译　　98.00 元

147.《康德与现代政治哲学》,[英]K. 弗利克舒著,徐向东译　　58.00 元

148.《我们中的我:承认理论研究》,[德]A. 霍耐特著,张曦、孙逸凡译　　69.00 元

149.《人文学科与公共生活》,[美]P. 布鲁克斯、H. 杰维特编,余婉卉译　　52.00 元

150.《美国生活中的反智主义》,[美]R. 霍夫施塔特著,何博超译　　68.00 元

第十六批书目

151.《关怀伦理与移情》,[美]M. 斯洛特著,韩玉胜译　　48.00 元

152.《形象与象征》,[罗]M. 伊利亚德著,沈珂译　　48.00 元

153.《艾希曼审判》,[美]D. 利普斯塔特著,刘颖洁译　　49.00 元

154.《现代主义观念论:黑格尔式变奏》,[美]R. B. 皮平著,郭东辉译(即出)

155.《文化绝望的政治:日耳曼意识形态崛起研究》,[美]F. R. 斯特恩著,杨靖译　　98.00 元

156.《作为文化现实的未来:全球现状论集》,[印]A. 阿帕杜莱著,周云水、马建福译(即出)

157.《一种思想及其时代:以赛亚·伯林政治思想的发展》,[美]J. L. 彻尼斯著,寿天艺、宋文佳译　　88.00 元

158.《人类的领土性:理论与历史》,[美]R. B. 萨克著,袁剑译(即出)

159.《理想的暴政:多元社会中的正义》,[美]G. 高斯著,范震亚译(即出)
160.《荒原:一部历史》,[美]V. D. 帕尔玛著,梅雪芹等译　88.00 元

第十七批书目

161.《浪漫派为什么重要》,[美]P. 盖伊著,王燕秋译　49.00 元
162.《欧美思想中的自治》,[美]J. T. 克洛彭伯格著,褚平译(即出)
163.《冲突中的族群》,[美]D. 霍洛维茨著,魏英杰、段海燕译(即出)
164.《八个欧洲中心主义历史学家》,[美]J. M. 布劳特著,杨卫东译(即出)
165.《记忆之地,悼念之地》,[美]J. 温特著,王红利译(即出)
166.《20 世纪的战争与纪念》,[美]J. 温特著,吴霞译(即出)
167.《病态社会》,[美]R. B. 埃杰顿著,杨靖、杨依依译(即出)
168.《种族与文化的少数群体》,[美]G. E. 辛普森、J. M. 英格尔著,马戎、王凡妹等译(即出)
169.《美国城市新主张》,R. H. 普拉特著,周允程译(即出)
170.《五种官能》,[美]M. 塞尔著,徐明译(即出)